Gotham mit Deepak Chopra

Weisheit auf vier Pfoten

Gotham mit Deepak Chopra

Weisheit auf vier Pfoten

Drei Generationen, zwei Hunde und die Suche nach einem glücklichen Leben

Aus dem Englischen von Ursula Bischoff

nymphenburger

Für:

Krishu, Leela, Tara, Kiran, Noah, Alex, Aanya, Mira, Dakshu, Sumair, Cleo und Nicholas. Ihr seid meine Babys.

Danke für eure Liebe und Abschlecker.

FSC
www.fsc.org
MIX
Papier aus verantwortungsvollen Quellen
FSC® C014496

Die Originalausgabe erschien 2010 unter dem Titel »Walking Wisdom« in Kanada und den USA. Die vorliegende Übersetzung erscheint gemäß Vereinbarung mit Hyperion.

Schutzumschlaggestaltung: atelier-sanna.com, München
Satz: Buch-Werkstatt GmbH, Bad Aibling
Gesetzt aus: Sabon 10,3/13,8 pt
Druck und Binden: GGP Media GmbH, Pößneck
Printed in Germany
ISBN 978-3-485-01387-1

www.nymphenburger-verlag.de

Einführung

Besessen, es gibt kein besseres Wort dafür. Wir waren besessen. Als ich sieben und meine Schwester Mallika elf Jahre alt war, gab es für uns nur noch ein Thema und einen Gedanken: Wir wollten unbedingt einen Hund haben. Wie die meisten Obsessionen war auch diese vermutlich alles andere als einzigartig, denn die meisten Kinder sind versessen auf Hunde und Katzen und die meisten Familien kennen diese leidige Phase aus eigener Erfahrung. Doch wenn man sieben ist und der Wunsch oder vielmehr das verzweifelte, unstillbare Bedürfnis jede wache Minute ausfüllt, spielt die Vorstellung, dass es sich um ein weltweites Phänomen handelt, keine Rolle. Hier ging es um mehr als eine Phase, die sich irgendwann auswachsen würde. Es ging um Leben oder Tod. Und entsprechend verhielten wir uns.

Mallika und ich lagen unseren Eltern morgens, mittags und abends in den Ohren. Wir bliesen Trübsal. Wir bettelten. Wir versuchten, sie nach allen Regeln der Kunst zu überreden. Wir ließen uns zu Versprechungen hinreißen, von denen wir wussten, dass wir sie nie halten würden. Ich bot an, auf mein Taschengeld zu verzichten und außerdem noch die eine oder andere Arbeit im Austausch gegen das Trockenfutter zu verrichten, während Mallika schwor, den Hund jeden Tag zu baden. Wir würden dafür sorgen, dass keine Unordnung entstand. Wir würden dafür sorgen, dass er genug Auslauf hatte. Wir würden für alles sorgen.

»Wir kümmern uns um den Hund, Mom. Ehrenwort.« Der Spruch kam von mir.

»Du musst keinen Handschlag tun. Du wirst kaum merken, dass der Hund überhaupt existiert.« Der Spruch kam von Mallika.

Meine Mutter, immer offen für Verhandlungen, nutzte die Situation für Zugeständnisse hinsichtlich der Erledigung unliebsamer Aufgaben, die sie uns schon seit geraumer Zeit abzuringen versuchte. Mein Vater blieb dagegen ungerührt. Als viel beschäftigter Arzt mit diversen weiteren beruflichen Verpflichtungen hatte er kein Interesse daran, unseren Haushalt um ein zusätzliches Mitglied zu vergrößern, ganz zu schweigen von einem vierbeinigen. Er war nie das, was man einen ›Hundemenschen‹ nennt. Papa betrachtete den Bernhardiner unserer Nachbarn, ein tollpatschiges, unkoordiniertes, schmutziges und ständig sabberndes Tier, mit unverhohlenem Abscheu. Folglich waren für ihn alle Hunde tollpatschig, unkoordiniert, schmutzig, ständig sabbernd ... und dumm wie Bohnenstroh.

Das hätte das Ende der Debatte sein können, aber wie immer in unserer Familie hatte meine Mutter das letzte Wort und bereits grünes Licht für das Vorhaben gegeben; mein Vater war überstimmt, seine Meinung fiel nicht wirklich ins Gewicht.

Mallika und ich feierten den bevorstehenden Familienzuwachs.

Die Chopras würden einen Hund bekommen.

Nicholas war ein Energiebündel und Anarchist, ein kleiner Samojede, ein flauschiges weißes Fellknäuel. Wir konnten das hintere und vordere Ende kaum voneinander unterscheiden. Er war übermütig, verspielt und bestrebt, es allen recht zu machen, doch wie die meisten Welpen noch nicht dafür gerüstet, alles richtig zu machen. Was war schon dabei, wenn er nicht stubenrein war? Oder wenn er Tischbeine, Besenstiele oder Sofakissen anknabberte. Solche Aktionen machten ihn nur umso liebenswerter. Was immer er anstellte, wie übermütig er sich auch gebärden mochte, Mallika und ich waren glücklich. Überglücklich. Was auch sonst! Unser Traum war in Erfüllung gegangen: Wir hatten einen Hund.

Nicholas verbrachte die meiste Zeit damit, im Haus herumzutoben und Ringkämpfe mit den Plüschtieren und Kauknochen zu veranstalten, die wir jeden Tag im nächstgelegenen Tierbedarfsladen besorgten. Er war blitzschnell und schaffte es mit List und Tücke, das Haus unbemerkt von einem Ende zum anderen zu durchqueren. Wenn die Familie ihn endlich aufgespürt hatte, war er vollauf damit beschäftigt, ein Kissen oder irgendeinen anderen Teil der Einrichtung zu bearbeiten. Schuhe erfreuten sich bei ihm besonderer Beliebtheit, genau wie die Kuscheltiere in unseren Kinderzimmern.

Anfangs dachten wir arglos, wir könnten ihn sauber halten, doch die Badezeit entpuppte sich als Schaum sprühendes Chaos, dem sich Nicholas oft durch Flucht entzog. Wir folgten der glitschigen Seifenspur durchs ganze Haus, von dem mit Büchern zugestellten Arbeitszimmer bis zu dem mit Kunst beladenen Wohnzimmer, meistens in eines unserer Kinderzimmer, wo unser Hund an einem Kissen kaute oder ein Paar von Mallikas Gummi-Badeschuhen zerriss.

»Na ja.« Sie zuckte die Achseln und ließ die Überreste klammheimlich verschwinden, bevor sie mit Nicholas kuschelte. »Kein Problem.«

Es war gleichwohl ein großes Problem, wenn man bedenkt, wie sehr meine elfjährige Schwester ihre Schuhe liebte.

»Nicholas ist unser Ein und Alles«, pflegte sie zu sagen. »Er ist mit nichts zu vergleichen.«

Das traf den Nagel auf den Kopf. Bei uns beiden.

Mein Vater versuchte einstweilen, die Regeln festzulegen. Er bestand darauf, dass Nicholas im Untergeschoss blieb, wo wir eine ausgeklügelte Konstruktion aus Laufstall und Hundehütte aufgestellt hatten, mit Fress- und Wassernapf, Spielsachen, Decken und einem ausrangierten Paar Schuhe, die ihm ja so viel Spaß machten. Doch als er zu uns kam, winselte er die ganze Nacht. Das Jaulen hallte im ganzen Haus wider. Keiner von uns tat ein Auge zu. Die erste Nacht im Erdgeschoss sollte sich als die letzte erweisen.

Im Lauf der nächsten Monate wuchs Nicholas rapide: Aus dem kleinen weißen Fellknäuel wurde ein ansehnlicher Hund in Optik und Ausmaßen. Doch trotz einiger halbherziger Versuche, ihn zu erziehen, war er ein tollpatschiges, unkoordiniertes, schmutziges und ständig sabberndes Energiebündel. Für meinen Vater ein wahr gewordener Albtraum. Für den Rest der Familie Liebe auf den ersten Blick.

Nicholas wurde ein Teil der Familie. Unsere Cousinen und Cousins, die nur eine Viertelstunde entfernt in einem Vorort von Boston wohnten und in unseren Augen eher Geschwister waren, kamen fast täglich zu Besuch, sodass wir alle mit Nicholas spielen und toben konnten. Anarchie pur.

Mein Vater blieb seiner strikten Linie treu. Nicholas wurde während der Mahlzeiten in einen anderen Raum verbannt und bekam nur Hundefutter vorgesetzt; schaute Papa gerade nicht hin, zweigten Mallika und ich einen Teil unserer Menschennahrungsration ab, die wir ihm heimlich zusteckten. Und wenn es Nicholas gelang, dem Untergeschoss zu entkommen, das in Mallikas und meinen Augen inzwischen kaum mehr als ein Verlies war, durfte er nur mit einem schmutzigen Wäschestück am Fußende eines der Betten kuscheln, in dem meine Schwester oder ich schliefen. Auf ärztliche Anweisung.

Trotz seiner Proteste und offenen Missfallensbekundungen war Nicholas ein weiterer Kandidat, der sich unkooperativ verhielt. Schon im zarten Kindesalter hatten Mallika und ich gelernt, Front gegen die Experimente unseres Vaters zu machen. Solange ich denken kann, probierte er alle möglichen Routinen und Rituale, über die er gerade etwas gelesen hatte, an uns aus: von der Hypnose bis hin zu bestimmten Ernährungsvorschriften, stundenlangem Schweigen (um unsere Kreativität zu fördern, wie er behauptete) oder der ›Kommunikation mit dem Universum‹ mithilfe eines Ouija-Bretts, um uns auf eine höhere Bewusstseinsebene zu versetzen, was immer das bedeuten mochte. Mallika und ich waren daran gewöhnt, Papas Versuchskaninchen zu sein, und reagierten darauf mit einer Mischung aus Frustration und Unternehmergeist. Mallika, seit jeher ein Ass in Mathe, entwarf eine Tabelle mit gestaffelten Tarifen, die entsprechend der Intensität des jeweiligen Experiments eine Erhöhung unseres wöchentlichen Taschengelds erforderten. Netterweise übernahm sie auch meine Kontoführung und verlangte dafür einen Obolus von mir – eine Geschäftsbeziehung, die ich zweckmäßig fand.

Nicholas war im Gegensatz dazu für jedes neue Spiel zu haben, wenn am Ende ein Kauknochen oder Hundeleckerli winkten. Er ließ beachtliche Fähigkeiten beim Erlernen von Routineverrichtungen erkennen, gleich ob es sich um stillstehen, einen Ball apportieren oder andere ausgeklügelte Versuche nach Art des Deepak Chopra handelte, nur um sich sofort aus dem Staub zu machen, sobald er seine Belohnung in Empfang genommen hatte. Das war für meinen Vater, einen Bewunderer des Wissenschaftlers Rupert Sheldrake, der auf der Grundlage seiner Tierverhaltensstudien Pionierarbeit bei der Entwicklung vieler progressiver Theorien über das Bewusstsein geleistet hatte, ein großes Ärgernis. Nicholas'

Verhalten stellte für Sheldrakes und Papas gemeinsame Hypothese, dass die Entwicklung von Intelligenz und Bewusstsein nicht von einem Knochen oder Hundeleckerli abhängen konnte, eine echte Herausforderung dar.

»Darwin hatte vermutlich bessere Versuchstiere zum Arbeiten als wir«, meinte Papa frustriert.

Ich hatte keine Ahnung, wovon er redete, aber Mallika war voll im Bilde. »Wir könnten uns noch einen weiteren Hund zulegen«, schlug sie vor. »Einen ausgebildeten. Du weißt schon ... dann hättest du eine Vergleichsgröße.«

»Nein danke. Ich begnüge mich mit dem, was ich habe.« Der verrückte Wissenschaftler in ihm war offenbar fest entschlossen, es dabei zu belassen.

Eine lang gehegte Absicht meines Vaters war, uns mit Nicholas' Hilfe vor Augen zu führen, wie wichtig instinktives gegenseitiges Vertrauen war. Um selbiges zu bekunden, galt es, ihn von der Leine loszumachen und darauf zu vertrauen, dass er an unserer Seite blieb und nicht davonlief. Mallika und ich wussten, dass andere Hunde dieses Kunststück beherrschten, dass sie gelernt hatten, auch ohne Leinen-Unterstützung bei Fuß zu gehen. Keine große Sache. Aber trotzdem waren wir nervös.

Papa wollte die ungeheure Macht des Vertrauens demonstrieren und uns beweisen: Wenn wir ihm Liebe und Vertrauen entgegenbrachten, würde er Gleiches mit Gleichem vergelten. »Vertrauen ist die Grundlage jeder fürsorglichen, entwicklungsfähigen Beziehung«, erklärte er. »Nur auf einem so grundlegenden und starken Fundament können wir aufbauen und den nächsten Schritt einleiten, eine ortsunabhängige Kommunikation.«

Das klang verdächtig. Aber wer waren wir, die Weisheiten eines Menschen in Zweifel zu ziehen, der so unerschütterlich an sie glaubte? Wer waren wir, an Papa zu zweifeln?

Und deshalb war an einem Herbstnachmittag in Neuengland, als die Blätter unsere Straße in eine spektakuläre Kulisse aus feurigen Orange- und satten Gelbschattierungen verwandelte hatte, der Beginn der Vorstellung und damit die Stunde der Wahrheit gekommen. Zum Auftakt klärte Papa Nicholas über sein Vorhaben auf, wie er es mit jedem anderen Familienmitglied getan hätte. »Ich werde gleich die Leine von deinem Halsband lösen, in Ordnung?«

Nicholas blickte ihn ausdruckslos an. Sein Brustkorb hob und senkte sich. Sein Herz klopfte. »Wir vertrauen dir und lieben dich und wir möchten nicht, dass du dich jemals in deinem Bewegungsspielraum eingeschränkt fühlst«, fuhr Papa fort. »Wir wissen, dass du unsere Liebe und unser Vertrauen erwidern wirst, indem du dicht bei uns bleibst.«

Nicholas spielte geschickt mit, als Papa mit sanfter Hand die Leine aushakte. »Wir vertrauen dir«, sagte er erneut. »Wir alle vertrauen dir.«

Nicholas stand eine Sekunde reglos da, von einem Ohr zum anderen grinsend, wobei ihm Speichelfäden von den Lefzen hingen. In den Augen meines Vaters bot er ein göttliches, wenngleich ziemlich tollpatschiges Bild der Unschuld und des bedingungslosen Gehorsams. Mallika und ich wussten es besser. Nicholas schoss davon, schneller als jemand »limbische Resonanz« sagen konnte.

Ich brach in Tränen aus.

Mallika war außer sich.

Papa wirkte völlig verwirrt.

Ich erinnere mich noch genau, wie ich das erste Mal das Wort *unverantwortlich* hörte, das Mallika gleich zu Beginn der Junior High School gelernt hatte und nun auf Papa abfeuerte. Er war ebenfalls bestürzt, vor allem angesichts der Erkenntnis, dass er sich mit seiner neuesten Theorie bezüglich des Hundes auf dem Holzweg befand, mit möglicherweise katastrophalen Folgen. Wir verbrachten die nächsten beiden Stunden damit, den Wald, die Nachbargärten und einen nahe gelegenen Park zu durchkämmen, aber von Nicholas war keine Spur zu entdecken. Wir waren am Boden zerstört – sowohl über den Verlust unseres heiß geliebten Hundes als auch angesichts der Frage, wie wir diese Neuigkeit unserer Mutter beibringen sollten.

Wie ich Jahre später feststellen sollte, gibt es nur eines im Leben, das dem instinktiven Bedürfnis gleichkommt, das eigene Kind vor Kummer und Leid zu bewahren, und das ist der Wunsch, die eigene Mutter vor Kummer und Leid zu bewahren. Diese Aufgabe rückte mit jedem Moment unerbittlich näher.

Auf dem Heimweg brüteten Mallika und ich schweigend vor uns hin. Wir waren überzeugt, dass wir Nicholas niemals wiedersehen würden, und waren entschlossen, unseren Vater für den gleichen Zeitraum zu ächten. Doch als wir die Auffahrt zu unserem Haus hinaufstapften, absichtlich langsam, damit Papa an jedem schweren Schritt den Grad unserer Traurigkeit ermessen konnte, entdeckten wir meine Mutter und neben ihr – Nicholas. Sie lächelte. Wir lächelten. Eine Welle der Erleichterung überkam uns.

»Mr. Casparian hat gesehen, wie Nicholas im Wasserspeicher herumpaddelte. Zum Glück hat er ihn erkannt«, teilte uns Mom mit, während Papa eine Grimasse schnitt. »Dem Himmel sei Dank für unsere netten Nachbarn.«

Sie streichelte Nicholas liebevoll. Sein weißes Fell wies getrocknete Blutspuren auf, Überreste eines Kratzers, den er sich vermutlich bei einem Ringkampf mit einem anderen Hund zugezogen hatte. Mallika und ich liefen zu ihm und überschütteten ihn mit Zärtlichkeiten.

»Mach das nie wieder«, schalt ich Nicholas, vergrub meine Hände in seinem Fell und versetzte seiner nassen

Nase einen Nasenstüber, damit er wusste, dass ich es ernst meinte.

»Es ist nicht seine Schuld«, gab Mallika zu bedenken und warf Papa einen zornigen Blick zu. Sie bedeckte Nicholas' Scheitel mit Küssen und rubbelte seinen Bauch.

»Hat Mr. Casparian ihn nach Hause gebracht?«, erkundigte sich Papa.

Mom schüttelte den Kopf. »Er hat es versucht, aber nicht geschafft. Nicholas ist allein nach Hause gekommen.«

Papa konnte nicht umhin, triumphierend zu lächeln. Jahre später, wenn wir den Zwischenfall wieder einmal Revue passieren ließen, erklärte mein Vater, Nicholas habe an jenem Tag bewiesen, dass wir recht gehabt hatten: Er war gehorsam, hatte aber seinen eigenen Kopf. Es forderte Freiheit ein, aber er wusste, dass wir seine Familie waren, und deshalb kehrte er treu und brav nach Hause zurück. Und wichtiger noch, er hatte uns ein wunderbares Geschenk gemacht: Durch die Sorgen, die er uns allen bereitet hatte, waren wir noch enger zusammengerückt. Nicholas hat uns eine Menge gelehrt, sagte Papa. Nicht nur über sich selbst und sein unverfälschtes Dasein, sondern auch übereinander und uns selbst.

»Wisst ihr, vielleicht kann uns dieser Hund viel mehr beibringen als wir ihm«, bestätigte Papa beim Abendessen einige Tage später, als die frostige Atmosphäre zwischen uns aufzutauen begann.

Nicholas blickte mit einem breiten, treuherzigen Grinsen zu Papa auf. Er hatte sich seinen Platz neben dem Tisch während der Essenszeiten redlich verdient und Mallika und ich durften ihm volle Menschennahrungsrationen zukommen lassen, ohne dass Papa uns einen scharfen Verweis erteilte. Nicholas wusste, was er ihm verdankte, denn er hatte seine Vorliebe für Schweinekoteletts entdeckt.

Solange ich zurückdenken kann, hat mich ständig irgendwer irgendwo gefragt, wie es ist, Deepak Chopra als Vater zu haben. Die Leute wollen wissen, ob ich *Die sieben geistigen Gesetze des Erfolgs* aus dem Effeff beherrsche. Oder ob ich dank der Lektüre des Buches *Vollständige Gesundheit* topfit bin, den ganzen Tag meditiere, ausschließlich gewaltfrei kommuniziere, meinen Dosha-Quotienten kenne oder ein perfekter Yogi bin – summa summarum, ob ich ein perfektes spirituelles Leben führe.

Die Antwort lautet natürlich: *beinahe.*

Und wenn ich ehrlich bin: NEIN.

Ich halte mich für relativ normal, für einen Menschen, dessen Stimmung zu oft davon abhängt, welches Ergebnis die Boston Red Sox, meine Lieblingsbaseballmannschaft, am Vorabend erzielt haben, den die Debatte über die private versus staatliche Schule für mein Kind stresst und der davon träumt, seinen Beruf an den Nagel zu hängen und eines Tages als Spitzenkoch die TV-Show *Top Chef Masters* zu gewinnen. Zugegeben, es war ein ziemlich aufregendes Leben. Von der Bibel bis zur Biologie der menschlichen Seele, von der *Bhagavad Gita,* einer der zentralen Schriften des Hinduismus, bis *Der Große Gatsby* – mein Vater war immer bestrebt, meine Schwester und mich mit den tiefsten Wissensreservoiren vertraut zu machen, die er ausfindig machen konnte. Auf diesem Weg begegneten wir auch vielen interessanten Menschen, Seher, Psychotiker und etliche Prominente eingeschlossen, die während oder am Ende ihres kurzlebigen Ruhms von meinem Vater Deepak Chopra spirituell besessen waren. Wir kamen auch mit ein paar Propheten in Kontakt, von denen einige ihr Augenmerk auf den Frieden und andere auf den Profit richteten. Viele hatten nützliche Lektionen zu vermitteln … andere waren weniger bereit, ihr kostbares Wissen zu teilen.

Dennoch erzählte ich unlängst auf die Frage, wie es war, mit einem Vater wie Deepak aufzuwachsen, die Geschichte von Nicholas und den Lektionen, die wir von ihm gelernt hatten, vor allem mein Vater. Und vor noch kürzerer Zeit dachte ich bei einem Spaziergang mit meinem Vater, meinem zweijährigen Sohn Krishu und meiner jetzigen Hündin Cleo wieder an die Zeit mit Nicholas zurück. Plötzlich entdeckte Krishu irgendetwas in der Ferne und deutete darauf. Instinktiv blickten mein Vater und ich in die Richtung, in die er wies, während Cleo auf seinen Finger starrte.

Papa lachte.

Ich wollte wissen, was daran so lustig sei.

»Das ist ein typisches Beispiel für den Unterschied zwischen Menschen und Hunden«, sagte er. »Hunde sind im gegenwärtigen Augenblick verwurzelt. Sie sorgen sich nicht um die Zukunft oder trauern der Vergangenheit nach. Ihre Wahrnehmung ist ausschließlich auf das Hier und Jetzt gerichtet und ihre Aufmerksamkeit ist fokussiert.«

Papa deutete auf den Weg vor uns, ahmte Krishu nach. »Menschen halten immer nach Sinn und Bedeutung der Dinge Ausschau, blicken sehnsüchtig zum Horizont, auf der Suche nach einer tiefgründigeren Erklärung für das Dasein.«

Papa bückte sich und tätschelte Cleos flauschigen Kopf. Dann wandte er sich Krishu zu. »Wenn du ein großer Junge bist, lernen wir alle voneinander. Cleo auch.«

»Dada!« Krishu lächelte, erfreut über Papas Zuwendung.

Wenn ich heute über die zahlreichen Einflussfaktoren in meinem Leben nachdenke, tauchen die üblichen Verdächtigen auf: Lehrer und Mentoren, Freunde, Geschwister, andere Bezugspersonen, Geschäftspartner, sogar Gegner und Rivalen, denen es gelungen ist, mir auf meinem Weg wichtige Lektionen zu vermitteln. Doch drei kristallisieren sich als besonders nachhaltig heraus. Der eine ist, was wohl kaum überrascht, mein Vater. Die beiden anderen sind, weniger vorhersehbar, meine beiden Hunde.

Mein Vater hat mich gelehrt, was Weisheit, Neugier, Aufgeschlossenheit und der Reichtum, einen unerschöpflichen Wissensdurst zu haben, bedeutet. Meine Hunde Nicholas und Cleo haben mich gelehrt, was Einfachheit, Unschuld, Hingabe und echte geistige Freiheit bedeuten. Und es gibt noch einige weitere Eigenschaften, die ich von ihnen übernommen habe: Loyalität, Vertrauen, Versöhnlichkeit und die Freude am Spiel. Je häufiger ich nachfragte, wie es anderen Hundebesitzern in dieser Hinsicht erging, desto häufiger bekam ich zu hören, dass auch sie viele (ich wage zu behaupten, spirituelle) Lektionen von ihren vierbeinigen Gefährten gelernt hatten.

Inzwischen habe ich mich wie zahllose andere vor mir auf einen neuen, kritischen Weg in meinem Leben begeben: Kindererziehung. Ich lasse all die üblichen Klischees aus, wie sich mein Leben seit dem Tag verändert hat, als mein Sohn geboren wurde. Dabei zu sein und zu sehen, wie er das Licht der Welt erblickte, stand auf meiner Prioritätenliste nicht unbedingt ganz oben. Ich wäre vollkommen zufrieden damit gewesen, draußen vor dem Kreißsaal zu warten und die frohe Botschaft mit einem anerkennenden Klaps auf die Schulter und einer Zigarre zu empfangen. Aber ich traf die richtige Entscheidung. Ich blieb bei Candice, meiner Frau, hielt ihre Hand und unterstützte sie, so hoffe ich, mit beruhigenden und ermutigenden Worten. Dennoch beeindruckte mich dieses sogenannte Wunder weniger, als es vielleicht sollte. (Ein echtes Wunder war für mich zuzuschauen, wie die Red Sox 2004 die Yankees im siebten Spiel besiegten, nachdem sie die ersten drei Spiele der Baseball-Serie verloren hatten, oder wie die New England Patriots den Super Bowl XXXVI im Football gegen die St. Louis Rams gewannen.)

Vielleicht bin ich ein wenig begriffsstutzig, aber eines wurde mir erst vor ein paar Monaten klar, als ich sah, wie sich mein Sohn allmählich von einer klebrigen fremdartigen Lebensform in ein echtes, von Bewusstsein überflutetes menschliches Wesen verwandelte: Ich musste dringend herausfinden, welche Werte ich meinem Sohn vermitteln wollte.

Für mich war das buchstäblich ein Erwachen, ein Aufflackern in meinem eigenen Bewusstsein. Durch den Zugang zu meinem Vater hatte ich unendlich viele Erfahrungen in meinem Leben gemacht – diese Quelle des Wissens galt es auszuschöpfen. Außerdem dachte ich seit geraumer Zeit häufig über Cleo nach. Seit der Zeit, als Candice sie mitbrachte – eine einsame kleine Mischlingshündin mit ›Essstörungen‹ aus dem Tierheim –, hatte sie uns viele wichtige Lektionen fürs Leben erteilt, auf eine Weise, die nur ihre Familie zu entschlüsseln oder zu schätzen wusste. Zumindest redeten wir uns das ein.

Angesichts all dessen beschloss ich, den ›Rat der Weisen‹ einzuberufen. Eines Sonntags brachte ich meinen Vater und meinen Hund zusammen, kochte eine Kanne Kaffee und schüttete ein Füllhorn von Leckereien aus (Greenies für Cleo und Brownies für Papa und mich). Mein Ziel: Zu sehen, ob sich die Lebensphilosophien meines Vaters und meines Hundes auf einen gemeinsamen Nenner bringen ließen. Wir sprachen über Nicholas und Cleo, über einige der erinnerungswürdigen Begebenheiten aus ihrem Leben und die Eigenschaften, die wir bei beiden beobachtet hatten und am meisten schätzten. Das Ergebnis ist dieses Buch.

Während wir über unsere Erinnerungen lachten, machte mich mein Vater darauf aufmerksam, dass die aufgezählten bei den Hunden weitgehend angeborenen instinktgesteuerten Eigenschaften auch bei Menschen latent vorhanden sind.

»Wir Menschen schaffen oft Barrieren, die diese Grundinstinkte ausschalten«, erklärte mein Vater, als wir uns eingehender mit dem Gedanken beschäftigten. »Wenn wir diese Eigenschaften bei unseren Hunden erkennen und fördern, pflegen wir sie auch in unserem eigenen Leben, was letztlich jeden Tag aufs Neue zu einem Gefühl wachsender Erfüllung beiträgt.

Das wird auch deutlich, wenn man sich mit der Abstammungslehre befasst«, fuhr mein Vater fort, unfähig, der Versuchung zu widerstehen, das Thema zu wechseln und über sein bevorzugtes Gebiet der Wissenschaft und Evolution zu sprechen. »Das kann man googeln« gehört seit geraumer Zeit zu seinen Standardaussprüchen. »Vor mehreren Zehntausend Jahren machten sich Wölfe und Menschen gegenseitig die Nahrung streitig. Doch im Lauf der Zeit veränderte sich diese Beziehung von Grund auf. Aus den ehemaligen Feinden wurden Freunde, denn die beiden Spezies erkannten, dass sie Seelenverwandte waren. Wölfe, die genetischen Vorläufer der Hunde, leben genau wie wir in Kernfamilien mit zwei Elternteilen und einer kleinen Anzahl von Nachkommen.«

Wie sich herausstellte, hatte er wieder mal recht. Der Weg vom Wolf zum besten Freund des Menschen begann ungefähr vor zwölfttausend bis fünfzehntausend Jahren. Wir reden hier über die Zeit der Jäger und Sammler, sowohl für die Menschen als auch für die Wölfe, lange bevor die Menschen sesshaft wurden und Ackerbau betrieben. Als Teil des ›Zivilisierungsprozesses‹ begannen die Menschen, ihr Fleisch über dem Feuer zu garen. Der aromatische Duft lockte bestimmte Wölfe in die Nähe der ersten menschlichen Ansiedlungen. Als die Bewohner entdeckten, dass einige weniger furchterregend waren als gedacht und sich sogar als nützlich bei der Verrichtung bestimmter Aufgaben erweisen könnten, boten sie ihnen großzügig Fleisch an, um sie bei Laune zu halten. Im Lauf der Zeit entstand dadurch eine wechselseitige Abhängigkeit – Wolfsrudel und Angehörige der Nomadenstämme gingen gemeinsam auf die Jagd. Beide Seiten profitierten von dem Handel: Mit ihrem überlegenen Geruchssinn und der größeren Geschwindigkeit erwiesen sich die Wölfe als eine enorme Bereicherung bei der Verfolgung potenzieller Beutetiere. Als Gegenleistung brieten die Menschen nach der Rückkehr ins Lager das Fleisch und versorgten die Wölfe mit Nahrung. Ein zusätzlicher Pluspunkt: Die Wölfe, die wussten, wo es langging, sprich, wo sie verköstigt wurden, erwiesen sich als hervorragende Wächter, die jeden in die Flucht schlugen, der dieses vorteilhafte Arrangement mit ihren Wohltätern zu gefährden drohte.

Im Lauf der Zeit wurde aus der Vernunftehe eine ›Liebesehe‹, wie meine Großeltern es nennen. Zwischen dem Wolf aus grauer Vorzeit und dem Hund, der brav zu unseren Füßen sitzt, kamen die Zwischenstufen der Evolution mit dem Schutzhund, dem Wachhund und dem Hirtenhund. Kurz gesagt, auch wenn sich der Zeitraum über mehrere Jahrtausende erstreckt, aber wer zählt schon genau mit: Der treue domestizierte Hund, mit dem uns eine unzertrennliche emotionale Beziehung verbindet, hat viele Eigenschaften und Instinkte des ursprünglichen Wolfs bewahrt, der auf der Suche nach gegartem Fleisch war. Probieren Sie es einmal aus, am besten mit einem gegrillten T-Bone-Steak, halb durch. Sie werden sehen, was ich meine.

Wenn man einen Schritt weitergeht, oder zurück in diesem Fall, erkennt man, was uns mit unseren Hunden verbindet. Mein Vater erinnerte mich nun an etliche Artikel, die er gelesen hatte, als Nicholas zu uns kam und er bestrebt war, sich schnellstmöglich als Hundeexperte zu profilieren. »Hunde sind imstande, uns – unser Verhalten – zu entschlüsseln und unsere Wünsche und Bedürfnisse zu erraten. Sie können die sozialen Signale der Menschen entschlüsseln. Das ist bemerkenswert, wenn man bedenkt, dass selbst Schimpansen, unsere nächsten lebenden Verwandten im Tierreich, mit denen wir genetisch zu 96 Prozent übereinstimmen, einige unserer Gesten nicht so gut deuten können wie ein Hund.«

Auch diese Theorie wird durch wissenschaftliche Untersuchungen und die Entstehungsgeschichte von Menschen und Hunden untermauert. Da sich beide über Tausende von Jahren gemeinsam entwickelt haben, wurde die Fähigkeit, mit uns zu kommunizieren, Teil der DNA von Hunden.

»Ganz einfach«, schloss mein Vater. »Der Hund wurde nicht durch reinen Zufall unser bester Freund, sondern aufgrund der Beziehung, die sich im Lauf der Zeiten entwickelte. Physische Bedürfnisse, emotionale Bedürfnisse, psychische Bedürfnisse – wir erfüllen sie für die Hunde und die Hunde erfüllen sie für uns. Klingt nach einer ganz gesunden Beziehung, finde ich«, fügte mein Vater hinzu.

Einfacher ausgedrückt: Hunde fördern unsere physische Gesundheit, weil sie uns Bewegung verschaffen. Sie fördern unsere emotionale Gesundheit, weil sie um Streicheleinheiten bitten, die nicht nur beruhigende Auswirkungen auf ihren Körper haben, sondern Balsam für unsere Seele sind. Schon wenn wir einen Hund streicheln, kann sich der Blutdruck senken. Ganz im Ernst – probieren Sie es selber aus. Und viele Menschen kommen der Natur nie näher als bei einem Spaziergang mit ihrem Hund, selbst auf dem Gehsteig einer Großstadt.

Für die Experten: Es gibt zwar verschiedene Hunderassen, die für verschiedene Zwecke gezüchtet wurden – angefangen von den Retrievern, die Fischern beim Einholen des Fangs dienen, bis hin zu den Hirtenhunden, die den Viehbestand bewachen, oder den Zwergpudeln, die vor allem wegen ihrer Gesellschaft und schoßfreundlichen Größe gefragt sind –, aber alle Hunde besitzen die Fähigkeit, mit Menschen zu kommunizieren.

Bleibt die Frage, ob es möglich ist, diese Beziehung einen Schritt weiterzuführen, auf eine höhere Ebene. Ihr eine spirituelle Dimension zu verleihen.

Die beste Lektion, die ich im Lauf der Jahre von meinem Vater gelernt habe, lautet: »Nimm dich selbst nie zu ernst.« Natürlich besteht in unserer Kultur die Neigung, das genaue Gegenteil zu tun und Menschen unverzüglich mit bestimmten Vorstellungen und Erwartungen zu begegnen, um dann enttäuscht zu sein, wenn sie ihnen nicht gerecht werden. Oft stürzen wir sie dann von ebenjenem Podest, auf das wir sie selber gestellt haben.

Wenn man in Hollywood lebt und arbeitet, wo jede Menge hübsche junge Schauspielerinnen auf ihren großen Durchbruch warten, trifft der Ausspruch »Männer und Hunde haben vieles gemein« voll und ganz zu. Als glücklich verheirateter Mann und Vater würde ich mich gerne von dieser Gattung distanzieren, doch ich weiß, dass ich unterschwellig ebenfalls zu ihr gehöre. Nicht nur, weil ich bisweilen hormongesteuert bin, sondern weil ich in meinem tiefsten Innern noch einen animalischen Instinkt besitze, gepaart mit ungeschliffenen Emotionen und urzeitlichen Verhaltensweisen. Zum Glück zählen zu meinem Repertoire aber auch positive Eigenschaften, wie Liebe, Treue, emotionale Intelligenz und die Fähigkeit zur Selbstwahrnehmung. Ich sinne gerne über die Dinge nach – wie ich mein Leben verbessern, einen sinnvollen gesellschaftlichen Beitrag leisten, meinen Sohn erziehen und mich um meine Eltern kümmern kann – und ich bilde mir gerne ein, für jeden guten Rat empfänglich zu sein. Ich bin nicht so vermessen zu glauben, auf alles eine Antwort zu haben, ungeachtet dessen, wer mein Vater ist, vor allem, weil er nach seiner eigenen Aussage selber noch einen weiten Weg vor sich hat.

»Ich versuche mir nicht den Kopf darüber zu zerbrechen, was andere von mir denken könnten. Unvoreingenommenheit ist eine zentrale Eigenschaft der Spiritualität, bei der es darum geht, kein Werturteil über andere zu fällen, aber mir auch nicht den Kopf über andere zu zerbrechen, die ein Werturteil über mich fällen.«

Ich war beruhigt. Wir waren bereits bei der zweiten Kanne Kaffee angelangt.

»Und noch etwas«, fügte mein Vater hinzu. »Spiritualität beginnt und endet nicht. Sie ist ein allgegenwärtiger Teil des Lebens, in jedem Augenblick, in jeder Begegnung und in jeder Beziehung präsent. Jeder Winkel unseres Lebens ist von Selbsterfahrung durchdrungen, die sich Schritt für Schritt weiterentwickelt.«

Er nahm ein Leckerli und reichte es Krishu, der Cleo befahl, Sitz zu machen, und ihr die Belohnung verabreichte. Mein Vater lächelte. Wenn ich seine Interaktionen mit meinem Sohn beobachte, habe ich bisweilen das Gefühl, dass er sich mir gegenüber genauso verhalten würde, wenn er noch einmal ganz von vorne anfangen könnte.

»Alle zwischenmenschlichen Interaktionen sollten Sinn und Bedeutung haben.« Er nickte. »Was könnte spiritueller sein?«

1

Bist du eigentlich ein Hundefreund, Papa?

Ich soll jetzt wohl Ja sagen, oder?

Genau.

Ja, bin ich. Ich war aber keiner, bis ihr aufgetaucht seid.

Und?

Und … je mehr ich über Tiere im Allgemeinen lerne, desto mehr begreife ich, dass die meisten von ihnen emotionale Wesen sind. Sie entwickeln eine soziale Rangordnung. Sie unterhalten enge, fürsorgliche Beziehungen zu ihren Nachkommen. Sie singen und spielen. Und einige Arten besitzen sogar ein gewisses Maß an Bewusstsein, das beinahe an Selbstbewusstsein grenzt und sich beispielsweise darin äußert, dass sie Sinn für Humor erkennen lassen. Auch mit den Menschen gehen Tiere bestimmte Verbindungen auf der Ebene der limbischen Resonanz ein, ein Verstehen, das jenseits der Rationalität entsteht, mit denen sie ihr physiologisches und emotionales Wohlbefinden untermauern. Säugetiere verfügen über ein limbisches Gehirn und können folglich emotionale und spirituelle Beziehungen zu uns Menschen aufbauen. Ich sollte wahrscheinlich mehr Zeit mit Tieren verbringen.

In meiner Familie ist die Familie der Lebensmittelpunkt, unsere Bindung ist sehr eng. Ich wohne eineinhalb Straßenblocks von meiner Schwester entfernt. Fast jeden Morgen frühstücke ich mit meinem Sohn bei ihr. Unsere Familien essen ungefähr dreimal in der Woche und mindestens einmal am Wochenende gemeinsam zu Abend. Unsere Kinder bezeichnen sich als Geschwister, nicht nur die leiblichen. Begriffe wie ›Cousins‹ und ›Cousinen‹ sind ihnen fremd, weil sie eine emotionale Distanz andeuten, die über das Verhältnis zwischen Bruder und Schwester hinausgeht, als die sie sich von Geburt an empfunden haben.

Mallika und ich wuchsen auf ähnliche Weise mit unseren eigenen Cousins und Cousinen auf. Obwohl durch Kontinente voneinander getrennt, verstehen wir uns noch heute als Geschwister. Mit so vielen ›Brüdern‹ und ›Schwestern‹ aufzuwachsen war spannend. In den jeweiligen Generationen bildeten sich ganze Fraktionen: die älteren Geschwister, die jüngeren, die Rasselbande, die Mädchencliquen, die Sportlichen, die Streber usw. Darüber hinaus entstanden Splittergruppen, die sich gegenseitig Konkurrenz machten, wie die Baseball- und Cricketfans, die Football- und Fußballfans – es gab sogar einen Barbieclub, in dem sich die Diwali Barbie gegen die Malibu Barbie behaupten musste.

Heute haben die meisten von uns diese rein oberflächlichen Unterschiede überwunden und fühlen sich wieder wie Geschwister. Genau wie unsere Kinder untereinander, die streng genommen Cousins und Cousinen zweiten Grades sind.

Im Umgang mit den Erwachsenen herrscht die gleiche Nähe und Vertrautheit. Mallika und ich nennen den jüngsten Bruder unseres Vaters »Chota Papa«, was in Hindi »kleiner Papa« bedeutet. Für seine Kinder ist mein Vater »Bara Papa« oder »großer Papa«. Das sorgt beim Abendessen, wenn wir alle am Tisch sitzen, für beträchtliche Verwirrung. Tara – Mallikas älteste Tochter, mit acht Jahren eine der ältesten ihrer Generation – brachte unlängst die Frage einer Klassenkameradin zur Sprache: *Sind Inder Mormonen?* Das Mädchen hatte gehört, wie Tara von den Heldentaten ihrer zahllosen »Brüder« und »Schwestern« berichtete.

»Du meinst, wie in der Fernsehsendung auf HBO?«, erwiderte Tara.

Und mit dem »großen Papa« ist in diesem Fall der Guru gemeint, dessen Name Deepak Chopra lautet. Mallika und ich haben ihn immer nur »Papa« genannt; mit der Bezeichnung »Dad« konnten wir nicht viel anfangen. Heute telefonieren wir beide mindestens vier bis fünf Mal am Tag mit ihm. Vermutlich haben die Mobilfunkanbieter unseretwegen Sondertarife für Telefonate mit der Familie eingeführt. Machen Sie regen Gebrauch davon!

Es gibt dennoch nur einen ruhenden Pol in der Familie, und das ist Mom. Wir haben oft im Scherz gesagt, dass mein Vater für die Theorie und meine Mutter für die Praxis zuständig ist. Er versteht es, Lektionen und Leitlinien zu entwickeln, die jedes Problem lösen, von Stressbewältigungsstrategien bis hin zu den Irrungen und Wirrungen der menschlichen Existenz, doch es ist Mom, die mit ihrem Einfühlungsvermögen, ihrer Herzlichkeit, Selbstlosigkeit und Sanftheit allen Menschen, mit denen sie in Berührung kommt, mit leuchtendem Beispiel vorangeht. Ich bin ganz offensichtlich meinem Vater nachgeraten – ich bin ein Träumer, ein Kreativer, ein Wanderer zwischen den Welten mit hoffnungsloser Ungeduld und einer Zielstrebigkeit, die mich antreibt –, doch dass ich so bin, wie ich bin, geht weit über genetische Einflussfaktoren hinaus. Die Tatsache, dass ich es so weit gebracht habe, dass es mir gelungen ist, eine wunderbare Frau zu finden und eine Familie mit ihr zu gründen, ist auf das emotionale Netz zurückzuführen, das meine Mutter geknüpft hat. Sie ist nicht nur in unserer Kernfamilie, sondern auch in unserer erweiterten Familie mit ihren zahlreichen ›Geschwistern‹ der emotionale Fels in der Brandung, auf den wir alle bauen. Wenn die *Kacke am Dampfen ist,* käme niemand auf die Idee, Papa um Rat zu fragen. Wir wenden uns ganz selbstverständlich an Mom.

Als meine Mom im Mai 2009 den Anruf erhielt, dass ihr Vater ins Krankenhaus eingeliefert worden war, dauerte es folglich nur fünf Minuten, bis sie im Reisebüro angerufen und einen Flug nach Neu-Delhi gebucht hatte.

Nana, wie wir ihn nannten, hatte morgens in aller Frühe seinen Spaziergang gemacht und war zusammengebrochen. In Neu-Delhi herrscht im Mai eine sengende Hitze, geradezu unerträglich; die Temperaturen bewegen sich bereits bei Tagesanbruch um die vierzig Grad. Trotzdem bestehen mein Nana und meine Nani, meine Großmutter, darauf, jeden Tag spazieren zu gehen. Wenn man berücksichtigt, dass sie beide fast neunzig und immer noch fit wie ein Turnschuh sind, kann man sie verständlicherweise nur schwer davon überzeugen, dass sie diese Gewohnheit aufgeben sollten. (Sie sind übrigens auf getrennten Wegen und zu getrennten Zeiten unterwegs, um sich mit ihren jeweiligen Freunden zu treffen und ausgiebig zu schwatzen, während sie gemächlich den Park umrunden.) Vor allem Nana bringt einen trockenen Realismus in diese Spaziergänge ein, wie auch in die meisten anderen Bereiche in dieser Phase seines Lebens. Wenn wir miteinander telefonieren, erzählt er mir oft, welche Mitglieder der Truppe neuerdings nicht mehr erschienen sind. Jede weitere Erklärung erübrigt sich.

Nana und der Rest seiner Weggefährten akzeptieren jede Abwesenheit mit einer Unerschütterlichkeit, die einer gewissen Ironie und Komik nicht entbehrt. Sie haben sich in ihre Lebensphase zurückgezogen und beobachten und kommentieren die Welt aus ihrer Perspektive.

»Ich habe keine Ahnung, warum wir Pakistan auch nur dulden«, hatte Nana bei meiner letzten Reise nach Indien gesagt. Die Politik – vor allem ihre Rolle in der angespannten Beziehung zwischen Indien und seinem Nachbarn – stellt für Nana eine unerschöpfliche Quelle der Diskussionen und Debatten dar.

»Vielleicht, weil es sich um eine Nuklearmacht handelt«, schlug ich vor. »Und jede aggressive Handlung eskalieren und eine weit größere Gefahr nach sich ziehen könnte.«

Nana winkte ab. »Bis dahin würden Jahre vergehen.« Jahre, wie er sich ausgerechnet hatte, in denen er höchstwahrscheinlich das Zeitliche segnen würde.

Nana hat sich schon Jahren auf sein Ableben vorbereitet, was in seinem Freundeskreis nicht ungewöhnlich ist. Doch da die Spaziergänger auf dem schmalen Weg immer zu zweit nebeneinandergehen, muss die Flotte neu kalibriert werden, wenn ein Mitglied der Mannschaft nicht mehr zum Appell erscheint.

»Das ist nicht leicht«, gestand Nana mir einmal. »Wer neben wem geht, hängt davon ab, wer gerne redet und wer gerne zuhört. Nimm Ramesh«, sagte er und spielte auf einen Freund an, den er seit annähernd vierzig Jahren kennt. »Er ist vor zwei Monaten von uns gegangen. Ramesh ging immer mit Arun, der pausenlos redet, über dies und das, ohne Unterlass. Niemand will mit so einem Menschen spazieren gehen, und jetzt muss ich mich opfern.«

»Dein Großvater behauptet, dass er gerne zuhört«, unterbrach ihn Nani. »Aber das macht er nur, weil er sein Gehör verliert.«

Nana nickte lächelnd. Zweifellos kennt Nani alle Tricks, die er auf Lager hat.

Da er jeden Tag spazieren geht, haben wir ihm jedes Mal, wenn wir ihn in Indien besuchten, ein brandneues Paar Laufschuhe mitgebracht. Doch seit er vor rund einem Jahrzehnt zu der festen Überzeugung gelangte, dass er umgehend sterben wird, weigert er sich, sie anzunehmen, weil das bei ihm pure Verschwendung wäre, wie er behauptet. Er ist die Bedürfnislosigkeit in Person. Da ich die gleiche Schuhgröße wie Nana habe, trage ich oft annähernd eine Woche lang neue Treter ... oder einfach bis sie nicht mehr *neu* sind. Ich bin daran gewöhnt, damit über staubige Baustellen zu schlittern, Mondscheinspaziergänge durch die einst berühmten, inzwischen heruntergekommenen, schmutzigen Teile des Hollywood Boulevards zu unternehmen oder auf den Basketballplätzen am Venice Beach mein Bestes zu tun, um den legendären Kobe Bryant nachzuahmen, bevor ich sie im Schuhkarton irgendeiner anderen Marke verstaue. Und das alles, damit Nana die Schuhe mit einem möglichst geringen Maß an Schuldgefühlen annehmen kann.

Doch dieses Mal fehlte meiner Mutter die übliche Zeit, Geschenke zu besorgen und die Reise zu planen. Als sie in San Diego, wo meine Eltern ein Haus haben, in aller Eile packte, rief sie an, um mir mitzuteilen, dass sie am nächsten Morgen von L.A. nach Indien fliegen würde.

»Gotham«, sagte sie und hielt einen Herzschlag lang inne. »Dieses Mal werde ich vielleicht für eine Weile weg sein.«

»Keine Sorge«, murmelte ich am anderen Ende der Leitung. »Wir kommen schon zurecht.«

»Ja, mit Sicherheit. Candice wird sich um alles kümmern«, erwiderte sie herzlich.

Sie machte abermals eine kleine Pause.

»Es ist dein Vater, um den ich mir Sorgen mache.«

Solange ich mich erinnern kann, hat mein Vater immer gearbeitet, hart gearbeitet. Als Chefarzt in einer angesehenen lokalen Klinik und Privatdozent an einer ebenso prestigeträchtigen Universität in Massachusetts, wo wir aufwuchsen, konzentrierte er sich mit einer einzigartigen Zielstrebigkeit auf seinen beruflichen Werdegang. Irgendwann nahm diese Obsession eine spirituellere Form an, die sein Leben und seine Bestrebungen von Grund auf verwandelten. Nicht länger Teil der schulmedizinischen Gemeinschaft, wurde er zum Pionier einer neuen Bewegung, die konventionelle Behandlungen mit dem uralten Heilwissen der Vergangenheit kombiniert. Als Vordenker – oftmals von Zynikern, Skeptikern, Traditionalisten und Rassisten, wie ich zu behaupten wage –, herausgefordert, ging er seinen Weg mit einer Leidenschaft und Begeisterung, die ihn unempfindlich gegen ihre Hetztiraden zu machen schienen. Doch das war er nicht. Während Mallika und ich damit zu kämpfen hatten, ein gewisses Maß an Normalität in unserem Leben am Stadtrand von Boston aufrechtzuerhalten – wo die Kinder eines indischen Arztes schon exotisch genug waren, ganz zu schweigen davon, dass dieser Vater zunehmend dafür bekannt war, dass er Vorträge über Randerscheinungen der Gesellschaft wie Yoga und Meditation hielt –, stand meine Mutter ihm loyal zur Seite.

Diese Treue hatte sie gelobt, als die beiden heirateten; er war damals vierundzwanzig und sie zweiundzwanzig Jahre alt gewesen. Diese Treue war für sie unverbrüchlich. Wenige Monate nach ihrer Hochzeit in Indien begann für meine Eltern ein neues Leben in Plainfield, einer glamourösen Stadt in New Jersey. Sie bauten sich das Leben auf, von dem sie geträumt hatten: Mein Vater arbeitete tagsüber in der Klinik und übernahm im Anschluss noch die Nachtschicht in der Notaufnahme. Innerhalb eines Monats schafften sie sich einen Farbfernseher und einen VW-Käfer an und der Rest war Geschichte. Natürlich mussten sie auch die eine oder andere Hürde überwinden, doch nichts konnte sie aus der Bahn werfen. Seither waren fünfzig Jahre vergangen.

Während mein Vater durch seine langjährige unermüdliche Arbeit Anerkennung fand und von einem Ende der Welt zum anderen reiste, um Vorträge und Seminare zu halten, war es meine Mutter, die ihn stets an seine Wurzeln erinnerte und daran, wie wichtig es war, dorthin zurückzukehren.

Meine Eltern landeten am späten Abend in Los Angeles. Wir trafen uns alle in Mallikas Haus zum Abendessen. Den neuesten Nachrichten aus Indien zufolge hatte sich Nanas Zustand stabilisiert, aber er war immer noch bewusstlos und lag im Krankenhaus. Sein Herz war schwach und die Ärzte zogen eine Bypass-Operation in Betracht. Doch bei seinem Alter waren die Erfolgsaussichten des Eingriffs unsicher. Die ältere Schwester meiner Mutter hoffte, dass meine Mom bald da sein würde, um ihr zu helfen – *eine Entscheidung zu treffen.*

»Muss Bara Nana (der große Nana) sterben?«, wollte Tara wissen, als wir an jenem Abend still bei Tisch saßen. Meine Mutter blickte sie mit Tränen in den Augen an.

»Nein, Bara Nana wird wieder gesund«, erwiderte Papa und hielt dem Blick seiner Enkelin stand.

»Kann ich eine Erdbeermilch haben?«, schaltete sich Leela ein (Taras kleine Schwester). Seit ihrer Geburt hat sie ein geradezu unheimliches Gespür für den richtigen Zeitpunkt und bekommt meistens das, was sie will, weil sie genau weiß, wann die Abwehrmechanismen der Erwachsenen außer Kraft gesetzt sind.

»Natürlich.« Meine Schwester nickte und stand auf, um die Milch zu holen.

»Ich will auch Erdbeermilch«, fiel der kleine Krishu ein, seine ältere Schwester nachahmend, die er abgöttisch liebt.

Mallika warf Candice einen Blick zu, die zustimmend nickte.

»Ich kann gerne noch mehr Saag Curry machen«, erbot sich mein Schwager, der die niedergedrückte Stimmung am Tisch aufzulockern suchte. Er ist unbestritten das Oberhaupt der Familie. Wie bei den meisten asiatischen Familienclans ist gutes Essen ein probates Mittel, um die Höhen und Tiefen des Lebens zu meistern. Doch an diesem Abend versagte die Wirkung. Keiner von uns hatte Appetit.

»Nein danke.« Mom stand vom Tisch auf. »Ich rufe noch mal in Indien an, um zu hören, ob es etwas Neues gibt.«

Später, als die Kinder schliefen und mein Vater draußen telefonierte, trommelte meine Mutter Mallika und mich noch einmal zusammen. »Ich weiß, euer Vater schafft das schon. Er ist daran gewöhnt, allein zu sein. Aber dieses Mal bleibt bitte in Verbindung.«

Das war eigentlich paradox, wenn man bedenkt, dass wir jeden Tag annähernd ein halbes Dutzend Mal Verbindung haben.

»Ihr wisst schon, was ich meine«, fügte sie hinzu.

Wir wussten es sehr wohl. Während meine Mutter tausend Dinge gleichzeitig erledigen und nach Indien fliegen musste, ohne lange Vorbereitung oder einen genauen Plan, wann sie zurückkehren würde, musste sich mein Vater völlig umstellen. Eigentlich kommt er ganz gut allein zurecht, schließlich ist er dauernd auf Reisen, um Vorträge zu halten, Seminare zu geben und seine Bücher vorzustellen. Meine Mutter dachte auch weniger an seine physischen Bedürfnisse und Belange, sondern an seine emotionale Verankerung.

»Mach dir deswegen keine Sorgen«, beschwichtigte Mallika sie. »Kümmere du dich um Nana.«

Die Augen meiner Mutter füllten sich mit Tränen. Sie nickte, dann griff sie in ihre Reisetasche und holte einen Karton mit dem Logo des Schuhherstellers Nike heraus. Sie nahm den Deckel ab und es kam ein funkelnagelneues Paar K-Swiss-Laufschuhe in meiner Größe zum Vorschein. Sie reichte sie mir.

»Lauf sie bitte ein, ja?«

2

Vater oder Großvater? Was ist deine Lieblingsrolle?
Ich glaube, meine Lieblingsrolle ist die des Großvaters. Als Vater war ich immer so beschäftigt und unachtsam, dass sich deine Mutter um alles kümmern musste. Heute habe ich, auch wenn sie immer noch für alles zuständig ist, mehr Zeit zu spielen. Oder besser gesagt, mehr Lust zu spielen.
Moment – du bist auch immer noch Vater!
Ja, aber das spielerische Element meiner Rolle ist darauf zurückzuführen, dass ich Großvater bin.

SAMSTAGNACHMITTAG. Candice brachte Krishu ins Bett, er sollte seinen Mittagsschlaf halten, ein Wochenendritual, das gewöhnlich darin gipfelt, dass beide ein Nickerchen machen, während ich mich mit Cleo auf die Couch zurückziehe, um irgendein Spiel – egal was, Hauptsache Sport – im Fernsehen anzuschauen. Aber heute hatte ich das dringende Bedürfnis, meinem Vater Gesellschaft zu leisten.

»Was macht du gerade?«, fragte ich.

»Wikipedia«, erwiderte er, über seinen Laptop gebeugt, ohne die Augen vom Bildschirm zu lösen. Mein Vater liebt Wikipedia und Google. Ich meine, heiß und innig. Das sollten Sie bedenken, wenn Sie seinen nächsten Bestseller lesen.

Eine unerschöpfliche Quelle der Weisheit und des Wissens, wird er nachhaltig von den beiden am breitesten gestreuten Online-Informationsquellen beeinflusst.

»Worum geht es?«, hakte ich nach.

»Glück«, antwortete er; offenbar verspürte er nicht den gleichen Drang, ein Gespräch in Gang zu bringen, wie ich.

»Was ist damit?«, versuchte ich ihn aus der Reserve zu locken.

»Wie alle Emotionen erzeugen auch Glücksgefühle eine biologische Reaktion. Sie setzen bestimmte chemische Substanzen im Gehirn frei, in perfekter Dosierung, besser, als jede Apotheke es könnte. Faszinierend.«

Nicht wirklich, dachte ich.

Er spürte meine Unzufriedenheit. »Alle Lebewesen, wir Menschen eingeschlossen, erschaffen ihre eigene Biologie. Wir sind imstande, die Weichen für die Qualität und die Länge unseres Lebens zu stellen. Biochemische Prozesse, wie die Höhe des Serotoninspiegels, ein natürliches Antidepressivum oder die Cortisolmenge, die in unserem Körper zirkuliert und Entzündungen hemmt, bestimmen jeden Aspekt unseres Daseins, wie wir beispielsweise zu uns selbst, zu unserer Arbeit, unseren Beziehungen und zu unserem Leben stehen. Wenn wir diese chemischen Substanzen ohne die Hilfe von Medikamenten regulieren können, haben wir die volle Kontrolle über unsere Lebensqualität.«

»Interessant.« Dieses Mal beschloss ich, den Unnahbaren zu spielen.

Cleo, die sich einen Überblick über die Situation verschafft hatte und spürte, dass für die nächsten Stunden kein Standortwechsel angesagt war, näherte sich meinem Vater, schlüpfte zwischen seine Füße, drehte sich ein paarmal im Kreis und ließ sich dann in einer bequemen Position nieder. Er blickte sie misstrauisch an.

»Keine Sorge«, sagte ich. »Sie möchte einfach nur in deiner Nähe sein.«

»Warum?«

Ich zuckte die Achseln. »Weil es sie glücklich macht, nehme ich an.« Der Punkt geht an mich, Wikipedia!

»Wie alt ist Krishu eigentlich?«, erkundigte sich mein Vater und wandte den Blick von Cleo ab.

Das ist eine einzigartige Eigenschaft meines Vaters. Er hat der Vorstellung, dass Zeit nichts weiter als ein Konzept ist, eine völlig neue Dimension hinzugefügt. Unlängst wollte jemand von ihm wissen, wie alt ich sei. Er sah mich an wie ein Techniker, der eine Laborratte im Käfig überprüft, und erwiderte selbstsicher: »Fünfundzwanzig.« Da ich vierunddreißig und sein Sohn bin, wusste ich nicht genau, wie sich das begründen ließ, außer, dass er sich vielleicht jünger fühlte, wenn er mir fast ein ganzes Jahrzehnt abzog. Der Spielraum bei Krishu war geringer. Er ist erst vor knapp zwei Jahren geboren. Und obwohl er uns gerade einen ordentlichen Vorgeschmack auf das schreckliche zweite Lebensjahr liefert, sind zwanzig Monate alles, was er im Moment zu bieten hat.

»Fast zwei«, erwiderte ich. »Warum?«

»Da bleibt noch genug Zeit«, sagte er und klang mehr und mehr wie ein verrückter Wissenschaftler. »Mit zwei ist das Gehirn der meisten Kinder beinahe voll entwickelt. Mit vier sind ihre Reaktionen auf verschiedene auslösende Reize bereits so starr, dass sie sich nicht mehr verändern lassen. Mit acht sind die neuralen Bahnen dermaßen festgelegt und die Verhaltensmuster so fixiert, dass es keinen Sinn machen würde, etwas ändern zu wollen.«

Er sah mich an. »Wusstest du, dass die meisten politischen Führer der Welt – fast ausnahmslos Männer, nebenbei bemerkt – über die psychologischen Strukturen und biologischen Reaktionen achtjähriger Jungen verfügen? Wenn man ihnen droht, antworten sie mit einer lauteren Drohung. Wenn man ihnen einen Schlag versetzt, schlagen sie noch härter zurück. In dieser Hinsicht unterscheiden sie sich kaum von kleinen Jungen oder Hunden.«

Ich runzelte die Stirn. Und Cleo spitze die Ohren, als das Wort *Hund* fiel. Worauf wollte er hinaus?

Verstehen Sie mich nicht falsch. Ähnliche Gefühle hatten mich schon seit Monaten geplagt, seit ich Krishus Übergang vom Säugling, der sich zum Überleben ausschließlich auf seine Mutter verließ, zu einem menschlichen Wesen verfolgte, dessen Geist sich ständig und rapide weiterentwickelte. In den ersten achtzehn Monaten seines Lebens war ich zu der Schlussfolgerung gelangt, dass ich kaum mehr von Nutzen war als ein vielseitiger, aber mittelmäßiger Ersatzspieler bei einem Baseballteam, das die Tabelle anführt: Gelegentlich klopfte mir jemand anerkennend auf die Schulter, weil ich völlig unverhofft einen wertvollen Beitrag geleistet hatte, aber niemand hätte es bemerkt, wenn ich gegen jemand anderen eingetauscht worden wäre. Die eigentlichen Beteiligten an Krishus Evolution waren Frauen: Candice, ihre Mutter, meine Mutter, verschiedene ›Stillberaterinnen‹ und andere Mütter mit gemeinsamen Erfahrungen. Und nicht zu vergessen die Online-Tutoren der Mamis.

Doch urplötzlich, ungefähr mit achtzehn Monaten, wurde aus dem Baby ein Kind. Ein Wandel, der mich ängstigte und den ich immer noch als Bürde empfand, als ich an jenem Tag mit meinem Vater beisammensaß und ahnte, dass er sich anschickte, mit seinen Gedankenexperimenten an meinem Sprössling zu beginnen. Candice hatte die gesamte neunmonatige ›Inkubationszeit‹ damit verbracht, sich jedes Buch über Kinderentwicklung einzuverleiben, das der Menschheit bekannt ist, und es nach Krishus Geburt ein zweites Mal zu lesen; allem Anschein nach war es ihr gelungen, sich in eine Jedi-Meisterin der Mutterschaft zu verwandeln. Ich hatte geschwankt und mich darauf verlassen, dass irgendein väterlicher Urinstinkt einsetzen und mich durch das Labyrinth der Elternschaft geleiten würde. Ups!

Nun blicke ich meinen Vater genauso misstrauisch an, wie er Cleo angeschaut hatte. Konnte er mir die Weisheit liefern, nach der ich mich sehnte? Ich selbst hatte mich ja auch ganz passabel entwickelt, dachte ich. Oder?

In dem Moment stürmten Candice und Krishu durch die Tür ins Wohnzimmer. Krishu strahlte und seine Mama sah erschöpft aus. »Heute wird nichts aus dem Mittagsschlaf. Zu viel Aufregung, weil Dada bei uns ist.«

Wie aufs Stichwort sprintete Krishu durch den Raum auf meinen Vater zu. »Dada!« Er stürzte sich auf die Beine meines Vaters, sodass es Cleo nur mit knapper Not gelang, seinem unkoordinierten Ansturm auszuweichen.

Mag sein, dass ich die Vaterrolle emotional immer noch auslote; aber an die Rolle des Ehemanns hatte ich mich im Verlauf der letzten sieben Jahren ganz gut angepasst. Ein Blick auf Candice genügte, um zu sehen, wie erschöpft sie war; deshalb nahm ich Cleos Leine vom Haken an der Wand und schlug vor, an meinen Vater und Krishu gewandt: »Kommt, lasst uns einen Spaziergang machen.«

Krishu hatte in den letzten Monaten die Funktionsfähigkeit seiner Beine und den wunderbaren Akt des Gehens entdeckt, der damit verbunden ist. Um unseren Häuserblock in einer kalifornischen Vorstadt zu schlendern ist für ihn bereits ein echtes Abenteuer. Was theoretisch nur fünf Minuten in Anspruch nehmen sollte, artet oft in eine fünfundzwanzig Minuten dauernde Odyssee aus, weil der Weg mit Ablenkungen gespickt ist: Er muss den weißen Kies neu positionieren, der den Garten eines Nachbarn schmückt, an den Limonen riechen, die in einem anderen Garten an den Zweigen hängen, auf die Farben aller Autos deuten, die die Straßen säumen, und mit Riley, dem Golden Retriever, der vor seinem Haus sitzt und darauf wartet, dass sich einer der Passanten seiner erbarmt, Apportieren spielen.

Ich erinnere mich an solche täglichen Spaziergänge mit den beiden Hunden in meinem Leben – Nicholas und Cleo –, von denen keiner das Apportierspiel beherrschte. Ich bin mir nicht sicher, ob das ein schlechtes Licht auf sie oder eher auf die Unfähigkeit meiner Familie wirft, ihnen das einfachste und am weitesten verbreitete Spiel zwischen Hund und Herrchen beizubringen. Riley ist dagegen ein Meister im Apportieren. Ständig ist sie von einer Handvoll Tennisbälle umgeben. Mit der Schnauze schiebt er sie unter dem weißen Palisadenzaun hindurch, in der Hoffnung, einen zufälligen Passanten, egal wen, zum Mitmachen animieren zu können. Krishu ist natürlich immer für ein Spiel zu haben.

Als ich das Thema in Gegenwart meines Vaters zur Sprache brachte – die historische Unfähigkeit unserer Hunde zu apportieren –, runzelt er die Stirn und erwiderte: »Einem Lebewesen, gleich ob Hund oder Mensch, Reiz-Reaktions-Lernen nach pawlowschem Muster einzubläuen, auf Kommando zu knurren, zu hecheln oder Speichel abzusondern, ist in meinen Augen keine großartige Leistung.«

»Aber eine nette Tradition«, warf ich ein und dachte an all die Bier-Werbespots, in denen Männer und ihre Hunde mit viel Spaß Apportieren spielten. Zugegeben, es fiel mir schwer, mir Papa in dieser Rolle vorzustellen.

»Fakt ist«, holte Papa zum Gegenschlag aus, »dass eine der besten Eigenschaften von Hunden ihre Fähigkeit ist, einfach nur zu *sein,* ohne sich Sorgen um die möglichen Auswirkungen zu machen. Das ist eine Fähigkeit, die man bei ihnen fördern sollte.«

Typisch Papa, der ewige Nonkonformist. Ungewollt hatte ich ihn verstimmt. Er griff das Thema wieder auf, als wir um die Ecke bogen und uns gemächlichen Schrittes Rileys Haus näherten. Krishu lief aufgeregt ein paar Schritte voraus, ahnte, welches Spiel ihn erwartete.

»Das ist eines der schwerwiegenden Probleme in unserer Gesellschaft. Wir verlangen Konformität, die Leute sollen so reagieren, wie wir es uns wünschen, sollen unseren starren Erwartungen gerecht werden. Infolgedessen tun sie genau das. Ein durchschnittlicher Mensch hat jeden Tag neunzigtausend Gedanken. Wusstest du, dass diese Gedanken überwiegend die gleichen sind, die er schon am Vortag hatte?«

Das wusste ich in der Tat. Nicht weil ich Verhaltensforscher bin, sondern weil ich lange genug mit meinem Vater zusammengelebt habe, um zu merken, dass er gerne zu den gleichen Statistiken und Beispielen greift, um seine Theorien zu veranschaulichen. Eine Ironie des Schicksals, wenn man bedenkt, welches Argument er damit zu untermauern gedachte. Ich beschloss, ihn lieber nicht darauf aufmerksam zu machen.

»Wie oft reagieren die politischen Führer dieser Welt völlig anders als vorhersehbar?«, fuhr er fort. »Beunruhige sie und sie reagieren mit Argwohn, Abwehrhaltung und Feindseligkeit. Das ist die Geschichte unseres Planeten und sie führt zu noch mehr Misstrauen, Konfrontation und Krieg. Ich würde sagen, viele politische Führer, egal wo auf der Welt – von Präsidenten bis zu Premierministern, Diktatoren und Halbgöttern –, verhalten sich kaum intelligenter als Hunde, die apportieren. Wirf ihnen den Ball zu, dann erhältst du das erwartete Ergebnis. Das einzige Problem ist, dass wir heute nicht nur uralte Gewohnheiten, sondern auch moderne Technologien haben.«

Er schnaubte und schüttelte den Kopf. Im Gegensatz zu seiner Reputation als Guru der New-Age-Bewegung, der ausschließlich nach Antworten auf die Existenzangst sucht, hatte sich das Hauptaugenmerk meines Vaters in den letzten Jahren auf globale Themen wie Krieg, soziale Ungerechtigkeit und Umweltzerstörung konzentriert. Um der Wahrheit die Ehre zu geben, verbringt er heute mehr Zeit damit, über Konfliktlösungen statt über das Karma und über den Terrorismus statt über Tod und Wiedergeburt nachzudenken. Seit er sich in einer Phase befindet, die er geheimnisvoll als »Dämmerstunde« seines Lebens bezeichnet, ist er geradezu besessen von dem Gedanken, die Physiologie und Biologie statt die Seele unseres Planeten zu heilen. Da in dieser Hinsicht noch viel zu tun bleibt, ist er verständlicherweise oft frustriert oder niedergeschlagen, wenn er sich die Nachrichten anschaut. Seine größte Enttäuschung ist der Mangel an echter Führungskompetenz in der Welt. Ein Thema, das ihm immer wieder durch den Kopf geht.

»Gebt dem politischen Führer eines gebeutelten Staates auch nur ein bisschen Handlungsvollmacht und was verlangt er? Mehr Befugnisse. Baut die Streitkräfte oder die Wirtschaft einer aufblühenden Nation auf und was wünscht sie sich? Den Aufstieg zur Supermacht.«

Papa schüttelte verzagt den Kopf. »Die meisten der sogenannten politischen Führer sind kleingeistige Tyrannen, deren Verhalten dem Bewusstsein präpubertärer Jungen entspringt, ohne die Fähigkeit, über ihre eigenen begrenzten instinktiven Bedürfnisse hinauszudenken.«

Es überraschte mich nicht, dass mein Vater den Hund des Nachbarn auf die gleiche Stufe stellte wie die traurige, korrupte Meute der schlimmsten politischen Führer der Welt. Dennoch bedauerte ich, das Thema überhaupt angeschnitten zu haben, vor allem die Wende, die es genau in dem Moment genommen hatte, als wir uns Rileys weißem Palisadenzaun nähern. Als der Hund seines kleinen Freundes ansichtig wurde, sammelte er schnell so viele Tennisbälle ein, wie in seine Schnauze passten (sage und schreibe drei), und ließ sie vor Krishus Füße fallen. Die Szene wirkte beinahe so, als wäre sie von mir inszeniert. Krishu strahlte über das ganze Gesicht, als er den ersten speichelgetränkten Ball aufhob, die Schulter zurücknahm und den Ball warf. In dem Moment preschte Riley bereits los, pflügte durch Schmutz und Blätter und schnappte sich den Ball, bevor er auch nur drei bis vier Meter weit gerollt war. Dann rannte er zurück, hechelnd und sabbernd, um ihn wieder vor Krishus Füße fallen zu lassen, bereit für die nächste Runde des Spiels.

Wie immer war Krishu außer sich vor Freude, klatschte in die Hände, hüpfte und lachte. Dann sah er meinen Vater und mich mit einem gewinnenden Lächeln an.

»Dada, mach du«, befahl Krishu. Papa schien spät zu schalten, blickte von Krishu zu mir und auf den durchweichten Tennisball hinab. Sich durchaus bewusst, dass er einen Moment zuvor das Apportierspiel mit dem Verfall der menschlichen Zivilisation verglichen hatte, schien er unsicher zu sein, wie er reagieren sollte.

»Dada, mach!!!«, bettelte Krishu; seine Freude war kurz davor, eine dramatische Wende zu nehmen.

»Ich an deiner Stelle würde es tun«, drängte ich meinen Vater. Ich wusste, welchen Ausgang die Situation nehmen konnte.

Papa bückte sich, zauberte ein künstliches Lächeln auf sein Gesicht und warf den triefenden Ball um einiges weiter als Krishu. Riley war darauf gefasst und raste wieder durch den Garten, packte den Ball, bevor er ausrollte. Auf den Hinterläufen herumwirbelnd, kehrte er mit dem Ball in der Schnauze zu uns zurück.

»Oh!« Krishu sah seinen Dada ehrfürchtig staunend an. »Dada weit werft!!!« In diesem Augenblick kannte die Bewunderung für seinen Großvater keine Grenzen. Da mein Vater es spürte, verwandelte sich sein Lächeln und wurde zum ersten Mal an diesem Tag echt. Er brauchte keinen Souffleur mehr, sondern bückte sich, packte den Ball und warf ihn noch weiter als vorher, wobei Riley ihm pflichtschuldig nachjagte.

Noch mehr Freude bei Krishu. Noch mehr Einsatz bei Dada. Und noch mehr Apportieren bei Riley. Wir standen ungefähr zehn Minuten da, während Dada Krishu mit der Kraft seines Armes imponierte, bis ich ironischerweise meinen Vater davon in Kenntnis setzen musste, dass es an der Zeit war, das Spiel zu beenden und nach Hause zurückzukehren.

»Und was ist mit Krishu?«, fragte Papa besorgt.

»Sag ihm, dass wir morgen wieder herkommen und spielen«, sagte ich. »Das versteht er schon.«

Zögernd kam Papa der Aufforderung nach. Anfangs enttäuscht, verstand Krishu dennoch genau, was Sache war. Er kannte den Ablauf bei Spaziergängen ziemlich gut. Es dauerte nicht lange, bis er munter zum Haus des nächsten Nachbarn weiterlief, wo die Tonka-Lastwägen des fünfjährigen Sprösslings auf der Türschwelle standen und darauf warteten, bewundert zu werden.

»Immer noch so vehement gegen das Apportierspiel?«, fragte ich meinen Vater. Er erwiderte mein Lächeln. »Ich habe mich wohl geirrt.« Ein seltenes Eingeständnis, kann ich Ihnen sagen. Er dachte einen Augenblick nach. »Was wir gerade miterlebt haben, war unverfälschte Freude am Spiel – sowohl bei Krishu als auch bei Riley.«

»Und bei dir, könnte man wohl hinzufügen.«

»Und bei mir.« Er nickte. »Spielverhalten ist bei allen

Tieren, insbesondere aber bei Hunden, ein Zeichen des Wohlbefindens. In diesem spielerischen Zustand gibt es keine Angst, keine Wut und keine Traurigkeit.« Er geriet in Fahrt. »Im Gehirn löst das Spiel ein Gefühl ungetrübter Freude aus, das seinerseits hochwirksame Hormone und chemische Substanzen erzeugt, die eine tief greifende und gesundheitszuträgliche Auswirkung auf den Körper haben.« Papa erinnerte mich daran, dass es sich dabei um Forschungen handelte, die er vor einigen Jahren als praktizierender Endokrinologe durchgeführt hatte (Futter für Wikipedia!).

»Neurotransmitter wie Serotonin, Dopamin, Oxytocin und natürlich induzierte Opiate sind Substanzen, die gegen Depressionen wirken. Sie stärken nicht nur das Selbstwertgefühl, sondern auch die Fähigkeit, Glück und Freude zu empfinden – eine richtige körpereigene Apotheke, die uns gesund macht, wenn sie richtig eingesetzt wird.«

Womit wir wieder bei seinem Lieblingsthema wären: »Alle Säugetiere, die Menschen eingeschlossen, werden mit einem Spieltrieb geboren, doch bei uns verblasst er, wenn wir heranreifen und erwachsen werden, wenn wir die Last der Erwerbstätigkeit und Verantwortung schultern müssen. Es wäre ausnahmslos besser um uns bestellt, wenn wir nie aufgehört hätten zu spielen.«

Sollte ich mich zurückhalten? Sollte ich wirklich? Wir führten ein Gespräch unter Erwachsenen und ich wusste, ich sollte zuhören, ohne ihn zu unterbrechen. Und genau das tat ich.

Es stimmt: Hunden ist nicht nur der Spieltrieb angeboren, sondern auch das Wissen, dass er unerlässlich ist. Riley bringt einen Ball und legt ihn dir vor die Füße, um das Apportierspiel in Gang zu bringen, oder sie lässt ihn direkt in deine Hand fallen und stupst ihn dann mit der Nase an.

Es fördert das Wohlergehen von Mensch und Hund – und vor allem natürlich Krishus –, der Aufforderung Folge zu leisten.

Cleo mag das Apportieren nicht so gut beherrschen, aber sie ist die ultimative Abenteurerin. Kein Spaziergang um den Block, ohne nicht zwischendrin hundertmal anzuhalten. Hier schnüffeln, dort lecken oder an der Leine zerren, um vom Gehsteig herunterzugelangen – wenn sie etwas erspäht hat, was sie fasziniert, gibt es kein Halten mehr.

Da mein Vater inzwischen bester Laune war, fiel ihm das auf. »Neugierde ist ein fantastisches Beispiel für die Spielfreude und sie kann sogar physiologisch tief greifende Auswirkungen haben. Wenn Cleo etwas beschnüffelt, bringt sie dadurch nicht nur ihre Neugierde zum Ausdruck, sondern stimuliert auch das Lustzentrum im Gehirn.«

Instinktiv ließ ich Cleos Leine ein wenig lockerer. »Es gibt zahlreiche Forschungen, die darauf hindeuten, dass bei Menschen, die sich gerne auf neue Dinge einlassen, die von mir erwähnten chemischen Substanzen und Hormone in höherer Konzentration vorhanden sind; sie haben ein erfüllteres und sogar längeres Leben.«

Wenn Sie einen Hund haben, verstehen Sie bereits, wie wichtig die Berührung für sein emotionales Wohlbefinden ist. Es ist kein Zufall, dass wir die Liebe zu einem Hund zeigen, indem wir ihn tätscheln. Sein Bedürfnis, berührt zu werden, ist sogar noch größer als unser Bedürfnis, die Hände in seinem warmen Fell zu vergraben. Diese Form der Zuwendung ist für Hunde ungeheuer wichtig. Gleichzeitig löst das Streicheln eines Hundes beim Menschen ein Gefühl der Ruhe aus. Der Unterschied besteht darin, dass den meisten Menschen die Freude nicht bewusst ist, die sie dabei empfinden, im Gegensatz zu Hunden. Haben Sie einmal bemerkt, dass ein Hund seinen Kopf bisweilen mit Gewalt unter eine menschliche Hand schiebt, auf der Suche nach Berührung?

Es liegt in der menschlichen Natur, Freude zu empfinden, wie mein Vater mich bei zahlreichen Gelegenheiten zu erinnern pflegte, doch wir lassen zu, dass die Herausforderungen des modernen Lebens diese Erfahrung dämpfen. Aber wenn wir aufmerksam sind, hält uns der Hund dieses Bedürfnis durch seinen eigenen Wunsch nach Freude wieder vor Augen. Ziemlich bemerkenswert und intuitiv.

Wir hatten das Ende unseres abenteuerlichen Spaziergangs um den Block erreicht und gelangten an unsere Türschwelle. Sowohl Cleo als auch Krishu taten ihr Bestes, um die Erkundungstour zu verlängern, wobei Krishu seinen Großvater – den er als schwaches Glied in der Kette ausgemacht hatte – mit Gesten und der monotonen Aufforderung »Werfen ... werfen ... werfen« bedrängte. Cleo zog derweil an ihrer Leine, strebte weg von unserem Haus, hatte offensichtlich Lust, im Reich der Fantasie, das unsere Nachbarschaft für sie war, Jagd auf weitere Vergnügungen zu machen.

Wieder blickte mich mein Vater ratsuchend an. Ich schüttelte den Kopf, wusste, dass es Zeit für Krishus Abendessen war, danach ging es ab in die Badewanne und dann folgte das allabendliche Ritual mit vorlesen, Musik hören, Mama, Papa, Dada und Cleo einen Gutenachtkuss geben und zum Schluss schlafen. Es gibt tatsächlich einige wichtige Routinen und Rituale im Leben.

Candice öffnete lächelnd die Tür. Jedes Mal, wenn sie ihren Sohn anschaut, strahlt sie instinktiv vor Glück, genau wie Krishu, wenn er mit Riley Apportieren spielt, oder wie Cleo, wenn sie Candice erspäht. »Hattest du Spaß auf deinem Spaziergang, Krishu?«, erkundigte sie sich, nahm ihn auf den Arm und kitzelte ihn.

Er nickte aufgeregt, konnte kaum erwarten, sein Wissen zu teilen. »Dada weit werft!!!«

Candice sah meinen Vater lächelnd an. »Hat er dich dazu gebracht, Apportieren zu spielen?« Sie nickte beeindruckt – sie kennt meinen Vater gut genug, um die Bedeutung dieses Ereignisses zu würdigen.

Er erwiderte das Lächeln und nickte ebenfalls. »Wenn wir den politischen Führern der Welt beibringen könnten, Apportieren zu spielen – das wäre was!«

Später am Abend, als Krishu erfolgreich zum Schlafen gebracht worden war und Cleo es sich neben ihm gemütlich gemacht hatte, kehrte ich ins Wohnzimmer zurück und fand meinen Vater wieder an seinem Laptop vor.

»Noch mehr Wikipedia?«, erkundigte ich mich.

»Twitter«, erwiderte er.

Deepak Chopra ist ein Meister-Tweeter. Ein Mann, der viel zu sagen hat und nicht zu bremsen ist. Seine Verleger kommen kaum nach, seine Bücher zu drucken. Die Erfindung von Online-Plattformen, Blogs und sozialen Netzwerken, bei denen es keine Torwächter zwischen Autoren und ihren Lesern gibt, sind für meinen Vater das ultimative Geschenk. Dank des Laptops steht er in ständiger Verbindung mit ihnen.

»Weißt du, ich dachte gerade …«, begann ich und legte eine Pause ein, als würde ich einer spontanen Eingebung statt sorgfältig zurechtgelegten Worten folgen. »Das sollten wir wieder machen.«

»Was machen?« Papa blickte mich an.

»Uns treffen.« Ich zuckte unwillkürlich mit den Schultern. »Und reden.« Ich nickte, um zu unterstreichen, was ich gerade gesagt hatte. »Das ist auch gut für Krishu, weißt du.«

»In Ordnung«, erwiderte er ungerührt.

»Candice und ich fahren nächste Woche mit Krishu nach New York zur Hochzeit von Freunden. Du bist auch dort, oder?«

Er nickte und wie aufs Stichwort stürmte Cleo ins Wohnzimmer und blickte uns abwechselnd an, um das Spielfeld auszuloten. Sie kennt das Haus genau, spürt, sobald sich etwas Spannendes anbahnt, und erforscht auf ihre eigene Weise, worauf das Ganze hinausläuft.

»Hör zu, Gotham«, begann mein Vater und schien genau wie Cleo zu spüren, was sich da in aller Stille anbahnte. »Eltern sein ist nicht leicht. Trotz der vielen Bücher über das Thema, meine eigenen eingeschlossen« – er lächelte über die Ironie –, »gibt es keine perfekte Methode, kein Benutzerhandbuch, das den Erfolg garantiert.«

Er schwieg einen Augenblick. Cleo begab sich zu ihm, ermittelte den Punkt, an dem eine weiche Landung möglich war, und ließ sich wieder zu seinen Füßen nieder.

»Wie erziehst du Krishu dazu, frei zu denken, davon zu träumen, die Welt zu verändern, spielerisch und unschuldig wie Cleo und Riley zu sein, und das alles in einer Welt, die das genaue Gegenteil verlangt, die auf Starrheit und Befolgen der Regeln drängt?«

Ich wünschte, Papa hätte endlich einmal eine einfache Antwort, statt rhetorische Fragen zu stellen.

»Vielleicht sollten wir uns darüber bei unserem nächsten Treffen unterhalten, einverstanden?«

Na also. Ich nickte und wusste, dass meine Mutter sehr glücklich über diese Entwicklung sein würde.

Cleo drehte sich zu Vaters Füßen im Kreis und ließ sich auf den Boden plumpsen. Er sah sie abermals zweifelnd an, nicht sicher, was sie eigentlich von ihm wollte.

3

Papa, glaubst du, dass man als Vegetarier spiritueller ist?
Möchtest du wissen, ob ich Vegetarier bin? Ich habe mich immer wieder mal mit dem Vegetarismus beschäftigt. Im Augenblick ernähre ich mich streng vegetarisch.
Das wusste ich bereits. Das war nicht die Frage.
Also gut. Ich würde sagen: Wenn man eine gesunde Lebensweise anstrebt, die ja zu den Grundvoraussetzungen für die meisten spirituellen Erfahrungen gehört – in einem gesunden Körper wohnt bekanntlich ein gesunder Geist, der wiederum die Klarheit der Gedanken fördert –, trägt die vegetarische Ernährung in stärkerem Maß zu den klassischen spirituellen Erfahrungen bei. Stellt man die Ernährung dagegen nur deshalb um, weil man sich davon mehr Spiritualität erhofft, wird die Belastung, die wahrscheinlich mit dieser Kostveränderung einhergeht, das genaue Gegenteil bewirken.
Ich will damit sagen, dass eine Bewusstseinsänderung eine Verhaltensänderung nach sich zieht, nicht umgekehrt. So ist es mit den meisten Dingen im Leben. Solange keine Bewusstseinsänderung stattfindet, ist jede Ernährungsumstellung oder Verhaltensmodifikation eine Marotte, ein kurzlebiger Trend.
Letztendlich glaube ich, dass sich dahinter eine viel wichtigere Frage verbirgt, die angesprochen werden sollte. Nämlich, was ›spirituell‹ sein wirklich bedeutet. In unserer Kultur haben wir die Definition auf Begriffe wie vegetarische

Ernährung, Yogaübungen und Verzicht auf derbe Flüche ausgerichtet. Aber Spiritualität und das Streben danach greifen über solche Äußerlichkeiten hinaus. In Wirklichkeit geht es um das Streben nach einer höheren Bewusstseinsebene und ein tieferes Verständnis der wahren Natur des Kosmos. Spiritualität auf die Ernährung zu reduzieren wäre genauso, als würde man Einsteins bahnbrechende Erkenntnisse in der Physik ignorieren und lediglich seine Leistungen in Mathematik erwähnen.

CLEO GEHÖRT ZU DEN REISENDEN mit Vielfliegerstatus. Ich wünsche mir oft, ich hätte in all den Jahren ein Reisetagebuch geführt, aber ich schätze, sie hat als Pendlerin auf der Strecke zwischen New York City und Los Angeles mehr als 100 000 Flugmeilen angesammelt, einige Abstecher nach Atlanta eingeschlossen, wo Candices Familie lebt. Da sie nur rund viereinhalb Kilo auf die Waage bringt, darf sie mit uns zusammen ›in der Kabine‹ reisen. Sie passt wie angegossen in ihre Sherpa-Tragetasche de luxe, die sich während Start und Landung leicht unter dem Vordersitz verstauen lässt.

Das Ganze ist inzwischen eine Routineangelegenheit, deren einzelne Schritte wir fest im Griff haben; es gilt, so nahtlos wie möglich durch die Sicherheitszone des Flughafens zu gelangen, uns zu vergewissern, dass wir alle ausreichend mit Wasser versorgt sind, und Cleos ›Drogensucht‹ Rechnung zu tragen. Cleo gehört zu den Hunden, die immer ein bisschen überdreht sind. Sie pflegt Nahrung zu horten und regt sich leicht auf. Gelegentlich leidet sie unter

Schlafstörungen und läuft stundenlang durchs ganze Haus, immer im Kreis herum. In diesen Zeiten der Rastlosigkeit entdeckt sie oft bestimmte Stellen im Haus, die sie faszinieren und magisch anziehen. Sie verkriecht sich hinter irgendeiner Tür oder rollt sich hinter einem Möbelstück zusammen, als würde ein Poltergeist sein Unwesen treiben. Candice und ich weisen die Schuld für diese Unarten gerne von uns und schieben sie auf die Tatsache, dass wir Cleo aus dem Tierheim haben. Ihre emotionalen und psychischen Narben gehen nicht auf unser Konto. Wir nehmen außerdem an, dass Cleo bereits im Welpenalter eine Art Intoleranz gegen Männer entwickelt hat, als Candice Medizin studierte und ausschließlich weibliche Zimmergenossinnen hatte. Eine durchaus fragwürdige Theorie, das ist mir klar, aber sie würde erklären, warum sich Cleo wie ein Berserker aufführt, wenn männliche Wesen auf der Bildfläche erscheinen, die sie nicht zuordnen kann. Diese allergische Reaktion programmiert, mehr noch als ihre übrigen Macken, Katastrophen in der Regel geradezu vor, wenn Cleo uns an öffentliche Orte wie den Flughafen begleitet. Oder in die Flugzeugkabine, in diesem Fall. Oder in Einkaufszentren, Geschäfte, Parks, auf Spielplätze, zu Nachbarn, zur Bank und zur Reinigung, wo wir gerade dabei sind.

Was uns zum Thema Drogen bzw. Medikamente zurückbringt. Cleo ist von Benzodiazepin abhängig, einem Tranquilizer, der Angstzustände lindert, sedierend wirkt und den Schlaf fördert. In der Regel bekommt sie ihre Dosis, sobald wir uns an Bord des Flugzeugs befinden, damit die erste Welle der Müdigkeit unmittelbar vor dem Start einsetzt, bevor das Rumpeln und Ruckeln der Maschine nicht nur bei Hunden, sondern auch bei Menschen ein Gefühl der Beklemmung auslöst. Ich muss gestehen, auch wenn es mir ein bisschen peinlich ist, dass die Drogen wahre Wunder wirkten. Es hatte keinen einzigen unliebsamen Zwischenfall gegeben. Doch bis zu besagter Reise im Mai (der *verhängnisvollen,* wie wir sie heute bezeichnen) waren wir auch noch nie mit Cleo *und* Krishu im Schlepptau nach New York City geflogen.

Krishu ist ein erstgeborener Sprössling nach klassischem Muster, der Mittelpunkt des Universums seiner Eltern. Wir unternehmen *alles* gemeinsam. Die Familie ist uns *heilig.* Seit seiner Geburt vor eineinhalb Jahren hat Krishu nie von seinen Eltern getrennt geschlafen, kein einziges Mal. Die Rede ist nicht von Wochenenden, an denen sich geplagte Eltern gerne mal ›abnabeln‹, sondern von getrennten Zimmern. Wir sind ›Co-Schläfer‹. Endlich ist es heraus. Der Begriff wird von vielen progressiven Eltern gemieden, vor allem in den hitzigen Debatten, die im begrenzten Umfeld der ›unterstützenden Müttergruppen‹ und engstirnigen Workshops stattfinden, die sich das Thema Kindererziehung auf ihre Fahnen geschrieben haben. Doch ich kann Ihnen versichern, es handelt sich um ein Phänomen westlicher Provenienz. In Santa Monica wird das Co-Schlafen als Hippie-Methode betrachtet. In Indien ist es einfach so, wie es ist.

Während Candices Mami-Mafia die Stirn runzelte, als ihr versehentlich eine Bemerkung über unser Co-Schläfer-Arrangement entschlüpfte, schüttelte Nana missbilligend den Kopf, als Candice ihm erklärte, dass viele Säuglinge in Amerika in ihrem eigenen Zimmer schlafen, getrennt von den Eltern.

»Und manchmal mit einer Nachtschwester«, fügte sie hinzu, ein Begriff, der einer Klärung bedurfte.

»Kein Wunder, dass es in Amerika so viele Drogensüchtige gibt«, entgegnete Nana, eine Schlussfolgerung, auf die er häufig zurückgriff.

Wie auch immer, Fakt ist, dass wir an unserem kleinen

Mann genauso hängen wie er an uns. Außerdem halten wir viel von Studien (mit Sicherheit von Hippie-Forschern durchgeführt), die zu dem Ergebnis gelangen, dass Co-Schlafen das Immunsystem stärkt, das Risiko des Plötzlichen Kindstods verringert, zu mehr Selbstachtung, weniger Ängsten und einer ganzen Litanei weiterer Vorteile führt, die den Eindruck erwecken, als würden sie eine gedeihliche Entwicklung des Kindes unterstützen.

Es geht dabei nicht nur um den Schlaf. Krishu ist in fast jeden Aspekt unseres Lebens eingebunden. Er sitzt bei uns, wenn wir uns morgens ankleiden, begleitet uns auf Cleos Morgenspaziergang (wir befestigen dann zwei Leinen an ihrem Halsband, damit er spielerisch damit umzugehen lernt) und hilft uns, Cleo mit Leckerlis zu verwöhnen.

»Sitz, Cleo!«, gehört bereits zu seinem Repertoire. Und wenn sie folgt, wirft er ihr mit voller Wucht das Leckerli zu, wobei er unmittelbar auf ihre Schnauze zielt.

Als verantwortungsvoller Vater, eine Rolle, in die ich schrittweise und ganz allmählich hineingewachsen bin, weiß ich genug über Kindererziehung, um Krishu nicht unmittelbar in Cleos Pillenkonsum einzubeziehen. Doch da ich selbst einmal Kind war, habe ich nicht vergessen, welch ungeheuren Reiz alles ausübt, was verboten ist. Krishu ist keinen Deut anders, besonders, wenn es um Cleo geht. Angefangen bei den Medikamenten gegen Flöhe oder Hundeherzwürmer und andere Nahrungsergänzungsmittel, die Candice Cleo aufgrund ihres Alters eintrichtert, muss Krishu unbedingt bei jeder Hundeaktion dabei sein. »Cleo Medizin geben« ist für Krishu ungeheuer wichtig. Damit bringt man die Liebe zu einem Hund zum Ausdruck. In diesem Rahmen erlaube ich ihm gelegentlich, sich an meinem Handgelenk festzuhalten, wenn ich Cleo Arznei verabreiche. Krishu weiß, dass er die Medikamente nicht anrühren darf, und er kennt den Unterschied zwischen einer Tablette und einem Leckerli.

Es war also bei besagter Flugreise im Mai (siehe *verhängnisvolle* Reise), als Krishu unbedingt helfen wollte, Cleo die Benzo-Pillen zu verpassen. *Klar,* dachte ich. *Warum auch nicht?* Und was wäre, wenn sich Hund und Kind in meiner alleinigen Obhut befanden? Kein Problem, Candice konnte sich schließlich nicht weiter entfernen als bis zur nächsten Toilette. Was konnte da schon schiefgehen?

Jede Menge, wie sich herausstellte.

Ich hielt die winzige Tablette in der Hand, während Krishu mein Handgelenk justierte und Cleo Platz zu nehmen befahl. Kein Stress. Alles lief wie am Schnürchen. Mit Kind und Hund verreisen? Keine Ahnung, was das ganze Getue sollte. Doch genau in dem Moment, als wir uns anschickten, Cleo die Pille zu verabreichen, spazierte eine Stewardess an uns vorbei, um sich zu vergewissern, dass die Passagiere angeschnallt waren. Instinktiv versuchte ich, meine Hand festzuhalten, während Krishu sie aus irgendeinem unerfindlichen Grund mit einem Ruck nach vorne riss. Die Wirkung war ähnlich wie bei einer Schleuder, die jedoch nicht mit einem Stein, sondern mit Benzodiazepin bestückt war. Da der kleine Krishu kein Goliath war, wurde die Pille über Cleos Kopf hinwegkatapultiert und landete in den dunklen Gefilden des Vordersitzes. Cleo nahm die darunter befindlichen Schatten in Augenschein und drehte sich zu mir um, mit einem Blick, der hilflos und bekümmert zugleich war. Allein der Gedanke, der Pille hinterherzujagen, war unter ihrer Würde.

Als großer Papa und Haushaltsvorstand – der wusste, dass seine Frau über den Lauf der Dinge alles andere als entzückt sein würde – hatte ich natürlich keine andere Wahl, als auf allen vieren mit der Suche zu beginnen. Dort erwischte mich Candice, als sie vom Waschraum zurückkehrte, wobei Krishu ausgelassen auf meinem Rücken herumkletterte und Cleo mir das Gesicht abschleckte.

»Was ist passiert?«

»Ähm, nichts.« Ich sprang instinktiv auf. »Krishu hat ein Matchbox-Auto heruntergeworfen und ich habe danach gesucht.«

»Hast du es gefunden?«, erkundigte sich Candice nichts ahnend.

»Nein«, erwiderte ich mit leeren Händen. »Es muss weggerollt sein.«

Sie zuckte die Schultern. »Hast du Cleo die Medizin gegeben?«

Ich nickte vehement, presste Cleos Kopf nach unten und zog den Reißverschluss der Tasche zu, während ich Krishu beschwörend ansah, als wollte ich ihm eine Botschaft übermitteln. Ich gelangte instinktiv zu der Schlussfolgerung, dass ich mich auf seinen begrenzten Wortschatz und das blinde Vertrauen verlassen konnte, das er in seinen Vater setzte.

Kurz darauf meldete sich der Kapitän über Bordlautsprecher und informierte die Passagiere über Flugroute, Flugdauer und weitere Einzelheiten. Während das Flugzeug in Richtung Startbahn rollte, die Flugbegleiter die Litanei der Sicherheitsbestimmungen herunterbeteten und Candice die ersten Spielsachen auspackte, die Krishu ablenken sollten (Malbücher, Aufkleber, Puzzles usw.), nahm ich Cleo ins Visier, die friedlich in ihrer Reisetasche lag und sich rundum wohlzufühlen schien. Mit mir selbst und meiner simplen Verschleierungstaktik zufrieden, wagte ich zu denken, dass wir vielleicht ein wenig paranoid reagierten, was Cleo betraf, und ihre Sucht in Zukunft nicht mehr unterstützen sollten. Vielleicht war es besser, ihr mehr Vertrauen entgegenzubringen; Vertrauen in die Fähigkeit, ihre Stimmungslage auch ohne die Hilfe starker Betäubungsmittel zu steuern. Eine Fähigkeit, die auf dem Instinkt beruhte und von Eltern gefördert werden sollte.

Ich hätte es besser wissen müssen.

Sobald die Maschine über die Startbahn rumpelte und Fahrt aufnahm, um abzuheben, drang ein Fiepen aus Cleos Tasche. Kein Problem, dachte ich. Selbst unter dem Einfluss von Medikamenten gab sie gelegentlich leise, erregte Laute von sich, vor allem während des Starts und in den Minuten danach, wenn die Ohren durch den Druck zugingen. Alles wie gehabt. Candice, die sich gemeinsam mit Krishu auf *Dora und Diego* konzentrierte, merkte nichts. Doch dann drang ein weiteres Winseln aus der Tasche, wesentlich lauter als beim ersten Mal. Candice blickte hinunter, dann sah sie mich an.

»Alles in Ordnung mit ihr?«

»Klar, alles bestens.« Ich nickte beschwichtigend. »Holperiger Start«, fügte ich hinzu, während sich das Flugzeug sanft in die Lüfte erhob.

Doch Cleo ging es alles andere als bestens. Und sie machte uns rasch darauf aufmerksam, dieses Mal mit einem unüberhörbaren Kläffen. Nun blickte uns nicht nur Candice, sondern auch das Paar auf der gegenüberliegenden Seite des Ganges misstrauisch an.

»Merkwürdig«, sagte ich und legte meine Hand auf die Tasche, fest entschlossen, die Scharade fortzusetzen, mochte sie auch noch so schlecht durchdacht sein. Als sich die Maschine abrupt auf die Seite legte, um nach dem Steigflug über dem Pazifik eine Kurve zu beschreiben und wieder Kurs in Richtung Osten zu nehmen, klang Cleos gequältes Gebell wie eine Maschinengewehrsalve. Als hätte sie die dunkle Vorahnung einer drohenden Gefahr, gipfelte es in einem herzzerreißenden Jaulen, das durch Mark und Bein ging.

Mittlerweile mutmaßten alle Passagiere ringsum, dass die grauenvollen Geräusche aus unserer Ecke kamen. Ich zuckte lächelnd die Schultern.

»Nimm sie auf den Schoß«, schlug Candice mit Nachdruck vor, das gleiche wachsende Unbehagen spürend.

Ich tat wie geheißen und hob Cleos Tasche auf meinen Schoß, spähte in den Netzstoffeinsatz und versuchte, Cleo mit Worten und Lauten zu beruhigen. Doch sie wollte nichts davon hören. Sie schlug ihre winzigen Krallen in den Stoff, als wollte sie ihn zerreißen. Mit ihren weit aufgerissenen Augen und den erweiterten Pupillen war sie der Inbegriff eines Hundes, der kurz vor dem Durchdrehen war, ein vierbeiniger Junkie, der dringend seine nächste Dröhnung brauchte.

»Entspann dich, Cleo.« Ich öffnete mit einigen Schwierigkeiten den Reißverschluss an der Seite der Tasche und holte die Flasche mit dem rezeptpflichtigen Medikament heraus. Ich schraubte sie eilends auf, doch dann weiteten sich meine Augen vor Entsetzen, als ich sah, dass sie leer war.

»Was machst du da?«, verlangte Candice zu wissen.

»Siehst du das nicht? Sie braucht noch eine Tablette!« Ich versuchte, Ruhe zu bewahren, und schlug einen pathetischen Ton an. »Sie hat sich an das Zeug gewöhnt, wir müssen die Dosis erhöhen, sonst wirkt es nicht mehr.«

»Wir haben aber keine Tabletten mehr. Du hast ihr die letzte gegeben.« Gott schütze Candice, die nie auf die Idee käme, meine Worte anzuzweifeln. Krishu brach in Tränen aus, Cleos Angst war offenbar ansteckend. »Sieh zu, dass du sie beruhigst!«, befahl Candice.

Entschlossen, meine Verschleierungstaktik bis zum bitteren Ende durchzuziehen, öffnete ich den Reißverschluss der Tasche und schob meine Hand hinein, um Cleo zu streicheln. Cleo nutzte die Gelegenheit, um meine Handfläche als Kletterhilfe zu verwenden und mit einem Satz aus der Tasche zu springen. Ich versuchte, sie zum Rückzug zu zwingen, aber sie strampelte sich frei und suchte das Weite, landete auf Krishu, der sie nicht länger entgeistert, sondern überglücklich anblickte, als hätte er gerade miterlebt, wie sein Kampfgefährte aus dem Todestrakt entwich.

Endlich frei, steuerte Cleo die freie Landschaft an – oder zumindest den Mittelgang. Mit offenem Mund beobachteten Candice und ich, wie Cleo in die Mitte der Maschine entwich und sich heiser bellend auf die Hinterbeine stellte, bevor sie in vollem Galopp auf den vorderen Bereich des Flugzeugs zuhielt.

»Scheiße!«, entfuhr es mir.

Krishu wandte sich mir zu, übers ganze Gesicht strahlend. Er wusste, dass dieses Tabuwort nach dem Geschmack seiner Mutter viel zu oft benutzt wurde. »Scheiiiiße!«

Inzwischen befand sich die ganze Kabine in Aufruhr, als die anderen Passagiere merkten, was sich da abspielte. Ich sprang auf und suchte den Gang nach Cleo ab. Sie hatte ungefähr zwölf Sitzreihen zurückgelegt, wo sie abermals zur Salzsäule erstarrte, sich auf die Hinterbeine stellte und einen jungen Mann in voller Lautstärke ankläffte, der erschrocken in seinem Sitz zurückwich. Ich eilte ihr nach, als sich die Flugbegleiter aus ihren Notsitzen schälten und sich ebenfalls ins Getümmel stürzten.

In den nächsten zehn Minuten war ich mit einer wilden Verfolgungsjagd kreuz und quer durch die Kabine beschäftigt, an der sich auch drei entschieden gereizte Flugbegleiter beteiligten. Für Cleo hatte sie sich schnell in ein spannendes Spiel verwandelt. Sobald einer der Verfolger zu nahe kam, entzog sie sich dem Zugriff, indem sie unter einen Sitz schlüpfte oder unverfroren über Passagiere sprang, die hektisch reagierten. Zuerst war ich ebenfalls einer Panik nahe, aber ich sah, dass sich etwas verändert hatte: Cleos ursprüngliche Angst war ungehemmter Spielfreude gewichen. Für sie war das Ganze ein Riesenspaß. Der Alarmzustand der Passagiere konnte nur darauf zurückgeführt werden, dass wir alle in einem geschlossenen Raum eingesperrt waren, während wir uns in einer Höhe von fünfzehntausend Fuß stetig vorwärtsbewegten. Cleo konnte selbst in grimmigster Laune keiner Fliege etwas zuleide tun (ein Kampf der Gladiatoren, den wir gelegentlich im Garten hinter unserem Haus beobachteten).

Nach langem Hin und Her gelang es endlich einer Frau in Sitz 7C, Cleo mit einem frisch gebackenen Stück Croissant zu ködern, das sie an Bord mitgebracht hatte. Wie immer ein wohlerzogener Hund, wenn es um exotisches französisches Gebäck ging, beruhigte sie sich, während die Frau sie geschickt fütterte und auf dem Arm hielt, bis ich eintraf.

»Herzlichen Dank.« Ich nahm ihr Cleo ab, die sich drehte und wand, um sicherzugehen, dass wir das Croissant mitnahmen. »Ich schulde Ihnen ein Croissant.« Ich zuckte mit einem schuldbewussten Lächeln die Schultern.

»Sie können mir ja stattdessen einen Cocktail spendieren«, schlug sie ebenfalls lächelnd vor.

Ich marschierte zu unserer Sitzreihe zurück, wobei ich die starren Blicke unserer Mitreisenden tunlichst mied, und ließ mich neben Candice und Krishu in den Sitz fallen.

»Du hast ihr die Medizin nicht gegeben, oder?« Candice sah mich kopfschüttelnd an, die Enttäuschung stand ihr ins Gesicht geschrieben.

»Scheiiiiße!«, bestätigte Krishu noch einmal.

Genau das dachte ich auch.

Wenn man von der Westküste zur Ostküste fliegt, verliert man im Grunde einen ganzen Tag. Wenn man Los Angeles zur Mittagszeit verlässt, schafft man es nicht, rechtzeitig zum Abendessen in New York zu sein. Dazu kommt, dass in den USA immer noch Alarmstufe Orange herrscht, da darf man nicht einmal eine Flasche Wasser mit an Bord nehmen. Und da man heute bei den zivilen Luftverkehrsgesellschaften selbst für eine Tüte Erdnüsse einen Zehndollarschein hinblättern muss, gleicht ein Flug quer durchs Land dem Fasten im Ramadan. Obwohl ich spendabel bin, wenn es um meinen Sohn geht, bin ich nicht bereit, die Fluggesellschaften durch Kauf und Verzehr ihrer eingeschweißten und aufgewärmten Fertiggerichte zu unterstützen. Die Folge ist natürlich, dass ich bei meiner Ankunft in NYC dem Verhungern nahe bin. Doch wie groß meine Verzweiflung auch sein mag, selbst mir ist aufgefallen, dass meine Bedürfnisse in unserer kleinen Familie keine Priorität mehr haben. Zuerst kommt Krishu – Windeln wechseln, sich vergewissern, dass die Kleidung trocken geblieben ist, dafür sorgen, dass er richtig angezogen ist, also nicht zu warm und nicht zu kalt, dass er nicht hungrig, durstig, müde oder sonst wie aus dem Lot geraten ist. Cleo ist die Nächste in der Hierarchie, was bedeutet, sich vergewissern, dass Futter und Wasser zur Hand sind und dass sie Gelegenheit hatte, einmal um den Block zu marschieren, um die Folgen des Fluges abzuschütteln und ihr Geschäft zu verrichten.

Als wir an diesem Abend alle erforderlichen Rituale hinter uns gebracht hatten, war es bereits nach zehn und mein Hunger kannte keine Grenzen. Als mir klar wurde, dass unsere Optionen zunehmend schrumpften, wurde ich hektisch und befürchtete, mit einer labberigen Pizza oder einem verräterisch glänzenden Fertiggericht vorlieb nehmen zu müssen, das in einem Feinkostladen an der nächsten Ecke den ganzen Tag unter der Wärmelampe verbracht hatte.

»Was ist dagegen einzuwenden?« Papa zuckte die Achseln.

»Nichts.« Ich zuckte ebenfalls die Achseln, weil ich keine Lust hatte, mich auf das Thema einzulassen. »Es muss doch in der Umgebung irgendein Lokal geben, das um die Zeit noch geöffnet hat und gut ist.«

Papa zog verschmitzt die Augenbrauen hoch. »Ich kenne eins.«

Krishu, dessen innere Uhr nach der Reise quer durch den Kontinent aus dem Takt geraten war, hatten die Großstadtlichter, das überraschende Auftauchen seines Dada und nun auch noch die Aussicht auf ein abenteuerliches Nachtmahl außer Haus in helle Aufregung versetzt. »Wir gehen«, jubelte er und klammerte sich an den Ärmel seines Großvaters, als wir die Wohnung verließen.

Wir wurden von meinem Vater zu einem Restaurant geleitet, das nur ein paar Häuserblocks entfernt war, aber aus einer anderen Welt zu stammen schien: Das Rosie O'Grady's gehörte zu den uralten Wahrzeichen von New York City. Dass die Familie Chopra dieses Ziel ansteuerte, war verwunderlich, denn das Lokal ist vor allem für seine Koteletts bekannt, die sich bei den Chopras – genauer gesagt, bei Deepak – keiner großen Beliebtheit erfreuen. »Macht nichts, hier gibt es auch Spargel vom Grill«, erklärte er.

Es ist nicht einfach, Deepak Chopra zu sein. Er ist nicht mit anderen Prominenten zu vergleichen, denn er gehört weder zu den A-Prominenz-Schauspielern, sprich zur ersten Garde Hollywoods, noch zu den Filmemachern. Er ist kein Superstar der National Football League, der mühelos ganze Stadien füllt, noch ein Rockstar, der ausverkaufte Shows rockt. Stars dieser Art haben Kollegen. Auf jede Madonna kommt eine Beyoncé. Und auf jeden Tom Cruise kommt ein Brad Pitt, auf jede Basketballgröße wie Kobe ein LeBron. Aber es gibt nur einen Deepak Chopra. In unserer Welt mit ihrer Promi-Besessenheit, wo fast jede Bewegung berühmter Personen auf Twitter, auf den Fotos der Paparazzi, die sie auf Schritt und Tritt verfolgen, und auf den Klatsch-Seiten breitgetreten wird, ist Deepak ein Unikum.

Außerdem weiß man, wofür er bekannt ist, eine Art Aura der Heiligkeit, die ihn umgibt. Viele seiner Fans und Anhänger glauben, dass er der Inbegriff der Weisheit, eine Quelle der spirituellen Affirmation und absolut unfehlbar ist. Und obwohl er nie öffentlich erklärt hat, dass er Yoga praktiziert oder sich vegan ernährt, sind die meisten davon überzeugt. Fakt ist, dass Papa in keinem Lebensbereich zum harten Kern gehört. »Ein starres Leben ist ein statisches Leben«, pflegt er zu sagen. Für das Protokoll: Er ist ein Bewegungsfanatiker (der elliptische Bahnen dem »abwärtsgerichteten Hund« vorzieht), aber kein großer Liebhaber von Steaks und Koteletts.

Dennoch legt er Wert darauf, die Illusion nicht zu zerstören. Nach seiner Auffassung ist es gut, dass Menschen bestimmte Ideale haben, selbst wenn man ihm diese Rolle aufbürdet. Er scheut zwar nicht vor einem Steaklokal zurück, wenn seine Familie Hunger hat, aber wir sitzen auch nicht im vorderen Teil des Lokals auf dem Präsentierteller.

»Der übliche Platz, Doc?«, fragte der grauhaarige Empfangschef, als wir das Restaurant betraten. Papa nickte und wir folgten dem Mann durch den Barbereich, in dem es ziemlich laut war. Eine Gruppe junger Banker stand an der abgenutzten Theke, mit heiseren Stimmen in einen verbalen Schlagabtausch verwickelt. Am anderen Ende zuckten der Barkeeper und ein weiterer Anzugträger zusammen, die auf den Bildschirm des Fernsehers hoch droben in einer Ecke starrten und mit ansehen mussten, wie die Yankees ihre Chancen in einer weiteren Ausscheidungsrunde verspielten; offenbar hielt die Pechsträhne an, die sie seit Beginn der Saison verfolgte. Eine junge Frau tippte mit rasender Geschwindigkeit eine SMS in ihr BlackBerry ein, während ihr Begleiter mit einem Strohhalm in seinem Drink rührte. Wir verließen den Barbereich und gingen durch den ebenso großen wie geschäftigen Raum zum hinteren Ende des Restaurants.

»Eine Flasche Perrier, Doc?«, erkundigte sich der Empfangschef, als wir Platz genommen hatten. Mein Vater nickte. Der Graukopf lächelte, wobei er strahlend weiße Zähne zeigte, und verschwand.

»Kommst du oft hierher, Papa?« Candice sah meinen Vater lächelnd an.

»Rumi sagt: ›Wenn du versuchst, ein Urteil über mich zu fällen, mein Wesen zu bestimmen und in eine Schachtel einzuordnen, wird diese Schachtel dein Sarg sein‹«, antwortete Papa, einen seiner Lieblingsdichter heraufbeschwörend. Er erwiderte ihr Lächeln und setzte seine »Liberace-Brille« auf, wie ich sie nenne. Sie ist knallrot, glitzert und hat inzwischen Kultstatus, sowohl bei seinen Fans als auch bei den konservativen Kritikern, die ihm ständig auf den Fersen sind und jeden Aphorismus öffentlich durch die Mangel drehen.

»Hier soll es die besten Steaks geben«, fügte er hinzu und warf einen Blick auf die Speisekarte.

Nebenbei bemerkt, Candice und ich bestellten an diesem Abend als Einzige die riesigen, mit reichlich Beilagen geschmückten Steaks. Mochte Papa in solchen Situationen den äußeren Schein wichtig finden und wahren, Candice und ich sahen uns nicht dazu genötigt. Wir hatten Hunger und der Hunger siegte.

Ungeachtet des heißhungrigen Zustands seiner Eltern und der Eleganz von Gourmettempeln wie Rosie O'Grady's, verliert Krishu in der Regel innerhalb von fünf Minuten die Geduld. Es ist wohl eine Ironie des Schicksals, dass er in weniger erlesenen Restaurants stundenlang ausharren kann. Setzt man ihm in einem heruntergekommenen chinesischen Restaurant ein paar Klöße, Essstäbchen und ein bisschen Sojasoße vor, mit denen er sich vergnügen kann, ist er so mucksmäuschenstill wie ein fünfzigjähriger Anzugträger in einem Nobelhotel wie dem Four Seasons. Doch kaum bringt man ihn irgendwohin, wo es Tischdecken gibt, läuft man Gefahr, den Jihad auszulösen. Die Zerstreuungen an besagtem Abend waren eine Reihe von Weingläsern, Besteck und ein Salzstreuer in Gestalt eines Schwans, mit denen er sich sogar annähernd sechs Minuten beschäftigte. Es war Zeit für eine Abwechslung. Papa, der sah, dass Candice und ich nach dem langen Flug erschöpft waren, erbot sich, mit Krishu eine Besichtigungstour durch das geschäftige Restaurant zu unternehmen. Mit Worten, die vor atemloser Begeisterung und Vorfreude strotzen, wie »Krishu, wollen wir die Taxis anschauen?«, lässt sich mein Sohn zu fast allem verleiten. Eine Lektion, die wir inzwischen alle verinnerlicht haben und die mein Vater, wen wundert es, meisterhaft beherrscht.

In der kurzen Zeit des Zusammenlebens mit Krishu und Cleo haben Candice und ich gelernt, jede Minute ohne die beiden zu genießen. Wir sind darin geübt, Mahlzeiten herunterzuschlingen, in Dreißigsekundenintervallen zu duschen, im Minutentakt zu schlafen, Gespräche auf die Fahrt mit dem Fahrstuhl zu beschränken und kritische Entscheidungen ausschließlich instinktiv zu treffen. Im Augenblick, mit einer Flasche Cabernet und Perrier zwischen uns und ohne dringliche Aufgaben, konnten wir jedoch aufatmen.

»Was machen wir morgen mit Cleo?«, durchbrach ich die Stille.

»Während der Trauung?« Candice trank genussvoll einen Schluck Wein, kostete das Vergnügen voll aus.

Ich nickte. Da die Hochzeit in Jersey stattfand, eingerahmt von verschiedenen Ritualen vor und nach der eigentlichen Trauzeremonie, würden wir wahrscheinlich von morgens bis abends weg sein.

Sie zuckte die Schultern. »Wir lassen sie bei Papa.«

Candice ist normalerweise kein Mensch, der ein Problem mit einem Schulterzucken abtut. Sie hält auch nicht viel von spontanen Entscheidungen, es sei denn, es geht um ein Paar Schuhe bei Bloomingdale's zum Schnäppchenpreis oder ein Klatschmagazin wie *Us Weekly.* Sie hatte bereits über das Problem nachgedacht.

»Glaubst du wirklich, wir können Cleo den ganzen Tag bei Papa lassen?« Ich überlegte, wer von den beiden am liebsten zuerst aus dem Fenster des neunundsechzigsten Stocks springen würde.

»Er hat es doch auch geschafft, dich großzuziehen, oder?« Sie nickte.

»Keine Ahnung.« Ich schüttelte den Kopf, unwillig, durch den Hinweis auf meine eigene Existenz in meiner Meinung beeinflusst zu werden.

»Schau doch.« Sie deutete auf das große Fenster in dem weitläufigen Speisesaal des Restaurants. Durch das Glas sahen wir Krishu, der auf Papas Schultern thronte, während mein Vater ihn auf die gelben Taxis und großen blauen Busse aufmerksam machte, die in halsbrecherischem Tempo die Seventh Avenue entlangrasten. »Deine Schwester und du wart überzeugt, dass er keinen Bilderbuch-Großvater abgeben würde, aber ich glaube, dass er so langsam auf den Geschmack kommt.«

»Ja, aber er kann nicht gut mit Hunden«, konterte ich.

»Cleo auch nicht«, gab Candice zu bedenken.

»Das macht doch keinen Sinn.« Ich schüttelte den Kopf.

»Sie werden sich prima verstehen. Vertrau mir.«

Für Candice und mich ist Vertrauen kein leeres Wort. Sie benutzt es nicht leichtfertig, und wenn sie es einfordert, erwartet sie, dass man ihrer Bitte entspricht. Das ist eine der wunderbaren Eigenschaften meiner Frau. Seit ich ihr in meinem ersten Studienjahr am College begegnet bin, ist sie meine beste Freundin und ständige Gefährtin. Sie war der einzige Fixpunkt im Auf und Ab der Ereignisse, während wir uns den Weg durch ein Jahrzehnt des individuellen und kollektiven Wachstums bahnten und bisweilen erkämpfen mussten, vom Teenageralter bis Ende zwanzig, als wir den Bund fürs Leben schlossen.

»Also gut.« Ich trank einen Schluck Wein.

Schweigen.

»Wow, kannst du das hören?«, fragte Candice.

»Nein.« Ich lächelte. »Aber es ist fantastisch.«

Die überalterten ›Verbindungsstudenten‹ an der Bar diskutierten hitziger, der Barmann und die anderen Fernsehzuschauer jubelten lautstark über das unvermeidliche Comeback der Yankees, aber man hörte tatsächlich kein Kindergeschrei, keinen Knirps, der dieses oder jenes verlangte, und keinen Hund, der wütend bellte. Wir hätten genauso gut an einem Seminar in der Einöde der Französischen Alpen teilnehmen können. Das abends stattfand. Während eines Schneesturms.

»Glaubst du, dass bei den beiden alles in Ordnung ist?« Candice konnte sich die Frage offenbar nicht verkneifen.

Bevor ich auch nur antworten konnte, hörten wir lautes Geheul. Einen Moment später erschien Papa wieder am Tisch, unseren in Tränen aufgelösten Sohn auf dem Arm.

»Was ist passiert?« Ich stand auf, um ihm wie beim Staffellauf meinen weinenden Sprössling abzunehmen.

»Keine Ahnung.« Mein Vater schüttelte den Kopf. »Alles war in bester Ordnung. Ich habe ihm die große *Muhkuh* vor der Eingangstür gezeigt.«

Wir hatten alle die riesige Keramik-Kuh vor dem Restaurant bemerkt. Sie gehörte zu den zahlreichen Kunstobjekten, die überall in der Stadt verteilt waren, Rinder, die wie Porzellan mit verschiedenen Mustern bemalt waren. Es war schon seltsam, dass man eines vor dem Eingang eines Restaurants aufgestellt hatte, das dafür bekannt war, Rinder zu schlachten und die gegrillten, vor Knoblauch strotzenden Keulen zu überhöhten Preisen zu verkaufen. Doch auch davon hatten wir uns in unserem Entschluss nicht beirren lassen.

»Und dann habe ich ihm die Muhkühe gezeigt, die aus der Küche kamen«, fuhr Papa fort.

Genau das hatten wir gemeint, als Mallika und ich Bedenken wegen der Großvaterrolle anmeldeten. Trotz aller Erkenntnisse auf einer höheren Bewusstseinsebene, die er beinahe täglich gewinnt, entgehen ihm bisweilen die einfachen Dinge des Lebens.

»Was ist?« Er sah uns verständnislos an, als Candice und ich den Kopf schüttelten und Krishu noch lauter zu heulen begann.

»Muhkuh nicht essen!«, schrie er.

Wie beim Crescendo des Boston Pops Orchesters erreichte der Lärmpegel nun seinen Höhepunkt. Krishus Geschrei wurde immer durchdringender, als Papa erklärte, das sei der richtige Moment, um ihm den ewigen Kreislauf von Geburt und Tod zu erklären. »Auch wir sind nicht mehr als ein Hauch Materie, den unser Planet auf natürlichem Weg abbaut, wie ein Steak.«

»Muhkuh nicht essen!!!«

»Ich nehme ihn.« Candice griff just in dem Moment nach Krishu, als die Ober mit unseren brutzelnden Steaks erschienen.

»MUHKUH NICHT ESSEN!!!!«

»Papa, lass uns den Platz tauschen«, schlug Candice vor und schlängelte sich bis zum Ende der Couch. »Stellen Sie die Teller ruhig ab«, wies sie die Ober an, während sie aufstand. Ihre Zaubertricks und ihr Reorganisationstalent aus dem Stegreif sind bewundernswert.

»Wo soll ich sitzen?«, fragte Papa, als der gleichermaßen brutzelnde Spargel eintraf.

»Dort drüben.« Sie deutete auf den Platz, an dem ihr Steak stand. »Stell einfach nur die Teller um.«

»Muhkuh nicht essen, Mama«, jammerte mein Sohn unerbittlich, während mein Vater seinen und ich meinen Sitz einnahm, wild entschlossen, mir endlich die lang ersehnte Mahlzeit einzuverleiben.

»Oh mein Gott!«, ertönte plötzlich eine Stimme, schrill vor Begeisterung. Wir blickten hoch; vor unserem Tisch stand eine Frau, weiß, schätzungsweise fünfzig plus, die Augen weit aufgerissen. »Sie müssen Deepak Chopra sein, der Schriftsteller!«

»Richtig«, erwiderte mein Vater in aller Bescheidenheit.

»Wow, ist das irre!« Sie kramte in ihrer Handtasche und holte ein Handy mit eingebauter Kamera heraus.

»Ich habe alle Bücher von Ihnen gelesen. Am besten gefällt mir *Die sieben geistigen Gesetze des Erfolgs*.«

Papa erwiderte geschmeichelt ihr Lächeln und bedankte sich.

»Ich habe die Lektionen voll und ganz verinnerlicht. Jeden Montag praktizieren wir bei uns im Büro das Gesetz des reinen Potenzials.« Sie nickte. »Wenn man weiß, dass alle Lebewesen miteinander verbunden sind, lernt man die Welt auf ganz neue Weise zu schätzen.«

Sie stand stolzgeschwellt vor uns, sah uns mit strahlendem Lächeln an. Bis ihr Blick auf das dicke Stück Fleisch und den Becher Wein fiel, die unmittelbar vor Papa standen, und der Ausdruck ungetrübter Freude dem Ausdruck blanken Entsetzens wich.

Als er ihrem Blick folgte, schien ihm bewusst zu werden, was sie dachte, und er begann, eine Erklärung zu stammeln.

Aber sie schnitt ihm das Wort ab. »Was in drei Teufels Namen essen Sie da?«

»Mom hat angerufen«, sagte Papa, als wir beide mit Cleo nach dem Abendessen Gassi gingen. Candice und ich hatten unser Essen hinuntergeschlungen, es mit unseren Getränken hinuntergespült, Dessert und Kaffee übersprungen, wegen des Chaos, das unser Sohn unter dem Tisch angerichtet hatte, ein großzügiges Trinkgeld hinterlassen und uns eilends auf den Heimweg begeben, bevor Krishu total zusammenbrach. Während Candice die allabendlichen Rituale über die Bühne brachte, übernahm ich meinen Part, mit Cleo eine Runde um den Block zu drehen. Das ist eine Routine, die mir Spaß macht. Wo immer wir uns auch aufhalten, die letzte Amtshandlung vor dem Zubettgehen besteht darin, mit Cleo Gassi zu gehen. Mit den Spaziergängen in New York City, wo Cleo die ersten fünf Jahre ihres Lebens verbrachte, sind außerdem nostalgische Erinnerungen verknüpft. Obwohl sie inzwischen seit mehr als sieben Jahren im sonnigen Santa Monica wohnt, ist sie in unseren Augen nach wie vor ein echter ›Großstadthund‹. *Abgebrüht* ist eine Eigenschaft, die Cleo immer fremd sein wird, aber widerstandsfähig, lebendig und temperamentvoll, wie New York City selbst, trifft hundertprozentig zu.

Als wir aus dem Fahrstuhl stiegen und auf die Straße hinaustraten, eilte Cleo mit federnden Schritten voran. Die Gerüche der Großstadt, vor allem in ihrer Höhe, schienen ihr zusätzliche Energie zu verleihen. Eine Straße in New York am späten Abend mit Bergen von Müllsäcken, die undefinierbare Flüssigkeiten absondern, den weggeworfenen Essensresten der geschlossenen Restaurants, den Markierungen ihrer Artgenossen und dem gelegentlichen Obdachlosen, der einen Schlafplatz für die Nacht gefunden hat, stellen für Cleo ein Füllhorn dar, dessen Köstlichkeiten sie stundenlang untersuchen könnte. Wenn sie die Chance hätte, würde sie die ganze Nacht in diesem Viertel verbringen. Und ein Teil von mir wäre beim Anblick von so viel Glückseligkeit gewillt, ihr dabei Gesellschaft zu leisten.

»Nanas Zustand hat sich stabilisiert.« Er nickte. »Sie werden ihn vermutlich noch ein paar Tage im Krankenhaus behalten und Mom dann erlauben, ihn nach Hause zu bringen.«

»Wunderbar.« Ich blieb stehen, damit Cleo an einer Stelle neben einem Zeitungsständer schnuppern konnte. »Dann kommt Mom ja bald zurück, oder?«

»Nein.« Papa schüttelte den Kopf. »Nana muss es in den nächsten Wochen, vielleicht sogar Monaten ruhig angehen lassen. Er darf auf keinen Fall sein Herz belasten. Mom muss dort bleiben, um für Ruhe zu sorgen.«

Das ist die größte Gabe meiner Mutter. Allein ihre Gegenwart sorgt dafür, dass Ruhe und Gelassenheit einkehren. Welche Stürme sich auch zusammenbrauen, sei es eine Krankheit in der Familie, der stressreiche erste Schultag eines Enkelkindes oder auch nur die profanen Aufregungen im ganz normalen Alltag, meine Mutter schafft es, bei jedem Einzelnen ein Gefühl der Entspannung zu bewirken. Wir alle – mein Vater, Mallika und ich – sind im

Lauf der Jahre von ihrem wohltuenden Einfluss abhängig geworden.

Dass sie auch meinem Vater eine unverzichtbare emotionale Stütze ist, wurde vor allem in den letzten Jahren deutlich. Obwohl er das sechzigste Lebensjahr überschritten hat, verbringt er noch immer den größten Teil des Jahres auf Reisen, die ihn von einer Seite unseres Planeten zur anderen führen. Heute ist er in Chicago, morgen in London. Am Tag darauf geht es weiter nach Amsterdam und im Anschluss steht Tokio auf dem Programm. Wie bei einem Wirbelwind, der keinen Stillstand kennt. Alle paar Wochen fliegt er nach NYC oder L.A., um seine Batterien wieder aufzuladen, wo meine Mutter bereits auf ihn wartet, um ihn am Flughafen abzuholen, ihm beim Aus- und wieder Einpacken der Koffer zur Hand zu gehen, ihm seine Lieblingsgerichte vorzusetzen, mit ihm ins Kino oder in eine Show zu gehen oder ihn bei seinem frühmorgendlichen Spaziergang im Central Park zu begleiten. Ihre Beziehung zeichnet sich durch einen ›Bumerang-Effekt‹ aus, den man in unseren modernen Zeiten kaum noch findet. Heute gelten Aussprüche wie »Hinter jedem erfolgreichen Mann steht eine starke Frau« oder die Zuweisung traditioneller Geschlechterrollen als hoffnungslos veraltete Klischees. Das verstößt gegen das eherne Gesetz des kulturellen Fortschritts, auf den unsere Gesellschaft Anspruch erhebt, und es ist absolut tabu, laut zu äußern, dass Ehemann und Ehefrau diesen geschlechtsspezifischen Rollen entsprechen.

Wenn ich mir meine Eltern anschaue, erkenne ich, dass sie sich über diese Tabus hinweggesetzt haben. Ihre Beziehung – ganz offenkundig nicht ohne ihre eigenen immer wiederkehrenden Höhen und Tiefen, Druckpunkte und Ängste – wurzelt in einer besonders tragfähigen Bindung, die sich erst nach geraumer Zeit entwickelt und auf dem

Fundament von Aufmerksamkeit, Respekt und beidseitigem Einfühlungsvermögen aufbaut.

Gibt es eine geheime Zutat, die eine Beziehung wachsen lässt und ihr im Lauf der Zeit immer mehr Stärke verleiht? Wie entsteht aus einer Partnerschaft eine enge Bindung, wie verwandelt sich ein Paar mit Gesellschaftsvertrag in eine spirituelle Gemeinschaft? Was fördert diese Bindung, nicht nur zwischen Ehemann und Ehefrau, sondern auch zwischen Freunden, Geschwistern, Eltern und Kindern?

»Gemeinschaftsgefühl«, erklärt mein Vater, als wir schließlich an der Seite eines Gebäudes haltmachen, an der sich unverkennbar ein anderer Hund verewigt und erst vor wenigen Minuten seine Duftmarke hinterlassen hat. »Man kann es in einem einzigen Wort zusammenfassen: Gemeinschaftsgefühl.«

Das Wort ist mit Bedeutung und Kontext angefüllt. Es deutet auf Freundschaft, Vertrauen, Loyalität und Nähe hin.

Doch leider kamen wir an diesem Abend nicht weiter. Wir hatten unsere Runde um den Block beendet, es war an der Zeit, nach oben zu gehen, um zu schlafen.

Candice und ich waren bereits seit mehr als vier Jahren ein Paar – seit unserem Grundstudium an der Columbia University –, als sie mich im Herbst 1998 anrief und mir eröffnete, sie sei in New Jersey und ziehe in Erwägung, einen süßen kleinen Hundewelpen aus dem Tierheim zu adoptieren, den sie gerade in den Händen halte.

Ich wusste nicht, wie ich reagieren sollte, hatte aber instinktiv das Gefühl, das sei keine gute Idee. Candice war noch nicht mit ihrer Ausbildung fertig, studierte Medizin im zweiten Jahr an der Columbia University, die sich ziemlich weit im Norden der Stadt in einem Viertel befindet, das den liebevollen Spitznamen Dominican Harlem trägt. Ich war nach Los Angeles gezogen, wo ich arbeitete. Wir hatten beide unsere Bereitschaft beteuert, uns der Feuerprobe einer Fernbeziehung zu unterziehen. Mein Beruf als Auslandskorrespondent führte mich in Teile der Welt, die weit ab vom Schuss lagen, wie Tschetschenien und Sri Lanka, Seoul und Bogotá, um Informationen über Ereignisse und Konflikte zu sammeln, die oft durch das Raster der Schlagzeilen fielen. Unsere Berichterstattung war auf die Zielgruppe der Jugendlichen ausgerichtet, die wenig Bezug zu den Geschehnissen oder Regionen hatten, die im Brennpunkt unseres Interesses standen, und infolgedessen verbrachte ich häufig Tage oder Wochen in irgendeiner exotischen Metropole oder einem Kriegsgebiet, bevor ich mich auf den langen Rückflug in die Vereinigten Staaten begab. So oft wie möglich legte ich einen ›Boxenstopp‹ in New York City ein, wo ich in Candices Studentinnenwohnheim ausspannte und die wenigen freien Stunden mit ihr verbrachte, die ihr der überladene Studienplan der medizinischen Fakultät ließ.

Für mich war die Situation ideal. Ich wusste, dass Candice etwas ganz Besonderes war. Sie wirkte sich positiv auf mein inneres Gleichgewicht aus. Während ich dank meiner Eltern, die vier Jahre lang die volle Last der Studiengebühren geschultert hatten, mit Ach und Krach das College beendet und meinen letzten Schein erst am Tag vor dem Abschluss gemacht hatte, hatte Candice zwei Hauptfächer belegt und genug Scheine gesammelt, um ihr Studium binnen drei Jahren abzuschließen, wobei sie nebenher auch noch Teilzeit arbeitete, um das beträchtliche Studentendarlehen schneller zurückzahlen zu können, das sie dafür aufnehmen musste.

Während die Tätigkeit als Presseberichterstatter für mich eine willkommene Ausrede darstellte, als Globetrotter die

Welt zu bereisen und mit zwielichtigen Gestalten wie Gotteskriegern und Drogendealern, Waffenhändlern und Bandenmitgliedern Bekanntschaft zu machen, verfolgte Candice ohne Umschweife das Ziel, ihr Studium abzuschließen und in die Welt der Medizin einzutreten. Während ich eigentlich nicht genau wusste, was ich im Leben erreichen wollte, schien ihr ein sechster Sinn angeboren zu sein, der ihr genau sagte, wo es langging. Da wir beide erst achtzehn waren, als wir uns begegneten, und es geschafft hatten, während der gesamten Collegezeit und in der Lebensphase danach zusammenzubleiben, kannten wir uns besser als jeder andere Mensch, unsere Familien eingeschlossen.

Das war teilweise der Grund, warum sich meine Gedanken nun überschlugen. Ich sammelte fieberhaft die Fakten, so wie sie sich mir darstellten. Meiner Meinung nach hatte Candice den Punkt bereits überschritten, um die Anschaffung eines Hundes ›in Erwägung zu ziehen‹. Sie hatte die Entscheidung bereits getroffen und versuchte nun, sie mit den entsprechenden Argumenten zu untermauern.

»Okay …«, erwiderte ich zögernd, mich vorsichtig durch die ebenso trüben wie klippenreichen Gewässer vortastend, die sich zwischen uns ausbreiteten. Ein einziger falscher Seufzer, eine subtile Änderung im Tonfall, ganz zu schweigen von irgendeiner törichten Bemerkung konnten eine Katastrophe und eine horrende Telefonrechnung nach sich ziehen.

»Mach dir keine Sorgen, ich erwarte nicht, dass du dich in irgendeiner Form einbringst«, erklärte sie scharfsinnig.

Unglaublich, dachte ich. Sie hatte meine Befürchtungen gespürt, noch bevor sie mir selbst bewusst waren.

»Das … das ist es nicht«, stammelte ich. »Ich bin nur …«

Doch genau das war der springende Punkt. Ich war rundum zufrieden mit dem bisherigen Verlauf meiner Beziehung zu Candice. Warum das Boot zum Schaukeln bringen?

Warum ein weiteres Lebewesen, einen unbekannten Faktor in die Gleichung einführen? Obwohl seit Nicholas mehr als ein Jahrzehnt vergangen war, erinnerte ich mich noch gut daran, wie viele Verpflichtungen damit einhergingen. Und nun ging es nicht nur um die Verpflichtungen gegenüber einem Hund, sondern um das Engagement, das zwei Menschen miteinander verband.

»Was denkst du?«, fragte Candice.

»Was soll ich jetzt sagen?«, lautete meine Gegenfrage, wobei ich genau das Falsche zum falschen Zeitpunkt und im falschen Tonfall von mir gab.

»Was glaubst du denn?«, parierte sie den Hieb. »Ich möchte, dass du genau das sagst, was du sagen willst.«

Nie und nimmer. Auf diesem Gebiet kannte ich mich gut aus. Ich wurde im Handumdrehen zu Harry Potter, der sich im finsteren Wald verirrt, während die Bedrohung durch Lord Voldemort immer näher rückt. Candice versuchte, mir die Worte in den Mund zu legen, na gut, aber ich sollte sie äußern, ohne dass sie mir auf die Sprünge half. Und schlimmer noch, sie sollten auch noch *aufrichtig* klingen.

Ich wusste, dass ich auf verlorenem Posten kämpfte. »Was für ein Hund ist das eigentlich?«

Eine Sekunde Pause.

»Eine Sie und sie ist wirklich süß, Gotham«, sprudelte Candice heraus.

Es kam mir vor, als hätte ich mir selbst einen Hail-Mary-Pass zugespielt, den verzweifelten letzten Wurf aus weiter Entfernung, um ein Footballspiel vielleicht doch noch zu gewinnen. Es war das erste, aber nicht das letzte Mal, dass Cleo mich durch die Verlagerung des Gesprächsthemas auf ihre Vorzüge aus einer verhängnisvollen Situation rettete.

»Ihre Mutter ist Malteserin. Was oder wer ihr Vater ist, kann ich nicht genau sagen. Oh mein Gott, Gotham, sie ist so süß. Sie passt in meine Handfläche. Sie ist winzig!!!« Candice war inzwischen in Fahrt. Und den Tränen nahe. »Findest du nicht auch, dass ich sie nehmen sollte? Das findest du doch auch, oder?«

»Klar«, erwiderte ich, bemüht, mich selbst zu überzeugen. »Unbedingt …«

»Wunderbar!« rief sie überschwänglich. »Dann überweise mir doch bitte hundert Dollar. So viel kostet sie und ich habe nur noch zehn Dollar auf meinem Konto!«

Ich habe später oft im Scherz zu Candice gesagt, dass Cleos mit hundert Dollar veranschlagter Wert das irreführendste Preisschild war, das ich kenne. Nur zu Ihrer Information: Wir zahlen noch heute unsere vermaledeiten Studentendarlehen ab.

»Vergiss nicht, dass ich die Mutter deines Sohnes bin«, pflegt Candice mich neuerdings gerne zu erinnern. »Das lässt sich nicht mit Gold aufwiegen.«

Touché. Um der Wahrheit die Ehre zu geben, zeigte sich bereits bei unserer ersten Begegnung, als Candice sie nach ein paar Wochen von Jersey nach Hause brachte, dass auch Cleo mit Gold nicht aufzuwiegen ist. In der dazwischenliegenden Zeit hatte sie sich von einem kleinen Fellknäuel, das auf einer Handfläche Platz fand, zu einem etwas größeren Fellknäuel gemausert, das auf beide Handflächen passte, wenn man sie nebeneinanderhielt.

Nachts findet es Cleo nach wie vor herrlich, sich im Schlaf neben mir zusammenzurollen, an meine Beine oder an meine Brust geschmiegt, wenn ich sie lasse. Candice lästert, das müsse an meinem Geruch liegen, was vermutlich kein Kompliment ist. Früher, als ich in ihrem Zimmer im Studentinnenwohnheim darauf wartete, dass sie von den Vorlesungen zurückkehrte und duschte, um den Formaldehyd-Geruch loszuwerden, den sie sich beim Sezieren menschlicher

Leichen zugezogen hatte, folgte mir Cleo anhänglich auf Schritt und Tritt: Gleich, ob ich im Bett saß oder eine Zeitschrift las, im Wohnzimmer fernsah oder im Badezimmer in einem Magazin blätterte, sie ging stets auf Tuchfühlung. Ein seltsamer Charakterzug, den ich bei anderen Hunden noch nie bemerkt hatte. Cleos Bedürfnis nach Körperkontakt war offensichtlich und bewusst. Nach und nach wurde ich im Umgang mit ihr experimentierfreudiger, nahm sie auf ausgedehnte Spaziergänge in den Park von The Cloisters und auf U-Bahn-Fahrten in die Innenstadt mit, wo sie mich bei Besorgungen begleitete, bis Candice wieder freihatte.

Eines Nachmittags, nachdem wir den ganzen Tag in der Stadt verbracht hatten, schliefen Cleo und ich auf der Couch vor dem Fernseher ein. Als Candice in ihrem Krankenhauskittel auftauchte (sie hatte Schichtdienst in der Notaufnahme gehabt), fand sie uns beide aneinandergekuschelt, uns gegenseitig wärmend. Als ich aufwachte, fiel mein Blick auf Candice, die auf der Couch gegenüber saß und uns mit einem undefinierbaren Gesichtsausdruck betrachtete.

»Alles gut«, beteuerte ich. Ich erhob mich schlaftrunken, wobei sich Cleo leise regte, aber noch nicht bereit war aufzustehen. »Der Hund ist in Ordnung.«

Candice brach in Tränen aus. Zuerst flossen sie noch verhalten, aber es dauerte nicht lange, bis sich daraus eine wahre Sturzflut entwickelte. Ich sah sie erschrocken an. »Was ist los?«

»Ich habe heute meine ersten Toten in der Notaufnahme gesehen«, schluchzte sie.

»Kanntest du sie?«, fragte ich besorgt.

»Nein.« Sie schüttelte den Kopf, um Fassung ringend. »Mutter und Tochter, die Familie hatte einen Autounfall …«

Die Einzelheiten waren noch um einiges schlimmer. Ein Paar mit zwei kleinen Kindern war auf dem West Side Highway verunglückt, das Auto war nur noch ein Wrack. Die Mutter war bei ihrer Ankunft in der Klinik für tot erklärt worden und das medizinische Team in der Notaufnahme, zu dem Candice gehörte, hatte es trotz aller Wiederbelebungsversuche nicht geschafft, das Leben eines der beiden kleinen Mädchen zu retten. Das Kind war vor ihren Augen gestorben.

»Ich glaube, ich könnte nie, nie …« Candice begann abermals, hemmungslos zu schluchzen. »Ich würde nie jemanden lieben und Kinder haben wollen, wenn ich wüsste, dass mir so etwas passiert … wenn ich wüsste, dass ich sie verlieren werde.«

Ich nahm sie in die Arme und versuchte, sie zu beruhigen. »Alles wird gut.«

Candice weinte noch eine Stunde lang, bis sie langsam müde wurde und einschlief. Als würde Cleo ihre Verzweiflung spüren, verließ sie mich und schmiegte sich an Candice.

Von dem Augenblick an war ich überzeugt, dass Cleo die erstaunliche Fähigkeit besitzt, intuitiv zu erfassen, wie es den Menschen geht, die ihr nahestehen. Vor allem, wenn jemand traurig ist, bringt sie ihre Empathie zum Ausdruck, indem sie Körperkontakt aufnimmt, tröstliche Wärme verbreitet und zeigt, dass sie eine Gefährtin ist, die ihm nicht von der Seite weicht. Das gilt auch für Situationen, in denen helle Freude herrscht. Sie lässt sich von der Aufregung anstecken, rennt durchs ganze Haus, bellt aus Leibeskräften und springt im Kreis. An Tagen, an denen wir faulenzen möchten, vor allem, wenn sich Candice im Haus einigelt, im Bett frühstückt und einen Film anschaut, kann Cleo stundenlang reglos daliegen und Frauchen oder Herrchen unbeirrt im Blick behalten, nur für den Fall, dass sich die Stimmung ändern sollte. Sie ist auf der emotionalen und spirituellen Ebene eng mit uns verbunden, da bin ich mir sicher und ich brauche keine ausgeklügelten wissenschaftlichen Experimente oder Studien zur Bestätigung.

Mit Hochzeiten und dem ganzen Brimborium – der komplizierten Kleiderordnung, den endlosen Formalitäten und bizarren Ritualen, den abgedroschenen Trinksprüchen und zweitklassigen Bands, die bei der Feier aufspielen – habe ich nicht viel am Hut. Daher ist ein Kind, vor allem ein so ungestümes und ungeduldiges wie Krishu, ein Geschenk des Himmels. Ich habe einen Grund, mich immer wieder mal kurz mit ihm aus dem Staub zu machen, mich den Rauchern draußen vor der Kirche und der Empfangshalle hinzuzugesellen, während drinnen seltsame Enten- oder Conga-Tänze stattfinden, bei denen sich alle in Reih und Glied aufstellen. Die größte Belohnung besteht jedoch darin, dass ich meinen Sohn als Vorwand benutzen kann, um mich zu verabschieden, wenn ich nach mehreren Stunden, die ich den Hochzeitsfeierlichkeiten gewidmet habe, meine Toleranzgrenze erreicht habe. »Mist, ich würde liebend gern bleiben, aber für ihn war der Tag einfach zu lang! Er ist völlig übermüdet. Möchte schließlich nicht, dass er mir zusammenklappt …« Krishu spielt seine Rolle mit Bravour. Er quengelt und zappelt herum, wie aufs Stichwort. Er hat ein sagenhaftes Gespür für den richtigen Zeitpunkt, einen Instinkt wie Marlon Brando, um genau im richtigen Moment ein publikumswirksames Drama über die Bühne zu bringen.

Zu Candices Leidwesen verbringe ich den größten Teil der Hochzeitsfeierlichkeiten damit, krampfhaft zu überlegen, wie ich dazu beitragen könnte, dass mein Sohn die Hosen voll hat, wenn es erforderlich ist. Zugegeben, damit unterlaufe ich von vornherein jede Chance, gleich welchen Teil der Hochzeit zu genießen. Candice ist in dieser

Hinsicht das genaue Gegenteil. Sie liebt Hochzeiten, vor allem die super-melodramatischen Augenblicke, wenn die Braut durch den Mittelgang zum Altar schreitet, das Paar das Eheversprechen ablegt oder den Tanz eröffnet, zu den Klängen der immer gleichen zweitklassigen Bands. Natürlich gibt es dafür einen Grund. Diese hochgezüchteten Rituale fangen ein, worum es bei der Ehe geht: Verpflichtung und Gemeinschaft. Eine erfolgreiche Ehe ist eine fortlaufende, beiderseitige Verpflichtung und ein Fundament, auf dem im Lauf der Zeit das Gemeinschaftsgefühl wächst und gedeiht. Die dazugehörigen Rituale, hervorragend choreografiert in dem zeit- und kräftezehrenden Unterfangen namens Hochzeit, gehören zu den traditionellen Situationen, die an diesen Gedanken erinnern.

Bei besagter Hochzeit in New Jersey, wo sich ein Freund aus dem College und seine hübsche Braut das Jawort gaben, waren sämtliche Kräfte des Universums angetreten, um das junge Glück zu unterstützen. Candice erhielt das volle Maß dramatischer, gefühlslastiger Momente – die Braut wich bei der Trauzeremonie sogar vom Drehbuch ab und bekannte, wie traurig sie sei, dass ihr verstorbener Vater nicht anwesend sein konnte –, während ich während der verlängerten Cocktailperiode die Chance erhielt, Krishu draußen herumzutragen und mir mit ihm die Freiheitsstatue anzuschauen. Praktischerweise zog sich Krishu ungefähr zehn Minuten vor dem abendlichen Festbankett, gerade als die abgedroschenen Trinksprüche begannen, eine mörderische Beule am Kopf zu. Es folgte der Abgang der Familie Chopra.

Abgesehen davon dachten Candice und ich mit wachsendem Unbehagen daran, dass wir meinen Vater seit fast sieben Stunden mit Cleo allein gelassen hatten (oder andersherum), und als wir die Hochzeit verließen, fühlten wir uns wie Bonny und Clyde nach einem Raubüberfall.

»Glaubst du, dass mit Cleo und Dad alles in Ordnung ist?«, fragte ich Candice, während Krishu auf meinem Schoß schlief und wir mit dem Zug nach Manhattan zurückfuhren.

»Ich bin sicher, sie haben es überlebt.« Sie zuckte die Achseln.

Schlichtes Überleben war nicht ganz das, was ich mir erhoffte. Damit rechnete ich.

»Wir müssen deinem Vater Vertrauen entgegenbringen«, erklärte Candice. »Wie kann er Selbstvertrauen entwickeln, wenn nicht einmal wir Vertrauen zu ihm haben?«

Das kam mir bekannt vor – Candice stellte eine Vertrauensbasis her, die sich in Selbstachtung und Stärkung der eigenen Fähigkeiten übersetzte, in diesem Fall bei meinem Dad. Gut zu wissen, dass er jetzt zu unserem bunt zusammengewürfelten Haufen gehörte.

»Hör auf, dir Sorgen zu machen«, sagte Candice mit Nachdruck. »Es geht ihnen gut.«

Es gab Zeiten, da zog bereits das Einführen des Schlüssels ins Schloss Cleos Aufmerksamkeit auf sich. Wenn mehrere Schlösser aufgesperrt werden mussten, begann sie zu wimmern und an der Tür zu kratzen.

Inzwischen haben sowohl ihr Gehör als auch ihre Reaktionsfähigkeit nachgelassen. Daher ist es meine Aufgabe, Cleo aufzuspüren, wenn wir nach Hause kommen, sie mit der Leine einzufangen und mit ihr Gassi zu gehen. Sie neigt dazu, in ein paar handverlesenen vertrauten Bereichen ein Nickerchen zu machen – auf einem Berg schmutziger Wäsche, sofern sie ihn erklimmen kann, auf einem Bett (vorzugsweise einem ungemachten) und notfalls in ihrem eigenen Hundebett. Die Wohnung meiner Eltern in Manhattan war für Cleo jedoch Neuland und ich hatte keine Ahnung, wo ich zuerst nach ihr Ausschau halten sollte.

Während ich durch die Wohnung schlich, bemerkte ich verschiedene Hundespielsachen, die im Wohnzimmer verstreut lagen. Soeben erst ausgepackte Plüschtiere, Kauspielzeug, ein Gummiknochen, zwei rosa Gummibälle und ein getrocknetes Schweineohr waren im Raum verteilt. Hundefutterreste sprenkelten den Fußboden aus dunklem Holz. Noch immer kein Anzeichen von Cleo, der diese offensichtlich neuen Requisiten gehörten. Als Nächstes ein rascher Blick in die Küche. Ein weiteres Schweineohr, das zwischen zwei Hundenäpfen auf dem Fußboden lag – der eine mit Wasser und der andere mit Milch gefüllt.

Milch! Ein Gedanke, auf den nur ein Amateur kommen konnte. Cleos Verdauung ist heikel, gelinde gesagt.

Ich begab mich auf kürzestem Weg ins Schlafzimmer meiner Eltern. Die trüben Lichter der Großstadt fielen durch die Fensterscheiben, gerade ausreichend, um die großen, auf dem Fußboden verstreuten Umrisse der Kopfkissen auszumachen. Sie waren eindeutig ziellos vom Bett heruntergeworfen worden, um Platz für Cleo und meinen Vater zu schaffen, die beide tief und fest schliefen. Wie vorauszusehen, hatte sich Cleo zusammengerollt und an die Beine meines Vaters geschmiegt. Sie rührte sich als Erste, hörte mich endlich.

»Komm, Cleo.« Ich winkte sie zu mir. »Hast du Lust auf einen Spaziergang?«

Sie rappelte sich auf und wedelte mit dem Schwanz. Dann drückte sie den Rücken durch und streckte sich, bevor sie mir entgegenlief, wobei ihre Zunge gleichermaßen kraftvoll hin und her schwang.

Cleos Bewegungen weckten meinen Vater auf. Er öffnete die Augen.

»Ihr seid schon zurück?«

Ich nickte und hakte Cleos Leine am Halsband fest. »Ja.

Sieht ganz so aus, als hättet ihr euch beide prächtig amüsiert. Hast du ihr Milch gegeben?«

Mein Vater nickte. »Sie hat regelrecht darum gebettelt, als ich Milch in meinen Kaffee gegossen habe.«

Was sollte man dazu sagen? »Na gut, ich gehe eine Runde mit ihr um den Block.«

Mein Vater nickte abermals. »Ich komme mit.«

Die Sommerabende in New York City sind das Beste, was es gibt. Während es tagsüber schwül und drückend sein kann, lässt sich ein Spaziergang unter dem Sternenhimmel mit nichts vergleichen. Die laue Luft und hin und wieder eine frische Brise bilden den perfekten Hintergrund, um mit einem Hund Gassi zu gehen und zu gewährleisten, dass der bevorstehende flotte Durchmarsch auf einer angemessenen Landebahn erfolgt, bevor man sich wieder nach Hause begibt. Heute diente der Broadway als Landebahn.

»Das nächste Mal solltest du Milch vermeiden«, empfahl ich meinem Vater, als wir um die Ecke bogen und den Broadway erreichten.

»Man kann ihr nur schwer etwas abschlagen«, erwiderte er. »Sie wollte so ungefähr jedes Spielzeug haben, das es in dem Laden gab.«

»Ist mir schon aufgefallen.«

»Trotzdem, sie ist amüsant.«

»In welcher Hinsicht?« Die Pointe bitte.

»Sie ist sehr anhänglich. Ist mir den ganzen Tag auf Schritt und Tritt gefolgt, gleich, in welchem Raum ich mich aufhielt und womit ich beschäftigt war. Ich wäre ein paarmal fast über sie gestolpert.« Er schüttelte den Kopf.

»Sind alle Hunde so anhänglich?« Papa musterte Cleo neugierig.

Cleo ist in dieser Hinsicht ein echter Menschen-Hund,

mehr zumindest als ein Hunde-Hund. Sie mag die Gesellschaft von Zweibeinern, vor allem, wenn sie zur Familie gehören. Ich hatte nie das Gefühl, dass sie diesbezüglich ein großes Defizit hat, aber ich gebe zu, dass ich mich hier auf dünnem Eis bewege.

»Keine Ahnung«, erwiderte ich. »Könnte auch an den Schweineohren gelegen haben. Sie ist ganz versessen auf solche Dinge.«

»Kaum zu glauben, dass sie echt sind!«

Ich wusste genau, worauf er hinauswollte. Die Enthüllung, dass Schweineohren getrocknete echte Ohren vom Schwein sind, ist für viele Amateur-Hundebesitzer verstörend. Doch Cleo liebt sie mehr als alles andere auf der Welt.

»Mit Sicherheit hält jeder seinen Hund für einzigartig, aber Cleo ist wirklich einmalig.« Ich lenkte sie zu dem kleinen Fleckchen Erde auf dem Gehsteig, in der Hoffnung, dass die Party damit begann. Sie pinkelte pflichtbewusst, ging aber weiter. Keine Chance!

»Ihre Hartnäckigkeit wirkt ansteckend«, fuhr mein Vater fort. »Sobald sie mir auch nur eine Minute lang nicht mehr folgte, machte ich mir plötzlich Sorgen. Und begann nach ihr zu suchen.«

Das kam mir bekannt vor. »Ja, das ist typisch.«

»So ist das mit allen Hunden, oder? Gleich ob Nicholas oder Cleo, wenn man sich einen Hund zulegt, weiß man genau, wie das Ganze weitergeht. Man entwickelt eine enge Bindung zu ihnen, ohne eigene Anstrengung. Man wächst gemeinsam, spielt miteinander und liebt einander. Und dann stirbt der Hund.« Er schwieg eine Weile.

»Hunde sind in dieser Hinsicht anders als Menschen. Selbst die besten Ehen sind unwägbar. Wir wissen nie, was das Leben für uns bereithält. Menschen ändern sich, Hunde nicht. Nicht wirklich.«

Dagegen ließ sich nur schwer etwas einwenden. Cleo ist ein klassisches Fallbeispiel. Von dem Tag an, als Candice sie auf dem Handteller mit nach Hause brachte, bis heute, wo sie altersbedingt langsamer wird, ist sie derselbe verspielte, treue Hund geblieben, mit denselben Eigenheiten und derselben tiefen Bindung zur Familie.

»Wenn die Umlaufbahn einer Beziehung also vorhersehbar ist und unabdingbar in Kummer und Leid endet, warum ertragen wir sie dann eigentlich?«, fuhr Papa fort, den Blick auf Cleo gerichtet.

Ich zuckte mit den Schultern. Ich wusste, dass ich in diesem Fall die Antwort schuldig bleiben durfte. Ungeachtet dessen ist Papa daran gewöhnt, seine Fragen selbst zu beantworten. Das ist das A und O seines Erfolgs.

»Wegen des Gemeinschaftsgefühls. Und der emotionalen Erfüllung, die wir aus einer Beziehung schöpfen, die alles andere, was damit einhergeht, wert ist.«

War das in zwischenmenschlichen Beziehungen wirklich so anders?

Das ist einer der Gedanken, die mir oft durch den Kopf gehen, wenn ich beobachte, wie mein Sohn mit jedem Tag wächst. Wie wird er später einmal sein? Werden wir beide noch Gemeinsamkeiten haben, wenn sich seine Persönlichkeit Schritt für Schritt entwickelt und reift? Was wäre, wenn es dann nichts mehr gibt, was uns verbindet? Manchmal liege ich nachts wach, betrachte ihn und frage mich, ob ich ausreichend auf die emotionale Bindung vorbereitet bin, die ich jetzt schon zu diesem kleinen Wesen verspüre und die von Tag zu Tag enger wird. Ich denke an den Tag zurück, als Candice während ihres Medizinstudiums miterleben musste, wie eine Familie durch einen tragischen Autounfall auseinandergerissen wurde. Jeden Tag müssen unschuldige Menschen furchtbare Schicksalsschläge erleiden.

Tragödien reißen Familien auseinander, zerstören die tiefsten zwischenmenschlichen Bindungen.

»Angst ist ein schwerwiegendes Element zwischenmenschlicher Beziehungen oder oftmals der Grund, warum wir uns nicht voll darauf einlassen. Die Angst vor Kummer und Leid, vor der Notwendigkeit, sich jemand anderem gegenüber verletzlich zu zeigen, oder vor Verlust und Kränkung, die mit dieser Verletzlichkeit einhergehen und als Bedrohung wahrgenommen werden können.

Ehen, Kinder, Freundschaften, alle unterschiedlichen Formen von Gemeinschaft bergen von Haus aus Gefahren, weil wir nie voraussagen können, was daraus wird. Und dennoch müssen wir uns mit der gleichen Bereitschaft, Beherztheit und Begeisterung darauf einlassen wie auf die Bindung, die wir zu einem Hund eingehen.«

Cleos Blick fiel auf eine Taube, nur wenige Schritte von uns entfernt. Sie zerrte an der Leine, stürmte auf sie zu. Papa und ich folgten.

»Aber die wichtigsten Lektionen könnten wir meiner Meinung nach von Cleo selbst lernen, von den Bindungen, die sie eingeht. Ihre Beziehungen wurzeln in Loyalität und Vertrauen, der Fähigkeit, zu verzeihen und kein Werturteil zu fällen. Für sie ist Liebe ein Geben und Nehmen. Das macht stark – das Wissen, geliebt zu werden, aber auch in der Lage zu sein, einem anderen Lebewesen Liebe zu schenken.«

Cleo ist außerdem immer einfühlsam, in welcher Stimmung man sich auch befinden mag. Sie passt sich an, spielt, trauert oder ist einfach nur in der Nähe und hört aufmerksam zu, wenn es das ist, was gerade gebraucht wird. Seit sie bei uns ist, haben wir diese Höhen und Tiefen beinahe täglich mit ihr durchlebt.

»Sie ist wirklich ziemlich bemerkenswert«, sagte Papa.

Ich blickte sie an, sah sie mit einem Mal in einem ganz neuen Licht. Wer hätte gedacht, dass Cleo über den Schlüssel zur Entwicklung perfekter Beziehungen verfügte? Vorsicht, Fernsehpsychologe Dr. Phil, die Konkurrenz schläft nicht!

»Was macht sie da?« Papas Miene, gerade noch bewundernd, nahm einen verwirrten Ausdruck an, als sich Cleo breitbeinig hinhockte.

Ich zuckte zusammen, schüttelte den Kopf. »Na ja, deshalb solltest du ihr keine Milch mehr geben, auch wenn sie noch so sehr bettelt.«

4

Papa, was würdest du tun, wenn du dich völlig unbeobachtet glaubtest?

Ich stelle mir gerne vor, dass ich schon jetzt nach diesem Grundsatz lebe. Ein Zitat des islamischen Mystikers und Sufi-Meisters Rumi lautet: »Ich will singen, wie Vögel singen, denen es gleich ist, wer zuhört oder wer was denken könnte.«

So bist du also gepolt?

Nicht wirklich. Aber deine Frage spricht ein interessantes Phänomen an. Wenn jemand Aktivitäten nachgeht, die öffentlich sichtbar werden, macht sich die Öffentlichkeit ein Bild von dieser Person. Und dann wird dieses Vorstellungsbild früher oder später in den Schmutz gezogen, weil es nicht mit der Realität übereinstimmt. Es ist immer wieder das Gleiche. Ist das Bild unwiderruflich zerstört, richtet sich die geballte Wut der Gesellschaft gegen die betreffende Person, obwohl sie eigentlich auf sich selbst wütend sein sollte, da sie es war, die dieses Bild geschaffen hat.

Eine verworrene Situation, ohne Frage. Ein perfektes Beispiel ist Tiger Woods. Er und alle, die an ihn glaubten, schufen gemeinsam den Mythos, der sich um eine Person rankte, in die er sich nach und nach zu verwandeln begann. Diese Legende stützte sich nicht nur darauf, dass er ein begnadeter Golfprofi war (was er vermutlich nie ändern würde, wenn es nach ihm ginge), sondern auch auf viele andere Dinge, beispielsweise die Multimillionen-Dollar-Verträge, die er unterzeichnete und die das entstandene Bild festschrieben. Er musste das Bild nicht schaffen, das sich die Leute von ihm machten, aber er ließ sie gewähren, vermutlich, weil es seinem Ego schmeichelte, ganz zu schweigen von dem Geld, das es einbrachte. Doch all das weckte falsche Erwartungen, denen er nicht gerecht werden konnte. Deshalb führte er ein zweites, geheimes Leben. Ein Schattendasein, um seiner Einsamkeit und Isolation zu entfliehen. Wenn man einem Bild entsprechen muss, das nicht mit der wahren Persönlichkeit übereinstimmt, erhält dieses Bild früher oder später Risse. Irgendwann stürzt das Kartenhaus dann ein und am Ende sind alle wütend und viele verletzt.

»Das Gestern ist Geschichte, das Morgen ein Geheimnis und das Heute ein Geschenk.«

Ich weiß nicht genau, von wem dieses Zitat stammt, aber ich habe es auf Grußkarten, Autoaufklebern, T-Shirts, Mousepads und auf mindestens einem Tattoo gesehen. Wenn man es googelt, erzielt man zahlreiche Treffer und Hinweise auf die amerikanische Dichterin Emily Dickinson, Reggae-Legende Bob Marley, Entertainerin Joan Rivers, Rapper Lil Wayne und ein 1902 erschienenes Buch mit dem Titel *Sun Dials and Roses of Yesterday.*

Ich habe wirklich keine Ahnung, auf wessen Konto diese Zeilen gehen, aber ich weiß, dass Meister Oogway sie in *Kung Fu Panda* besonders eindringlich vorträgt. Ich weiß es deshalb so genau, weil ich mir den Zeichentrickfilm im letzten halben Jahr jeden Morgen angeschaut habe. Um 5:30 Uhr, genauer gesagt.

Ich wurde für die »Frühschicht« in unserem Haushalt eingeteilt; zu meinen Aufgaben gehört, gemeinsam mit unserem Sohn aufzuwachen, den Hund in den Garten hinter dem Haus zu lassen, die Windeln unseres Sprösslings zu wechseln, den Hund wieder ins Haus einzulassen, ihm ein Leckerli zu geben, für unseren Sohn Müsli mit Milch vorzubereiten und Waffeln zu backen, bevor wir drei (Vater, Sohn und Hund) uns vor dem Fernseher niederlassen, um *Kung Fu Panda* anzuschauen. Um 5:30 Uhr morgens, wie gesagt.

Trotz meiner Versuche, für ein bisschen Abwechslung zu sorgen – gelegentlich *Horton hört ein Hu!* oder *Madagascar 2* einzuführen –, ist Krishus Treue zu *Kung Fu Panda* unerschütterlich. Es besteht keine Chance, von dieser Routine abzuweichen. Erstaunlich, finde ich. Krishu schaut sich den Film jeden Morgen mit einer Aufmerksamkeit an, als wäre es das erste Mal. Er lacht über jeden Witz von Po, schreckt zusammen, wenn der böse Kung-Fu-Krieger Tai Lung aus dem Gefängnis ausbricht, und beugt sich in atemloser Spannung auf der Couch vor, wenn Tigress, Mantis, Monkey und Viper Tai Lungs Herausforderung annehmen und zum Kampf rüsten. Krishu weiß, was kommt, ahnt es voraus, aber er durchlebt jeden Augenblick aufs Neue, mit einer Begeisterung, die absolut verblüffend ist.

Von mir kann man das nicht behaupten. Vielleicht träume ich deshalb von einer Alternative, mit einer Handlung nach dem Muster von *The Dark Knight,* in dem es Tai Lung *endlich mal* gelingt, Kung-Fu-Meister Shifu zu entmachten. In meiner Version übernimmt Tai Lung die Weltherrschaft, zerstört das spirituelle Gleichgewicht des Planeten und stürzt ihn in apokalyptische Finsternis, in der man beispielsweise gezwungen ist, auf den übergroßen Stühlen bei Starbucks Platz zu nehmen und bis in alle Ewigkeit triste heidnische Kunstwerke anzuschauen.

In diesem Armageddon müssten spirituelle Disziplinen und fernöstliche Kampfkünste wie Kung Fu, Karate und Judo ausgegraben, wiederbelebt und neu konzipiert werden. Die Krieger, die sie beherrschen, wären die letzte Hoffnung des Planeten Erde, die der untergehenden Zivilisation Energie einhauchen, sie von ihrer Barista-Manie befreien und auf einen heilsamen Weg führen. Das ist nur so ein Gedanke.

Der Vorteil der Frühschicht besteht darin, dass ich Krishu um halb sieben wieder ins Bett bringe, damit er mit seiner Mama kuscheln kann, während ich mich auf mein blitzblankes neues Mountainbike schwinge und zum Canyon fahre, wo mich eine halb strapaziöse Tour erwartet. Der Grund für diese obsessive sportliche Betätigung (abgesehen davon, dass ich aus dem Haus komme) ist die Tatsache, dass ich für eine richtig anspruchsvolle Radtour trainiere, die ich geplant habe. Mein Schwager, fünf Jahre älter als ich, hatte mich als Neuzugang für seinen Männerklub angeworben, der hauptsächlich aus Mitgliedern vom gleichen Schlag besteht: erfolgreiche Investoren, Banker und Immobilienmagnaten, die infolge der Wirtschaftsrezession plötzlich unterbeschäftigt waren. Wenn wir nicht gerade mit den Rädern unterwegs waren, eine Amateur-Rennformation bildeten und auf Hochglanz polierte neue Pedale, Gangschaltungen und andere Komponenten miteinander verglichen, mit denen ich mich gerade erst vertraut machte, teilten wir Videos auf YouTube oder Links auf Straßenkarten und Kommentare, die zeigten, dass unser bevorstehendes italienisches Abenteuer eigentlich ein Ding der Unmöglichkeit war.

Abgesehen vom rigorosen körperlichen Training und den von YouTube angespornten mentalen Spielen musste ich auch meine Ernährung radikal umstellen. Die Menge an Kohlenhydraten und Zucker in gleich welcher Form, die ich zu mir nahm, wurde strikt überwacht. Proteine standen reichlich auf dem Speiseplan und kalorienreiche Gerichte, früher absolut verboten, waren nun höchst willkommen, weil sie Energie für das Training lieferten, das steil bergauf führende Fahrten in den zerklüfteten Canyons von Santa Monica und Malibu einschloss. Unsere Küche hatte sich in das reinste Versuchslabor verwandelt, die Schränke waren vollgestopft mit Pülverchen in allen Farben und dicken Proteinriegeln. Ich begann schon in aller Frühe, die Ingredienzien wie einen Zaubertrank zu mischen, zu schütteln und zusammenzubrauen, mir immer neue komplizierte Abwandlungen auszudenken und einzuverleiben, während Candice, Krishu und sogar Cleo fassungslos zusahen. Das ist es mir wert, dachte ich. Versprach die Packung nicht, dass diese Nahrungsergänzungsmittel meinem Körper neue Energie zuführen und die Erholungsphase nach besonders zermürbenden Trainingseinheiten unterstützen würden?

Je mehr ich über das Training und die damit verbundenen Nebenwirkungen nachdachte, desto rätselhafter wurde mir, warum ich mich überhaupt darauf eingelassen hatte. Radfahren machte mir Spaß, aber von dem Wettbewerbsgeist, der mich früher beim Basketballspiel auf dem Bolzplatz beflügelt hatte (eine Freizeitbeschäftigung, die ich erst vor wenigen Monaten wegen meiner chronischen Knieprobleme gezwungenermaßen aufgeben musste), konnte keine Rede sein. Radfahren gehörte zu den wenigen Sportarten, denen ich mich ohne allzu große Belastung für meine knirschenden Gelenke widmen konnte. Außerdem handelte es sich um eine Sportart, die weniger auf Wettbewerb als vielmehr auf die Bewältigung langer, anstrengender Touren ausgelegt war, von denen einige in steile Höhen führten, deren Eroberung eine Strategie ganz eigener Art erforderte.

Die Herausforderung dieser Bergfahrten bestand vor

allem darin, innere Ruhe zu finden und die Gedanken über lange, ermüdende Strecken im Zaum zu halten. Diese Form des mentalen Trainings war neu für mich, sie glich der Meditation, mit der ich vertraut war, unterschied sich aber beträchtlich von den instinktiven Bewegungsabläufen, die das Basketballspiel kennzeichneten. Wenn man eine Bergstrecke zu forsch angeht, riskiert man, sich zu überanstrengen und die für lange Touren unabdingbaren Energiereserven vorzeitig zu verbrauchen. Diese Neuausrichtung meiner sportlichen Aktivitäten, die immer eine große Rolle in meinem Leben gespielt hatten, war wichtig und ich befand mich immer noch in der Anpassungsphase, als die Mountainbiketour in Italien bedrohlich näher rückte. Ich hatte zwar ausgetüftelt, wie ich sie strategisch angehen wollte, aber noch nicht ganz herausgefunden, *warum*.

Mein Vater bemerkte mein plötzliches, nahezu zwanghaftes Interesse am Radfahren.

»Dich hat es wirklich gepackt, oder?«, fragte er, während er seinen Kaffee zubereitete.

»Kann man wohl sagen.« Ich zuckte die Schultern, noch immer im Zwiespalt, was meine Motive betraf.

»Ich weiß schon, warum.« Er gab Kaffeeweißer mit Haselnussgeschmack in seine Tasse. »Du wirst alt.«

Ich sah ihn zweifelnd an.

»Früher hast du deine Turnschuhe angezogen, dir einen Ball geschnappt und bist zu irgendwelchen Spielen gegangen.« Er rührte den Kaffeeweißer um. »Das war seit dem elften Lebensjahr so, bis vor wenigen Monaten. Da hast du dir ein teures Fahrrad mit teurer Fahrradkluft zugelegt, vollgepackt mit seltsamen Gels und Flüssigkeiten, und bereitest dich auf eine teure halbe Weltreise vor, nur um Sport zu treiben.« Er zuckte mit den Schultern, trank einen Schluck Kaffee.

»Ähm, ich glaube nicht –«

»Du bist zu jung für eine Midlife-Crisis. Aber das Menetekel befindet sich bereits an der Wand. Du fliegst nach Italien, um anhand dieser sportlichen Herausforderung zu testen, wie gut du noch in Form bist.«

Ich sah ihn ausdruckslos an, um eine Antwort verlegen. Mein erster Gedanke war, wie beeindruckend es war, dass er sich an Dinge erinnerte, die ich mit elf gemacht hatte. Nicht im exemplarischen Alter von zehn Jahren oder während der breit gefächerten Palette der Teenagerzeit, sondern genau mit elf. Das war eine Glanzleistung.

Ich schüttelte den Kopf, während ich meine Wasserflasche füllte. »Ich weiß nicht, ob es das ist«, murmelte ich.

»Das ist es.« Er nickte, absolut überzeugt. »Unsere Existenz ist in der Ewigkeit des kosmischen Zusammenhangs kaum mehr als ein kurzes Intermezzo, aber denjenigen von uns, die es ertragen müssen, kann es zeitweilig unendlich lange erscheinen. Deshalb suchen wir nach Möglichkeiten, uns zu zerstreuen.« Er wechselte das Thema. »Ein schönes Fahrrad. Wie viel hat es gekostet?«

Kam nicht infrage, mich darauf einzulassen. »Habe ich vergessen.«

»Klar.« Er nickte abermals und schlurfte aus der Küche. »Gute Fahrt.«

Während des teuren Flugs nach Italien in der Business-Klasse dachte ich noch einmal über mein Gespräch mit Papa nach. Vielleicht hatte er recht. Tief in meinem Innern wusste ich, dass es mich juckte, die Herausforderung anzunehmen. Zu Hause war ich ein Gewohnheitstier geworden, das an Routinen und Ritualen festhielt. Mein Tagesablauf war starr und vorhersehbar geworden. Während ich noch bis vor Kurzem die ganze Welt bereist und für meine Interviews

Kontakte zu Rauschgiftdealern und Terroristen geknüpft hatte (oder Freiheitskämpfern, je nach Standpunkt), war ich nun ein Familienvater mit Frau, Kind und Hund, einer Hypothek, Verbindlichkeiten und Verpflichtungen und einem neuen, teuren Hobby. Sosehr ich meine Familie auch liebte und mein Leben zu schätzen wusste, ich wusste genau, welcher Weg geradezu vorprogrammiert war – weitere Kinder und Hunde, höhere Hypothekenraten und Schulgebühren und zunehmende Verbindlichkeiten und Verpflichtungen. Was sollte ich tun, um dieser Entwicklung entgegenzuwirken? Mir ein noch teureres Rad anschaffen? Nächstes Jahr nach Saint-Jean-de-Maurienne fliegen, um bei der Tour de France mitzumischen? War das die Route, der mein Leben folgen würde? Was für ein Mensch würde aus *mir* werden?

»Mr. Chopra, darf ich Ihnen einen Cocktail bringen?«, unterbrach die Stewardess meine Überlegungen, die sich rapide auf eine Krise zubewegten. Die Dame war gesprächig gewesen, als ich an Bord kam, und hatte mir geholfen, die Vorteile meiner edlen Ledersitze zu entdecken. Ich hatte bereits Gebrauch von dem luxuriösen kosmetischen Zubehör gemacht, der Feuchtigkeitscreme und dem Lippenbalsam, hatte die weichen Socken angezogen und mir vorgenommen, auch die Schlafbrille aus Seide zu benutzen. Sie täuschte großes Interesse vor, als ich sie vom Zweck meiner Reise in Kenntnis setzte. Mein Blick verweilte einen Herzschlag lang auf ihrem anziehenden Lächeln und dem rabenschwarzen Haar. Dorthin scheint die Midlife-Crisis unausweichlich zu führen, oder?

Ich riss mich los. »Nein danke.«

Ich justierte meine Gedanken neu. Ich musste endlich aufhören, mir den Kopf über die ferne Zukunft zu zerbrechen, die mit Angst einflößenden Bildern vom Elend der Vorstädte angefüllt war. Ich hatte dringlichere Probleme, insbesondere einen körperlich anstrengenden Eroberungsfeldzug vor mir, für den ich nach meiner Einschätzung immer noch unzureichend gerüstet war. Und es ging nicht nur um die physische Herausforderung. Ein großer Teil der Energie, die auf die bevorstehende Radtour gerichtet war, leitete sich aus dem Rummel ab, der sie umgab. Nicht nur in Bezug auf das rund halbe Jahr des intensiven körperlichen Trainings im Vorfeld, sondern auch auf die Diskussionen und Recherchen, die damit einhergingen. Ich hatte bereits ein ansehnliches Archiv mit Videomaterial in meinem Computer angelegt, das sowohl inspirierend als auch einschüchternd wirken sollte. In den Tagen unmittelbar vor dem Abflug, als ich auf einen Sprung im Fahrradladen vor Ort vorbeischaute, um weitere Kultrequisiten zu sammeln, klärte ich den Geschäftsführer über mein Vorhaben auf.

»Tatsächlich?«, erwiderte er verdutzt.

»Ja.« Ich nickte bestätigend.

Er schüttelte lachend den Kopf. Was sollte das denn bedeuten?

Ich forderte ihn auf, mit der Sprache herauszurücken, aber er weigerte sich. »Kein Grund, sich in letzter Minute noch zu stressen.«

Dafür war es ohnehin zu spät. Einige der Bergpässe auf unserer Tagesordnung gehörten zu den härtesten Mountainbike-Strecken der Welt. Sie trugen eigenartige italienische Namen wie Stelvio, Gavia und Motirolo und alle, die sie aus eigener Anschauung kannten, sprachen ehrfurchtsvoll von ihnen. Obwohl die einzelnen Touren maximal vier bis fünf Stunden in Anspruch nehmen würden, lieferten sie Stoff für monatelange Diskussionen. Jede einzelne war in Legenden und Überlieferungen aus dem Reich der Sagen und Märchen gebettet. Jede einzelne war dazu angetan, Amateurradler und Veteranen gleichermaßen in Angst und

Schrecken zu versetzen. Der Geschäftsführer des Fahrradladens stellte in dieser Hinsicht keine Ausnahme dar. Ich fühlte mich entsprechend gestresst.

Als wir in Mailand landeten und die dreieinhalbstündige Fahrt nach Norden in die Dolomitenregion antraten, konnte ich mir einen ersten Eindruck von den Bergen verschaffen, die zu erobern wir ausgezogen waren. Sie waren beeindruckend, gelinde gesagt, erschreckend, um der Wahrheit die Ehre zu geben. Aus der Ferne boten sie ein majestätisches Bild mit ihren in Wolken gehüllten Gipfeln. Als die Dämmerung einsetzte und es schwierig wurde, abzuschätzen, wie weit die Straße vor uns bergauf führte, starrte ich aus dem Fenster, inspizierte die Kurven in den vorübergleitenden Serpentinen und zählte lautlos, wie oft ich »Mississippi« sagen konnte, um eine ungefähre Vorstellung zu erhalten, wie lang die Steilhänge waren und wie lange es dauern würde, sie zu erklimmen. Je höher die Anzahl, desto größer meine Nervosität.

Um meine flatternden Nerven zu beruhigen, gab es nur eines, was ich tun konnte, nämlich mich ablenken; deshalb konzentrierte ich meine Aufmerksamkeit auf Ian, den drahtigen Trainer, den wir für diese Woche als Guide engagiert hatten. Aber er trug wenig dazu bei, meine Ängste zu bezwingen. Nach dem obligatorischen Geplauder über Filme und andere Zerstreuungen, die man getrost vergessen konnte, wandte sich die Unterhaltung dem Radfahren zu, für mich kaum mehr als eine vorübergehende Marotte, für ihn dagegen eine brennende Leidenschaft. Als ich schilderte, was ich über die Ochsentour gehört hatte, die vor uns lag, und die Nervosität erwähnte, die damit verbunden war, erklärte er feierlich: »Denk nicht daran. Ganz im Ernst, solche Gedanken können lähmen. Konzentriere dich lieber auf die Straße, die vor dir liegt.«

Ich nickte. Na gut. Mein erster Eindruck war, dass Ian ziemlich locker wirkte. Das Einschwenken auf die ernste Schiene war nach meinem Geschmack ziemlich abrupt erfolgt. Obwohl es galt, die in wenigen Stunden beginnende erste Tour aus den Gedanken *zu verbannen,* bewirkte der ernste Tonfall das genaue Gegenteil. »Ich bin geliefert«, ging es mir immer wieder durch den Kopf, wie bei der lautlosen Wiederholung meines Mantras beim Meditieren, eine Methode, die mir mein Vater beigebracht hatte.

Wenige Stunden später erreichten wir endlich das traumhaft schöne Hotel, das uns in den nächsten Tagen als Basislager dienen sollte. Ich rief Candice an, während wir die Anmeldeformalitäten erledigten.

»Bist du nervös wegen morgen?«, fragte sie.

»Eigentlich sollen wir nicht über das Thema sprechen«, teilte ich ihr mit.

»Im Ernst?« Ich konnte mir lebhaft vorstellen, wie sie die Stirn runzelte. »Warum denn?«

»Soll Unglück bringen oder so. Keine Ahnung.« Ich schüttelte den Kopf. »Radfahrerlatein.«

»Das macht Sinn«, erklärte Candice.

»Wirklich?« Nun war ich es, der die Stirn runzelte. »Seit wann bist du Lance Armstrong?«

Sie lachte. »Keine Ahnung. Konzentrier dich auf das Rennen, nicht auf die Ziellinie. Der Weg ist das Ziel. Würde vermutlich dein Vater sagen.«

»Oder ein Sportartikelanbieter wie Nike«, konterte ich. »Wie geht's unserem Kleinen?«

»Gut. Er spielt mit seiner Großmutter.«

Candices Mutter war von Atlanta angereist, um ihrer Tochter zu helfen. Es gab eine Fülle von Aktivitäten wie Krishus Mahlzeiten zubereiten, Windeln wechseln, vorlesen, ihn baden und *Kung Fu Panda* anschauen, bei denen

Candice Unterstützung brauchte. Ihre Mom hatte alles hervorragend im Griff. Doch mehr noch als alles andere war *Wai pó (*der chinesische Name für Krishus Großmutter mütterlicherseits) eine Spielgefährtin, die er längst verloren geglaubt hatte. Sie verwöhnte ihn nach Strich und Faden und hatte damit den Status seiner allerliebsten Bezugsperson errungen. Er hielt sie auf Trab mit seinen Wünschen und verlangte seine Lieblingsgerichte auch außerhalb der dafür vorgesehenen Zeit – Müsli am Abend, belegte Brote am Morgen –, als wollte er ihre Grenzen testen und seine eigenen entdecken.

Schlechter Zeitpunkt. Ausgelöst durch den enormen Druck, den Candices frisch gebackene Mami-Mafia ausübte, hatten wir uns in den vergangenen Wochen der Herausforderung des Töpfchentrainings gestellt. Alle Bücher über Kindererziehung waren zurate gezogen und die Empfehlungen befolgt worden; je besser wir das Leben rund um Krishu strukturieren und verlässliche Gewohnheiten und Erwartungen schaffen konnten, desto reibungsloser würde der Prozess vonstattengehen. Auf diese Weise begann Krishus kulturelle Indoktrination, wie mein Vater es später formulierte, oder anders ausgedrückt, die gesteuerte Auswahl von Informationen darüber, wie die Welt funktionierte.

»Es beginnt mit der Regulierung der biologischen Vorgänge. Und es endet damit, dass auch alles andere so weit reguliert wird, bis man nur noch ein Bündel bedingter Reflexe ist.«

Wie viele Aussagen von Papa hätte auch diese aus einem Manifest des Attentäters Theodore Kaczynski stammen können, auch Unabomber genannt. Na ja.

Anfangs genoss Krishu die neu eingeführte Routine, war glücklich, auf seinem kleinen Plastiktopf geparkt zu werden, solange jemand bereit war, ihn neben sich abzustellen und ihm eine Geschichte vorzulesen. In der ersten Woche gelang es ihm sogar, das Gewünschte ein oder zwei Mal zu liefern, wobei er Lob und Anerkennung von sämtlichen Familienmitgliedern einheimste, denen wir die frohe Botschaft überbrachten.

»Er ist wirklich weit fortgeschritten für sein Alter«, würdigte meine Mutter seine Verdienste.

»Ein absolutes Ausnahmetalent«, stimmte Candices Vater zu.

Die Anfangserfolge auf dem Topf brachten uns indes auf einen gefährlichen Kurs, der mit falschen Erwartungen gespickt war. Candice und ich waren fest überzeugt, dass die einschlägige Literatur irrte, dass dieser Prozess keineswegs Monate dauern und mit Rückschlägen befrachtet sein würde. Unser metabolischer Wunderknabe würde es binnen Tagen schaffen, das Kacka-Tao zu beherrschen, wie Meister Oogway es vermutlich formuliert hätte. Doch leider schien Krishu den plötzlichen Druck eines übereilten Reifeprozesses zu spüren und ging auf Konfrontationskurs. Er interessierte sich nicht wirklich für unseren Wunsch, ihn an eine Welt anzupassen, in der man den Inhalt von Töpfchen in einem merkwürdigen Porzellanthron ablud und hinunterspülte. Er war rundum zufrieden mit dem gängigen System, das ihm erlaubte, sein Geschäft bedarfsgerecht, wo und wann auch immer, zu erledigen und von uns beseitigen zu lassen. In seinen Augen hatte es sich hervorragend bewährt.

»Wie läuft es mit dem Töpfchentraining?«, erkundigte ich mich umsichtig.

»Nicht besonders«, gestand Candice. Sie machte Wai pós Ankunft und die Gewohnheit dafür verantwortlich, ihren Enkel zu verhätscheln. Wir wussten beide, dass der wahre Grund tiefer reichte, dass unser Sprössling der Mangal

Pandey des Töpfchentrainings war, ein legendärer indischer Unabhängigkeitskämpfer und Märtyrer, der sich gegen die britische Kolonialherrschaft aufgelehnt hatte. Wenn Krishu die Chance gehabt hätte, hätte er vermutlich alle zweijährigen Leidensgenossen in seinem Umkreis zu einer Revolte gegen die grauenvolle Gepflogenheit angestachelt, die man als Töpfchentraining bezeichnete. Er hatte schon bei ähnlichen Rebellionen im Sandkasten Führungsqualitäten bewiesen. Folglich war es wesentlich einfacher, der Großmutter die Schuld in die Schuhe zu schieben.

»Na ja.« Ich zuckte die Schultern, eine halbe Welt entfernt, und beschloss resigniert, die Initiative dem Kind zu überlassen. Das stimmte auch eher mit meiner übergeordneten Kindererziehungsphilosophie überein. Irgendwann würde uns Krishu auf Knien anflehen, mit dem Töpfchentraining zu beginnen, entweder, weil er sich unwohl fühlte oder weil ihm dämmerte, dass ein Teenager mit vollen Hosen in unserer Kultur unweigerlich als anrüchig gilt. Genauso handhabte ich auch Themen wie Essen und Schlafen. Wenn er hungrig genug war, würde er schon essen. Und wenn er müde genug war, würde er schon von allein einschlafen. Wozu also der Druck, ausgeklügelte Rituale und Routinen einzuführen, um ihn mit einem Trick zu etwas zu bewegen, was ihm instinktiv widerstrebte? Doch das waren leider Theorien, mit denen ich bei meiner Frau keine Chance hatte.

»Vermisst er mich?«

»Willst du eine Lüge oder die Wahrheit hören?«

»Lüg nur!«

»Er vermisst dich sehr und fragt ständig nach dir.« Beeindruckend.

Fakt ist, wenn Wai pó uns besucht, nimmt er meine Abwesenheit kaum wahr. »Und was ist mit Cleo?«

Dieses Mal ersparte sich Candice die Mühe, mir die Optionen vor Augen zu führen.

»Sie vermisst dich sehr und fragt ständig nach dir!«

»Das hoffe ich doch sehr … undankbares Miststück.«

Candice lachte und fügte liebevoll hinzu: »Das bist du wirklich, Cleo, stimmt's?« Cleo schien sich zu Candice gesellt zu haben und liebevolle Streicheleinheiten zu kassieren.

»Das sollte dir keine schlaflosen Nächte bereiten«, fuhr Candice fort. »Du kennst doch Cleo. Sobald du wieder auftauchst, liebt sie dich mehr als je zuvor. Ihre Gedanken konzentrieren sich nur auf das, was unmittelbar vor ihr liegt.«

»Schon kapiert«, erwiderte ich kläglich. »Aber warum kann sie nicht wie die Hunde sein, von denen man dauernd hört? Die vor der Tür sitzen und warten, bis ihr Herrchen nach Hause zurückkehrt? Die zutiefst betrübt und verdrossen sind, weil der Mensch, der in ihrer Welt die wichtigste Rolle spielt, abwesend ist?«

»Ha! In Cleos? Das glaubst du doch selber nicht.«

»Ich schätze, du hast recht.« Ich zuckte die Schultern. Die Fähigkeit, sich auf den gegenwärtigen Augenblick zu konzentrieren, ohne sich von anderen Dingen ablenken zu lassen, gehört zu Cleos wunderbarsten Eigenschaften.

»Ich vermisse dich«, sagte Candice und ihre Stimme klang abermals verdächtig verführerisch.

»Lügnerin!«

»Sieh dich vor, Lance!«, erwiderte sie warnend. »Du solltest besser zu Bett gehen und schlafen, um morgen fit für die Mammuttour zu sein, über die wir nicht reden dürfen und an die du nicht denken sollst.«

»Na gut. *Ciao.*«

»Oh«, schnurrte sie. »Klingt sehr italienisch.«

Während ich mich in meinem gemütlichen Hotelzimmer in Bormio, Italien, einrichtete, klingelte mein Handy. Mein Vater war am anderen Ende der Leitung.

»Wie war der Flug?«, erkundigte er sich.

»Teuer«, erwiderte ich. Er lachte.

»Ich habe mit Mom telefoniert.« Er machte eine Pause. »Nana geht es viel besser. Sein Zustand ist stabil. Wahrscheinlich wird er in ein paar Tagen aus dem Krankenhaus entlassen.«

Stabil ist ein seltsamer Ausdruck, wenn man darüber nachdenkt. Mit Sicherheit ist dieser Zustand besser als ein »kritisch« oder »lebensbedrohlich«, aber man ist noch lange nicht dort, wo man sein möchte, wenn man mich fragt.

»Okay«, sagte ich zögernd. »Was bedeutet das?«

»Das bedeutet, dass wir abwarten müssen, was der nächste Tag bringt.« Papa griff wieder auf den Ärztejargon zurück. »Rein theoretisch sollte er über den Berg sein. Aber ich möchte nicht vorgreifen.«

Wer hätte geahnt, dass Papa fürchtete, wie ein Voodoo-Doktor mit seinen Beschwörungen das prekäre Gleichgewicht von Nanas Genesung auszuhebeln!

»Alles in Ordnung mit Mom?«, wechselte ich die Spur. Andernfalls wäre das nämlich ein verräterisches Zeichen. Meine Mutter ist ein notorisch ausgeglichener Mensch.

»Es geht ihr gut. Ein bisschen emotional, weißt du. Kein Wunder, schließlich geht es um ihren Vater.«

Eine kryptische Bemerkung, wie ein Curveball im Baseballspiel, der dem Schlagmann das Schlagen des Balls erschweren soll. Einerseits war die Tatsache, dass meine Mutter »emotional« war, beunruhigend. Der Nachsatz, das sei kein Wunder, weil es schließlich um ihren Vater ging, ließ verschiedene Deutungen zu. Ich wusste nicht genau, was ich daraus schließen sollte.

»Zerbrich dir deswegen nicht den Kopf«, unterbrach Papa meine Überlegungen. »Niemand kann Einfluss auf die Zukunft nehmen. Man zermürbt sich selbst, wenn man es versucht. Geh einfach davon aus, dass Nana wieder gesund wird, und lass den Gedanken los.«

Da war sie wieder, die Gleichung mit den drei Faktoren Absicht, Aufmerksamkeit und Loslassen. Theoretisch ein Kinderspiel, aber ungeheuer schwierig in der Praxis.

»Ich werde es versuchen«, erwiderte ich wenig überzeugend.

»Versuchen reicht nicht«, ermahnte mich Papa.

Richtig, *ein Fisch versucht nicht zu schwimmen, sondern schwimmt. Ein Vogel versucht nicht zu fliegen, sondern fliegt. Man versucht nicht zu gehen, sondern geht.* Das waren Kerngedanken, mit denen ich aufgewachsen war, angeregt von Papa und Yoda, dem Jedi-Meister aus *Star Wars*. Doch das machte die Dinge nicht leichter.

»Wie geht's dem Kleinen?« Das war das neueste Rettungsmanöver meines Vaters, wenn er nicht sicher war, wohin ein Gespräch führen würde.

»Gut. Das Töpfchentraining dümpelt vor sich hin.«

Auch dieser Themenwechsel schien ihn zu verblüffen. Ich hätte mein letztes Hemd gewettet, dass mein Vater keinerlei Anteil an der Reinlichkeitserziehung gehabt hatte, als ich klein war.

»Ja, das ist nie leicht.« Alle Achtung, er hatte sich schnell wieder gefangen. »Wie geht es Cleo?«

Ich lachte, beeindruckt. Die Tatsache, dass er sich an ihren Namen erinnerte, ganz zu schweigen davon, dass er sich nach ihrem Befinden erkundigte, deutete auf eine echte und wachsende Beziehung zwischen den beiden hin.

»Prima. Seit Candices Mutter da ist, macht sie bestimmt jeden Tag lange Spaziergänge.«

»Wie oft sieht sie Candices Mutter?«

Ich überlegte. Candices Mutter besuchte uns alle sechs Monate oder so. Ich setzte Papa ins Bild.

»Glaubst du, dass man diese Erinnerung an Candices Mutter finden würde, wenn man Cleos Schädel öffnen und ihr Gehirn untersuchen würde?«

Ich hoffte, dass es sich um eine rhetorische Frage handelte. »Komm ja nicht auf seltsame Ideen.«

»Das Gehirn von Menschen und Tieren speichert keine Erinnerungen«, erklärte er. »Innerhalb des Gehirns gibt es kein Archivsystem. Erinnerungen existieren als Möglichkeiten auf einer zentralen Ebene des Daseins, die sich keiner bestimmten Region zuordnen lässt.«

»Mit anderen Worten: Das ist wie der Unterschied zwischen dem Speichern von Daten auf der Festplatte oder auf dem Server.«

Schweigen.

»Der grundlegende Unterschied zwischen Cleo und uns ist ihre Fähigkeit, mit einem Minimum an Aufwand auf den Server zuzugreifen.« Dieses Mal brauchte ich eine Übersetzung.

»Es ist ganz einfach. Tiere reagieren, ohne über ihre Reaktionen nachzudenken. Sie rufen ihre individuellen Erinnerungen und die kollektiven Erinnerungen ihrer Art ab, aber diese sind nicht von Emotionen geprägt oder verzerrt.«

Ich überlegte. Sobald Candices Mutter durch die Tür trat, begrüßte Cleo sie stürmisch, sprang an ihr hoch und bettelte um Streicheleinheiten, selbst wenn Monate oder ein ganzes Jahr seit der letzten Begegnung vergangen waren.

»Du glaubst also nicht, dass Cleo durch Erinnerungen motiviert wird?«, fragte ich. »Ich meine, man merkt doch ganz deutlich, dass sie auf viele Dinge instinktiv reagiert.«

»Genau das ist der Unterschied«, beeilte sich Papa zu versichern. »Auf die Vergangenheit, auf Erinnerungen reagieren heißt, ihr Gefangener zu sein. Genau das tun die meisten Menschen – sie machen sich zum Opfer ihrer früheren Erfahrungen. Instinktgesteuerte Reaktionen stehen auf einem ganz anderen Blatt.

Sie leiten sich aus unserem kollektiven Gedächtnis oder Karma her. Die Alchemie unserer gesamten früheren Erfahrungen manifestiert sich in den instinktiven Verhaltensweisen unserer Spezies. Sie stützen sich auf dieses Reservoir gemeinsamer Erinnerungen.

Selbst uns Menschen muss niemand beibringen, wie man sich zum ersten Mal verliebt. Nicht, weil wir Erinnerungen daran haben oder wissen, wie wunderbar diese Erfahrung ist, sondern weil es sich richtig *anfühlt,* wenn es so weit ist.

Das Problem ist, dass wir damit Hürden in unserem Leben errichten, uns selbst konditionieren. Dieser erste Augenblick des Verliebtseins erzeugt eine Erinnerung, auf die wir für den Rest unseres Lebens zurückgreifen werden. Er erzeugt die Erwartung, wie die Liebe in Zukunft sein sollte. Und das macht die Dinge kompliziert.

Cleo ist über solche Komplikationen hinaus«, schloss Papa.

Ich hatte eine Menge zu verdauen. »Glaubst du wirklich, dass Menschen dazu in der Lage sind?«

Dieses Mal zögerte Papa nicht mit der Antwort. Er antwortete überhaupt nicht.

»Papa?«, hakte ich nach. »Bist du noch da?«

Eine weitere Sekunde verstrich, bevor er schließlich reagierte. »Schalte den Fernseher ein«, sagte er. Sein Tonfall hatte sich entschieden verändert.

»Warum?« Ich blickte mich um, auf der Suche nach der Fernbedienung. »Was ist denn?«

Abermals Schweigen. »Sie haben gesagt, Michael Jackson sei möglicherweise tot.«

Ich begegnete Michael zum ersten Mal, als ich fünfzehn war. Mein Vater hatte ihn durch Elizabeth Taylor kennengelernt, die Stammgast in dem alternativen Gesundheitszentrum im Westen von Massachusetts war, das mein Vater als medizinischer Direktor leitete. Je mehr Ms. Taylor über meinen Vater und den spirituellen Weg erfuhr, dem er sich verschrieben hat, desto größer wurde ihre Überzeugung, dass Michael ihn faszinierend finden würde. Obwohl sie sich vornehmlich für die Wellness-Einrichtungen des Gesundheitszentrums interessierte, ganz zu schweigen davon, dass es weit von Hollywood und dem damit verbundenen Chaos entfernt war, dachte sie offenbar, Michael würde »all die anderen magischen Dinge« anziehender finden, über die mein Vater sprach, wie Meditation, Bewusstsein und Karma.

Sie sollte recht behalten. Seit der ersten Begegnung mit meinem Vater gehörte Michael gewissermaßen zur Familie. Und er interessierte sich nicht nur für die »magischen«, sondern auch für die »normalen Dinge« des Lebens. Nur wenige Monate nachdem sie sich kennengelernt hatten, lud Michael ihn auf seine Neverland Ranch in der Nähe von Santa Barbara ein.

»Wie lange fährt man eigentlich von Los Angeles nach Santa Barbara? Ich habe nächste Woche eine Besprechung in L.A. und könnte einen kurzen Abstecher zur Ranch von Michael Jackson machen. Er würde sich freuen, mich zu sehen.«

Mallika und ich blickten ihn ungläubig an.

»Was ist?«, fragte er, als wir nach Worten rangen.

»Michael …?«, stotterte ich.

»Jackson ...?«, fügte Mallika hinzu.

Papa nickte. »Wollt ihr mitkommen?«

Mallika war am Boden zerstört. Sie wollte nichts lieber als das, aber am nächsten Morgen ging ihr Flug in die Dominikanische Republik, wo sie ihre Teilnahme an einem Entwicklungshilfeprojekt zugesagt hatte. Latrinen ausheben während der Sommerferien oder so. Ich hatte dagegen keinerlei philanthropische Verpflichtungen. Meine Pläne rankten sich darum, während der Sommerferien im Fenway Park Stadion rumzuhängen.

Ich gab mir alle Mühe, cool zu reagieren. Schließlich war ich fünfzehn, auf dem Gipfel der Arroganz und Attitüden, die Teenager an den Tag legen. Ich trug Klamotten angesagter Modelabels wie Cross Colours und Adidas. Ich spielte Basketball in der Schulmannschaft und fühlte mich rundum wie J. D. Salinger. Ich konnte nicht so reagieren, wie ich es gerne getan hätte: »He, Alter, willst du mich verarschen? Klar fahre ich mit dir zu diesem abgefuckten Michael Jackson.«

Stattdessen zuckte ich die Achseln. »Ja, klingt cool. Ich komme mit ...«

Wie viele meiner Generation war ich von Kindesbeinen an ein glühender Anhänger von Michael Jackson. Es war nicht nur die Musik, die mich faszinierte, sondern auch *die Person.* Und das Video *Thriller,* das mich zu einer endlosen Reihe von Halloween-Kostümen und zum Kauf einer roten Lederjacke inspirierte, die ich aufschlitzte, damit sie der von MJ in dem Video glich, das mittlerweile Kultstatus besaß. Faszinierend fand ich auch die Performance von *Billy Jean,* einer Single, die anlässlich des fünfundzwanzigjährigen Bestehens seines früheren Plattenlabels Motown entstanden war und mich zum Kauf von einem halben Dutzend Pennyloafern animierte, auch Slipper oder Collegeschuhe genannt. Und die Handschuhe, die er trug und die mich veranlassten, mir Thermohandschuhe für Skifahrer zuzulegen – weil sie am meisten Ähnlichkeit mit seinem silbernen Glitzerhandschuh hatten. Und nicht zu vergessen der schwarze Fedora, ein weicher Filzhut, den ich meinen Eltern abluchste und so lange trug, bis er besser zu Indiana Jones als zu Michael Jackson gepasst hätte. Ich war damals elf und sah völlig idiotisch aus mit dem Hut, der mir viel zu groß war, doch da alle in Michael Jackson ein Idol sahen, fand ich mein Outfit trotzdem cool.

Michael Jackson *war* cool. Er beherrschte die Bühne und rockte ein voll besetztes Stadion mit den magischen Kräften eines Superhelden und schierem Talent, aber gleichzeitig wirkte er verletzlich und menschlich ... einfach cool.

Als Sohn eines Mannes, den viele Stars als ihren Guru betrachten, hatte ich das Glück, zahlreiche berühmte Persönlichkeiten kennenzulernen. Dabei habe ich festgestellt, dass die meisten im Privatleben ganz normale Sterbliche sind, die durch ihren Prominentenstatus auf einen Sockel gehoben wurden. Im Lauf der Zeit erkannte ich, dass es dabei weniger um die jeweilige Person geht, sondern vielmehr um *uns* und unsere Erwartungen. Wir erheben Prominente zum Idol, machen sie zu Ikonen und sind enttäuscht oder gar erbost, wenn sie den Maßstäben nicht gerecht werden, die wir gesetzt haben.

Das habe ich persönlich und hautnah miterlebt. Da war beispielsweise der Bestseller-Autor, mein Idol aus der Highschoolzeit, den ich bei einer Dinnerparty kennenlernte; es wurmte ihn gewaltig, dass seine Bücher in den Auslagen von Barnes & Noble nicht auf Augenhöhe platziert waren. Als ob das nicht schon genug wäre, wetterte er während des ganzen Essens auch noch gegen die Versandpolitik von Amazon; es war wirklich tragisch. Da ich seine verächtlichen Bemerkungen über den Buchhandel gehört hatte, dem er es verdankte, dass seine Werke an die Öffentlichkeit gelangten, und gesehen hatte, wie kleinkariert er war, fiel es mir später schwer, die Worte zu würdigen, die er zu Papier brachte. Ein weiteres Beispiel war die sexy Schauspielerin, die meine Fantasie auf Touren brachte, bis ich zufällig mitbekam, wie sie das Personal des Gesundheitszentrums als Hilfskräfte bezeichnete, die »nicht einmal den Mindestlohn wert sind«. Danach war Schluss mit meiner Tagträumerei.

In der ›Selbsthilfe-Welt‹, in der wir uns im Laufe der Zeit immer stärker verwurzelt hatten, wurden die Widersprüche zwischen Schein und Sein noch deutlicher sichtbar. Da gab es die Beziehungsexperten, die in ihrem Privatleben Rosenkriege führten, in denen es von Skandalen und Ehebrüchen wimmelte. Und die Ernährungsgurus, die sich im hintersten Winkel des Restaurants versteckten, um sich an Kohlehydraten und Softdrinks gütlich zu tun. Oder die Befürworter der Philosophie vom ›Vereinfachten Leben‹, die mit einer Entourage reisten, die Profisportler wie Amateure aussehen ließ.

Michael war anders.

Er war genauso, wie ich ihn mir vorgestellt hatte, und einiges mehr. Wir wurden Freunde im Lauf der Jahre. Familie. Aber er war nicht nur ein unglaublich dynamischer und brillanter Künstler mit einem von den Göttern verliehenen Talent, sondern auch eine konfliktbeladene, gequälte Seele. Mag sein, dass er den Kopf oft in den Wolken hatte, von der Wirklichkeit abgekoppelt, die ›gewöhnliche Sterbliche‹ erleben, aber seine menschlichen Gefühle besaßen eine ungekannte Tiefe.

Einige Jahre nach unserer ersten Begegnung wurde ich zum Studium an der Columbia University zugelassen, einer renommierten Eliteuniversität, vor allem wegen der Empfehlung, die er schrieb. Michael lebte damals überwiegend in New York City, hoch über den Dächern der Stadt im Penthouse des Four Seasons Hotel. Ich besuchte ihn regelmäßig, wir unternahmen irgendetwas oder arbeiteten gemeinsam an einem Projekt, das ihm gerade vorschwebte; ich versuchte ständig, den Kokon zu durchbrechen, der ihn isolierte und der von ihm selbst und seinen Beratern errichtet worden war. Meistens ohne Erfolg. Einige Beiträge zu seinen Projekten vergütete er in bar: Er drückte mir ein paar Tausend Dollar aus einem prall gefüllten Geldsack in die Hand, den er hinter der Toilette versteckt hatte. Danach rief ich meine Freunde aus dem College an, die in die U-Bahn stiegen und sich Downtown mit mir trafen, um das Geld für etwas auszugeben, was uns damals am wichtigsten war: Striptease-Tänzerinnen.

Die Zeit verging. Aus Michael Jackson, Rockstar, Ikone und vielleicht das größte Talent, das die Welt je gesehen hat, wurde ein skandalumwitterter Prominenter. Die Fassade bröckelte, genau wie sein Gesicht, das buchstäblich zerfiel – das Ergebnis von Operationen, die er selbst herbeigeführt hatte, um tiefer liegende psychologische Narben zu kaschieren, und einer Hautkrankheit, von der nur wenige wussten. Die Presse zog gegen ihn zu Felde, unterstellte ihm Rassenhass oder ein durchgeknallter Freak zu sein, Anschuldigungen, die in Michael abwechselnd Schwermut und Wut hervorriefen. Und nicht zu vergessen die verheerenden Vorwürfe der sexuellen Übergriffe auf kleine Jungen, die seinen guten Ruf und früheren Ruhm ein für alle Mal beschädigten. Das ging so weit, dass ich selbst, der ich mich damit gebrüstet hatte, MJ seit meinem fünfzehnten Lebensjahr persönlich zu kennen, mich nur noch traute, hinter vorgehaltener Hand darauf hinzuweisen, aus Angst vor dem Stirnrunzeln und anzüglichen Grinsen, das solche Bemerkungen auslösten.

Als sich die Sturmwolken der Skandale verzogen hatten, begann für Michael und bald darauf auch für mich eine neue Lebensphase: Wir wurden beide Vater. Die Wege, die zu diesem Ziel führten, waren jedoch ausgesprochen unterschiedlich. Während ich mich für die althergebrachte Methode entschied, bastelte er sich buchstäblich eine Familie zusammen; von ihr erhielt er die Liebe, die er nie gekannt hatte. Im Umgang mit seinen Kindern wurde deutlich, dass sie das Kostbarste in seinem Leben darstellten. Einige Jahre nach der Gründung seiner Familie brachte Candice Krishu zur Welt. Michael rief an und sagte: »Na also – ich hab's dir doch gesagt, Igger!« (Sein Spitzname für mich. Er hatte für alle einen Spitznamen.) »Das ist das Beste, was einem passieren kann.«

Ich bat ihn, Krishus Taufpate zu werden, aber er meinte, er sei für diese Aufgabe nicht besonders geeignet, was immer auch damit gemeint war. »Du solltest dir jemanden suchen, der das besser kann«, gestand er. »In meinem Leben gibt es zu viele negative Dinge, die er nie kennenlernen sollte.«

Er gab Krishu wegen seiner chinesisch-indischen Wurzeln den Spitznamen »Chindian« und meldete sich alle paar Wochen, um sich zu vergewissern, dass Candice und ich ihn mehrsprachig aufwachsen ließen.

»Michael, er ist erst ein paar Monate alt«, erklärte ich ihm anfangs.

»Macht nichts«, pflegte er zu erwidern. »Er ist klüger als wir alle zusammen. Achte darauf, dass das so bleibt.«

Michael hatte in seinen letzten Lebensjahren schwer zu kämpfen, auch wenn er durch das Leben mit seinen Kindern größere emotionale und spirituelle Erfüllung fand, als er sich jemals erhofft hatte. Die Menschen, die ihm nahestanden, wussten davon, doch trotz wiederholter Versuche konnte ihm niemand wirklich helfen. Es war ihm wieder einmal gelungen, mit ungeheurem Geschick einen Kokon um sich herum zu errichten, der ihn abschottete, vor allem weil er ein Geheimnis zu haben glaubte, von dem niemand erfahren durfte.

Wenige Wochen vor meiner Abreise nach Italien rief er mich wie so oft mitten in der Nacht an. Er klang völlig klar und sachlich. Er hatte vom Schicksal der mit mir befreundeten Journalistin Laura Ling gehört, die in Nordkorea verhaftet worden war, und wollte wissen, ob mir Einzelheiten bekannt wären, die über die offizielle Berichterstattung hinausgingen. (Aufgrund seiner eigenen Erfahrungen mit vielen Journalisten traute er ihnen nicht recht.) Als ich ihm eröffnete, dass kaum Informationen durchsickerten, weil das totalitäre Regime in Nordkorea die Presse kontrollierte, schwieg er. Er erzählte mir, er habe Bilder von Kim Jong-il gesehen, dem »Geliebten Führer« Nordkoreas, der die isolierte Nation mit eiserner Hand regierte. Er trug oft Militärjacken, ähnlich wie Michael in der Öffentlichkeit oder bei seinen Bühnenauftritten.

»Glaubst du, dass er zu meinen Fans gehört?«, fragte er.

Ich zuckte in der Dunkelheit meines Schlafzimmers die Schultern. »Keine Ahnung.«

»Wenn ja, könnte ich vielleicht irgendwie helfen.«

Ich versprach, der Sache auf den Grund zu gehen.

»Okay.« Er bedankte sich. »Ich hoffe, dass es den beiden gut geht.« Er hatte irgendwo gelesen, dass sich sowohl Laura als auch ihre Kollegin Euna wahrscheinlich in Isolationshaft befanden. »Ganz allein zu sein, abgeschottet von den Menschen, ist manchmal nicht leicht.«

Ich nickte, wusste nicht wirklich, was ich darauf antworten sollte.

»Grüß Chindian von mir«, flüsterte er. »Gute Nacht.«

Nach dem Telefonat mit meinem Vater marschierte ich in meinem italienischen Hotelzimmer ruhelos auf und ab. Ich wandte meine Aufmerksamkeit wieder dem Fernseher zu und zappte durch die Programme. Jeder nur erdenkliche Sender brachte die Nachricht, dass Michael Jackson in ein Krankenhaus in Los Angeles eingeliefert worden war. Die meisten hatten die schlagzeilenträchtige Verlautbarung von seinem Tod inzwischen dementiert und sich auf die nebulöse Aussage beschränkt, er befände sich im Koma und sein Zustand sei kritisch. Ich wusste, dass die berüchtigte ›Totenwache‹ vermutlich schon ausgeschwärmt war und ihre Satelliten-Übertragungswagen vor der Klinik, vor Neverland, Michaels Domizil in Los Angeles, dem allseits bekannten Anwesen seiner Eltern in Encino und an anderen Brennpunkten geparkt hatte, angetrieben von dem Bestreben, als Erste Neuigkeiten zu erfahren und auf das leiseste Gerücht zu reagieren.

Während ich in meinem Hotelzimmer saß und auf den Fernsehschirm starrte – ich hatte mich für einen italienischen Nachrichtensender entschieden, auch wenn ich kaum ein Wort verstand –, beschlich mich ein ungutes Gefühl, das sich zunehmend verstärkte. Eine körnige und verwackelte Video-Endlosschleife, die von der Website des Klatschportals TMZ stammte, zeigte hektische Sanitäter, die im Laufschritt eine Trage mit einer zerbrechlichen Gestalt in die wartende Ambulanz verfrachteten. Die Bilder waren, wie sich später herausstellen sollte, die letzten des Megastars Michael Jackson. Auf anderen Videos war eine wachsende Schar von Fans zu sehen, die vor dem legendären Cedars-Sinai Medical Center in Beverly Hills Wache hielt. Die Reporterin vor Ort ratterte ihren Text auf Italienisch herunter, verhaspelte sich beinahe, als sie über den neuesten Stand der Entwicklung berichtete. Mein Handy summte bereits in einem fort, die ersten SMS und E-Mails von Freunden trafen ein, die hofften, Insiderinformationen zu erhalten, sofern ich welche hatte. Ich blickte auf den Wecker. Es war bereits nach 22 Uhr. Wir würden morgen in aller Frühe zu unserer ersten mörderischen Tour aufbrechen. Plötzlich war ich mir nicht mehr sicher, ob ich wirklich noch eine Minute länger als nötig in Italien bleiben wollte, ganz zu schweigen davon, morgen pünktlich an den Start zu gehen. Widersprüchliche Gedanken gingen mir durch den Kopf – sollte ich die Sache durchziehen oder unverzüglich nach Hause zurückkehren? Währenddessen wuchs mein Unbehagen und erhärtete den Verdacht, dass meine eigene Intuition verlässlicher war, ungeachtet der Informationen über Michaels Zustand.

Im Bruchteil von Sekunden traf ich eine Entscheidung: Ich schaltete den Fernseher und mein Handy aus. Jetlag, Nervosität und Anspannung angesichts der bevorstehenden Radtour hatten mich in Kombination mit den aufwühlenden Nachrichten aus der Bahn geworfen. Ich ahnte, dass der morgige Tag emotional noch turbulenter werden würde, aber zwischen Gegenwart und Zukunft lagen ein paar Stunden, in denen ich mich abschotten und abschalten konnte. Es war eine Entscheidung, die weniger vom Verstand als vielmehr vom Instinkt gesteuert wurde.

Als ich ein paar Minuten später im Bett lag, dachte ich an Michael Jackson, an unsere allererste Begegnung, an den Sommer, als ich ihn auf seiner Europatournee begleitete, und die Zeit, die wir danach miteinander verbracht hatten. Mein Herz war schwer und ich versuchte, mir die heiteren Situationen ins Gedächtnis zurückzurufen, die wir im Lauf der Jahre miteinander erlebt hatten, als wir uns beispielsweise an Halloween aus seinem Apartment in Los Angeles geschlichen und einen Nachtklub besucht hatten, wo er so ekstatisch tanzte, dass alle anderen aufhörten und ihn anfeuerten – den Unbekannten mit der Godzillamaske. Oder die Begegnung mit dem Rapper Ice-T in einem Aufnahmestudio in New York City, dem er erzählte, ich sei sein Leibwächter. Ice-T musterte mich von oben bis unten und dann erbot er sich, ihm beim »Aufrüsten« behilflich zu sein, wenn es ihm mit dem Personenschutz ernst sei.

Doch ich konnte die Trauer in meinem tiefsten Innern nicht verdrängen. Ich erinnerte mich an Meister Shifu, der sagt: »Lass die Illusion der Kontrolle los.« Also griff ich zu einer anderen Taktik. Ich beschloss, ihr freien Lauf zu lassen. Nicht zu versuchen, meinen Gefühlen auszuweichen, sondern sie zuzulassen, sie ›wieder in Besitz zu nehmen‹, wie der amerikanische Psychologe und Fernsehmoderator Dr. Phil vielleicht vorschlagen würde, und sie durch mich hindurchströmen zu lassen. Innerhalb von fünf Minuten schlief ich tief und fest.

Am darauffolgenden Morgen wachte ich von allein auf. Ich brauchte keinen Wecker oder irgendetwas anderes, das mich aus meinem erstaunlich erholsamen Schlaf riss. Ich starrte den Fernseher an, überlegte, ob ich ihn einschalten sollte oder nicht. Stattdessen wandte ich die Aufmerksamkeit meinem Handy zu und lud es auf. Da ich mich im Ausland befand, lag die Wahl bei mir, ob ich die Push-Funktion zum Herunterladen der E-Mails aktivieren wollte.

Bevor ich eine Entscheidung treffen konnte, klingelte das Telefon. Es war Papa.

»Wie geht es dir?«, fragte er.

»Weißt du …« Ich verstummte.

»Sein Tod wurde inzwischen offiziell bestätigt.« Seine Stimme klang sanft.

»Aha.« Ich nickte. Ich spürte eine abgrundtiefe Traurigkeit in meinem Innern, aber der Schock war gleichermaßen groß.

»Ich finde, du solltest in Italien bleiben und deine Radtour machen«, schlug Papa vor, ohne dass ich auch nur ein Wort darüber verloren hatte.

»Wirklich?« Ich war immer noch unschlüssig, ob ich die Sache nicht besser abblasen und auf dem schnellsten Weg nach Hause zurückkehren sollte.

»Hier findet ein Riesenzirkus statt«, erklärte Papa. »Ich habe bereits Anrufe von jedem Nachrichtensender erhalten, den man sich nur vorstellen kann. War bereits in der Talkshow von Larry King. Alle fragen nach dir.«

»Aha«, murmelte ich, nicht wirklich überrascht. Der Gedanke, vorzeitig in die Welt der Medien zurückzukehren, die sich zunehmend hochschaukelte, war wenig reizvoll.

»Ich weiß nicht, was beim Radfahren das Wichtigste ist«, sagte Papa. »Aber ich an deiner Stelle würde mich aufs Rad setzen und mich nur auf den Weg konzentrieren, der vor mir liegt.«

Es überrascht wohl nicht, dass Deepak auch etwas vom Radfahren versteht. Er gab mir den gleichen Rat wie die Experten. Versuch nie, schon beim Start an das Ziel zu denken, sondern nimm eine Hürde nach der anderen. Brich die Strecke auf Etappen herunter und teil deine Kräfte entsprechend ein. Hör auf die besten Radfahrer der Welt, die nicht einmal in Etappen denken, sondern den Blick ausschließlich auf die Stelle richten, an der sich das Rad dreht. Manchmal finden sie ihre Ideallinie auf der Straße, die ihnen hilft, ihren eigenen Rhythmus und ihr optimales Tempo zu finden, bis die Welt ringsum versinkt – bis der Kurs, die anderen Fahrer und die Zeit selbst keine Rolle mehr spielen. Diese Erfahrung wird von den besten Athleten als »Flow« oder »Läuferhoch« bezeichnet, wenn Einzelheiten verblassen und sie eins werden mit allem, was sie umgibt, sich selbst eingeschlossen. Es ist ein Bewusstseinszustand, der auch in den heiligen Schriften westlicher und östlicher Prägung beschrieben wird.

»Ich bin Alpha und Omega, der Anfang und das Ende, der Erste und der Letzte«, heißt es in der Bibel.

»Ich bin Anfang, Mitte und Ende der Wesen«, schreibt Lord Krishna in der *Bhagavad Gita*.

Und Meister Oogway erklärt: »Du machst dir zu viele Gedanken über das, was war und was sein wird.«

Ich dachte einen Moment lang an den Weg, der vor mir lag, an meinen Vater und an meinen Freund. Ich dachte an meine Mutter und an Nana, an Candice und Krishu und daran, wie flüchtig das Leben ist, dass es im Zeitraum eines Wimpernschlags zu Ende sein kann, nichts weiter als ein kurzes Intermezzo in der Ewigkeit.

Wir haben es beim Töpfchentraining von gelegentlichen zu dauerhaften Erfolgen gebracht. Wir spinnen uns in ein Netz der Erwartungen, Vorahnungen und Erinnerungen ein, das wir als angenehm empfinden, weil es uns ein Gefühl der Stabilität und Vorhersehbarkeit verleiht. Wir kartografieren unser Leben, versehen es mit Zielen und einem Verzeichnis der Symbole. Wir planen. Wir bereiten uns gründlich vor. Und selbst diejenigen von uns, die mit den seltenen und mächtigen Augenblicken der Verwurzelung *im Hier und Jetzt* vertraut sind, sind nicht vor Gefahren gefeit. Doch wenn wir uns von der Gegenwart abschotten wie mein Freund Michael Jackson, stellen wir fest, dass diese Höhepunkte eines ganz normalen Alltags fehlen.

Papa brach das Schweigen. »Erinnerst du dich noch an den ersten Besuch in Neverland, als Michael uns in sein Studio mitnahm? Als er *Billie Jean* auflegte und zu tanzen anfing?«

Michael war zunächst verlegen gewesen und hatte nur im Takt mit dem Kopf genickt. Doch binnen Minuten, als könnte er sich nicht länger im Zaum halten, schnippte er mit den Fingern, bewegte sich im Einklang mit den harten Rhythmen der elektrischen Gitarre und tanzte so geschmeidig, wie nur er es vermochte.

»Das war wunderbar«, schwärmte Papa. »Weil er *im Hier und Jetzt* war. Er war der Tänzer – aber gleichzeitig auch der Tanz und die Musik selbst.«

Ich erinnerte mich noch gut daran.

5

Weißt du, wer Miley Cyrus ist?
Nein, wer soll das sein?
Weißt du, wer Hannah Montana ist?
Ist das nicht Taras Freundin?
Ja, gewissermaßen.

Meine achtjährige Nichte Tara ist ein ganz besonderes Kind. Die älteste in einem Trio, zu dem ihre jüngere Schwester Leela und mein Sohn Krishu gehören, nimmt sie ihre Rolle als Erstgeborene ernst. Wenn sie die Kleineren beobachtet, denkt sie oft an die harte Zeit zwischen dem zweiten und fünften Lebensjahr zurück.

»Es schadet nicht, wenn er Angst hat«, empfahl sie mir einmal, als wir es uns auf der Couch bequem gemacht hatten und *Findet Nemo* anschauten. Krishu war vor Schreck erstarrt, als der Hai auftauchte und Jagd auf Nemos Vater Marlin und dessen treue Freundin Dorie machte. »Es ist völlig in Ordnung, sich hin und wieder zu fürchten, denn dann kann man nachempfinden, was Menschen durchmachen, wenn in der realen Welt schlimme Dinge passieren.«

Die Rolle der Mentorin passt zu Tara. Sie ist umsichtig

und nachdenklich. Und da sie sehr einfühlsam ist und intuitiv spürt, was vor sich geht, achten die Erwachsenen in ihrer Anwesenheit besonders sorgfältig darauf, was sie sagen.

Es ist allgemein bekannt in unserer Familie, dass Tara erst kurz vor dem dritten Lebensjahr zu sprechen begann, ein Meilenstein der Entwicklung, den sie relativ spät und viel später als ihre Geschwister erreichte. Die meisten begründen diese ›Spätzündung‹ mit dem Argument, dass die Erstgeborenen nicht das gleiche Ausmaß an Interaktionen mit älteren Kindern haben wie die jüngeren Geschwister. Tara hat eine andere Erklärung: »Ich war ein nachdenkliches Kind.«

Und wissbegierig, denn das Fragezeichen war immer ihr liebstes Satzzeichen. Neuerdings versteht sie sich hervorragend darauf, zwischen den Zeilen zu lesen, sodass wir nicht nur aufpassen müssen, was wir sagen, sondern auch wie wir es sagen.

»Warum hat dich Candy Mami (so nennt sie Candice) so komisch angeschaut, als du ihr gesagt hast, dass sie den Käsekuchen lieber nicht essen soll?«

»Hast du das wirklich ernst gemeint, als du gesagt hast, du würdest nie wieder ein Wort mit meiner Mom wechseln?«

»Warum hast du deiner Freundin erzählt, dass die Frau im Coffee Bean ein *schlimmes Mädchen* ist?«

Hatte ich schon erwähnt, dass sie gerade acht Jahre alt ist?

Mehr noch als Mallika und Sumants kleine Tochter war Tara das Hätschelkind der Familie, als Erstgeborene ein Schatz, den wir alle auf besondere Weise liebten. Das schloss Cleo ein, die das Privileg hatte, sie wenige Tage nach der Geburt zum ersten Mal abschlecken zu dürfen. Das war im Januar 2002 und die bevorstehende Ankunft von

Mallikas Baby bewirkte, dass wir alle noch enger zusammenrückten. Die Entbindung war schwierig und endete damit, dass sie sich einem Notkaiserschnitt unterziehen musste, während meine in Tränen aufgelöste Mutter, mein von Ängsten geplagter Vater und ich darauf warteten, dass mein bleichgesichtiger Schwager die gute Nachricht verkündete. Als schließlich das »Alles klar!« kam, also dass Tara gesund war und Mallika nach ein paar zusätzlichen Tagen der Ruhe wieder völlig auf dem Damm sein würde, jubelten wir.

Als Tara ein paar Tage später nach Hause durfte, war ich mir nicht sicher, ob ich Cleo mitnehmen sollte, um sie kennenzulernen. Rund viereinhalb Kilo schwer und ohne Vorgeschichte, die auf Aggressivität oder Gewaltbereitschaft schließen ließ, bestand kein Grund, sie daheim zu lassen, aber ich zögerte dennoch, das Risiko einzugehen. Candice äußerte ebenfalls Bedenken. Wir beide liebten Cleo grenzenlos, doch das bedeutete nicht unbedingt, dass wir ihr uneingeschränkt vertrauten. Und wozu die Eile, überlegte ich. Tara würde noch lange bei uns sein und die beiden konnten sich kennenlernen, wenn Ruhe eingekehrt war – was immer das im Zusammenhang mit dem Leben eines Säuglings heißen mochte.

»Ganz im Gegenteil«, befand mein Vater, was uns damals völlig überraschte. »Bring den Hund ruhig gleich mit. Auf Mutmaßungen und Voreingenommenheiten hinsichtlich der Beziehung zwischen den beiden sollten wir tunlichst verzichten.«

Aha, also ganz im Gegenteil. Mein Vater hatte sich hinlänglich auf Taras Ankunft vorbereitet, in der einzigen ihm geläufigen Weise – indem er in rauen Mengen Studien- und Forschungsmaterial darüber verschlang, wie man das Bewusstsein eines Kindes schon in der frühesten Lebensphase stärkt. Er hatte große Pläne mit Tara, wobei er mit dem

Wort *Perfektion* alles andere als sparsam umging, wenn er die Zukunft schilderte, die ihm für seine Enkelin vorschwebte.

»Schau sie dir an«, sagte er weniger als einen Tag nach ihrer Geburt zu mir. »Sie ist absolut perfekt. Sie ist ein strahlender Stern, genau wie ihr Name besagt.«

Ich lächelte und erinnerte ihn daran, dass die meisten Großeltern ihre Enkelkinder – vor allem die erstgeborenen – für perfekt halten.

»Nein.« Er schüttelte vehement den Kopf, als sei mir etwas Offensichtliches entgangen. »Sie ist nicht wie andere Kinder.« Sein Blick glitt über die anderen Babys in der Säuglingsstation, die seiner Prüfung allem Anschein nicht standhielten, bevor er zu ihr zurückkehrte. »Tara wird die Welt verändern«, sagte er mit einem warmen Lächeln.

Im Zuge seiner ebenso umfangreichen wie ehrgeizigen Zielsetzungen und Strategien war Papa auf Untersuchungen gestoßen, die darauf hindeuteten, dass der frühkindliche Kontakt zu Tieren – vor allem Hunden – ungeheuer positive Auswirkungen haben konnte.

»Zahlreiche Daten belegen, dass Kinder, die mit Haustieren aufwachsen, mehr Führungspotenzial haben. Mitgefühl und Einfühlungsvermögen in andere Lebewesen werden auf der emotionalen Ebene festgeschrieben. Bring den Hund gleich mit«, wiederholte er mit Nachdruck, als sei zu befürchten, wir könnten zu spät mit ihrem Führungstraining anfangen.

Ich blieb skeptisch.

Papa wandte sich der Wissenschaft zu, um mich zu überzeugen. »In Studien wurde nachgewiesen, dass Kinder, die mit Hunden aufwachsen, seltener bestimmte Allergien und sogar Asthma entwickeln. Dass Hunde Schmutz und Allergene ins Haus tragen, ist eine gute Sache«, versicherte er uns. »Das stimuliert und stärkt das Immunsystem des Säuglings.«

Das stimmte mit seiner Theorie überein, dass die Säuglinge im Westen hyperimmunisiert sind. Im Spektrum der elterlichen Debatten über Schutzimpfungen rangierte er irgendwo in der Mitte: Er vertrat die Ansicht, dass die grundlegenden erforderlich waren, aber dass man ansonsten alle Vorsicht in den Wind schreiben und es dem Kind und der Welt – in diesem Fall Cleo – überlassen sollte, ihr eigenes Gleichgewicht zu finden.

»Und komm ja nicht auf die Idee, den Hund zu baden«, ermahnte er mich.

»In Ordnung«, erwiderte ich, obwohl ich Cleo ohnehin schon einer gründlichen Reinigung unterzogen hatte.

Ich erinnere mich noch genau an die erste Begegnung zwischen Cleo und Tara. Mallika hatte Schmerztabletten genommen und Sumant arbeitete, mit elterlicher Paranoia war also nicht zu rechnen. Tara, erst ein paar Tage alt, lag von Kissen gestützt in einer kleinen Babywippe, die sanft hin- und herschaukelte. Wie die meisten Säuglinge in diesem Alter war sie wach und gab gurrende Laute von sich, oder wie mein Vater sie zu beschreiben pflegte: »Wie ein kleiner Buddha, hellwach und sich ihrer eigenen stillschweigend inbegriffenen Erleuchtung bewusst.« Ich brachte Cleo nahe heran, hielt sie an der kurzen Leine, während meine Eltern die Szene mit Argusaugen überwachten, und ließ sie aus sicherer Entfernung Taras Geruch aufnehmen. Ich wollte kein Risiko eingehen. Cleo durfte das Baby gründlich in Augenschein nehmen, musste sich aber erst einmal so weit von ihm fernhalten, dass kein echter Kontakt entstand. Nach und nach, während sie sich langsam an ihre Umgebung gewöhnte, ließ ich die Leine locker, sodass sie mit der Schnauze an Taras Füße heranreichte.

Als Cleo sie abzuschlecken begann, jauchzte und gluckste Tara. Und dann strich sie zu unserem Entsetzen mit ihrer winzigen Hand über Cleos Schnauze. Die Bewegung war so sanft und behutsam und so wenig babyhaft, dass wir sie alle sprachlos vor Verwunderung ansahen. Selbst Cleo, sonst das reinste Energiebündel, schien die Ruhe selbst zu sein. Sie schob sich näher an Tara heran, ließ zu, dass sie ihr nochmals mit der Hand über die Schnauze, den Nasenrücken und den Scheitel strich, bis die Hand auf Cleos Kopf lag. Cleo sah aus, als befände sie sich in Trance. In ihrem ganzen Leben hatte sie niemals so auf Menschen reagiert, die sie nicht kannte, ganz geschweige denn auf die Annäherungsversuche eines Kindes.

»Siehst du.« Mein Vater nickte. »Wie ich dir gesagt habe. Tara ist erleuchtet.«

Von dem Tag an schien zwischen Tara und Cleo eine ganz besondere Beziehung zu bestehen. Während sie heranwuchs und von einem Baby zu einem kleinen Mädchen wurde, verging kein Tag, an dem sie nicht Zeit für den Hund gehabt hätte. Zu den ersten ganzen Sätzen, die sie sprach, gehörte: »Ich hab Cleo lieb.« Sie bestand darauf, mich einmal in der Woche zum Kleintierladen zu begleiten, wo wir Leckerlis und Spielsachen kauften. Manchmal rief meine Schwester abends an und bat mich inständig, den Hund rüberzubringen, weil Tara nur gemeinsam mit Cleo einschlafen konnte, eng aneinandergeschmiegt.

Obwohl sich Taras präpubertärer Terminkalender seit geraumer Zeit mit Schule, Freunden und Freizeitaktivitäten zu füllen begann, achtete sie darauf, dass Cleo nicht in Vergessenheit geriet. Oft kam sie noch vor Unterrichtsbeginn oder nach Schulschluss am Nachmittag auf einen Sprung vorbei. An den Wochenenden brachten wir Cleo regelmäßig für einen Nachmittag zu Mallika oder ließen sie auch über Nacht dort, damit Tara und Cleo mehr Zeit miteinander verbringen konnten. Cleo folgte Tara auf Schritt und Tritt. Tara vergewisserte sich ihrerseits, dass Cleo immer einen Platz in ihrer Nähe fand, ungeachtet dessen, wo. Wenn sie Hausaufgaben machte, schrieb sie pflichtbewusst mit rechts, während die linke freie Hand damit beschäftigt war, Cleo liebevoll zu streicheln. Wenn sie sich *High School Musical* oder einen neuen Bollywood-Film anschaute, den ihr Vater in dem indischen Lebensmittelgeschäft vor Ort entdeckt hatte, erhielt Cleo meistens einen Platz in der ersten Reihe, auf Taras Schoß, zugewiesen. Selbst während der Familienzeit, wenn wir uns alle zum Abendessen trafen oder auch nur zu einem geselligen Beisammensein, wich Cleo nicht von Taras Seite.

Je mehr ich die Interaktionen zwischen Cleo und Tara beobachtete, desto häufiger musste ich lächeln, weil sie ein hundertprozentiges Ebenbild der Beziehung zwischen Mallika und Nicholas waren, unserem Hausgenossen, als wir selber noch Kinder waren. Während Nicholas im Lauf der Jahre, die wir mit ihm hatten, zu einer Art Kumpel wurde, immer zum Raufen und Kämpfen aufgelegt, hatte er zu Mallika eine gefühlvollere, liebevolle Bindung entwickelt. Er genoss es, sich mit mir im Laub zu wälzen, wenn sich der Sommer dem Ende zuneigte und der Herbst nahte, oder hinter mir herzupreschen, wenn es geschneit hatte und ich mit dem Schlitten die Abhänge hinunterfuhr; in Mallikas Gesellschaft gab es dagegen immer Streicheleinheiten oder eine Umarmung, die zum Anschmiegen einlud. Es war kein Zufall, dass Mallika und meine Mutter nie ernsthaft in Betracht zogen, wieder einen Hund anzuschaffen, als Nicholas unerwartet starb. Die Gefahr, erneut einen so schmerzlichen Verlust zu erleiden, war zu groß. Ich wusste, dass es ihr schwerfiel, mit anzusehen, wie die Bindung zwischen

Tara und Cleo mit jedem Tag enger wurde. Die Geschichte wiederholte sich. Würde sie ebenso dramatisch enden?

Hoffentlich nicht, dachte ich.

Die Fahrt durch die Dolomiten wurde genau so, wie ich es mir vorgestellt hatte: physisch aufreibend, aber spirituell und emotional inspirierend. Während wir eisige Gipfel erklommen und die Luft immer dünner wurde, gab es Augenblicke, in denen meine Gedanken zu Michael abschweiften und Traurigkeit mich zu übermannen drohte. Doch die Anforderungen der Aufgabe, die wir zu bewältigen hatten, holten mich rasch in die Gegenwart zurück und sorgten dafür, dass ich mich konzentrierte und von dem Medienrummel verschont blieb, der sich mittlerweile überall sonst zusammenbraute. Erst als Sumant und ich am Mailänder Flughafen eintrafen und uns auf die Rückkehr nach L.A. vorbereiteten, wurde mir bewusst, dass die Presse das Thema nach wie vor gnadenlos auswalzte, obwohl seit Michaels Tod schon eine Woche vergangen war.

Nach unserer Landung in L.A. spitzte sich die Situation noch mehr zu. Gerüchte über die Todesursache (einschließlich Zweifeln, *ob er überhaupt tot war)* wurden auf allen Sendern verbreitet und machten die Runde. War es ein Unfall, Mord oder Selbstmord? Waren Drogen, gesundheitliche Probleme oder die Mafia im Spiel? Man munkelte ja, Michael habe einen riesigen Schuldenberg angehäuft.

Im Fernsehen tauchten in aller Eile zusammengestellte Dokumentationen und Gedächtnissendungen auf. Kein Sender ließ es sich entgehen, Michael beim Moonwalk zu zeigen oder wie er seinen Hut quer über die Bühne warf. Sein Tod war ein kulturelles Ereignis, zu dem ich objektiv gesehen sogar mein Scherflein beitrug, indem ich während der darauffolgenden Tage in Talkshows wie *Larry King*

Live auftrat, aber dennoch konnte ich mich nicht von der tiefen Traurigkeit lösen, die ich in meinem Innern verspürte. Obwohl ich vermutlich den engsten Kontakt zu Michael gehabt hatte, empfand die ganze Familie die Leere, die sein Tod hinterließ. Dass sich meine Mutter in Indien befand, war ein weiterer Grund, die Reihen zu schließen und uns jeden Abend am Esstisch einzufinden, um zu sehen, ob wir irgendetwas tun konnten, um uns besser zu fühlen.

Selbst Tara war sich des unerbittlichen Rummels bewusst, den die Medien veranstalteten. Im Gegensatz zu vielen anderen war Michael für sie weder eine Supernova noch ein Freund der Familie oder ein von Skandalen geplagtes, geheimnisumwittertes Wesen. Er war der Vater von Paris. Die Kinderfrau, die Michaels Kinder betreute, war eng mit Mallika befreundet und brachte ihre Schützlinge oft zum Spielen mit. Tara bewunderte vor allem Michaels Tochter Paris. Freundlichkeit, Respekt vor älteren Menschen, gutes Benehmen und Sanftmut waren Eigenschaften, die sie auszeichneten und denen Tara nacheiferte. Tara war Michael nur ein einziges Mal begegnet, eine unspektakuläre Begegnung, soweit ich mich erinnern kann, auch wenn es möglicherweise an ihrer Ungeduld lag, sich von den Erwachsenen loszueisen, um Paris durch das Haus zu folgen. Zurzeit hockte sie ständig daheim und blies Trübsal, zerbrach sich den Kopf, was aus Paris und ihren Brüdern werden würde. »Sie ist bestimmt sehr traurig, dass ihr Papa nicht mehr da ist. Ich wette, sie weint ständig. Es tut mir so leid für sie.«

Michaels Verlust traf uns alle sehr tief. Die Zeit danach war von Ernst und Traurigkeit geprägt. Und von Wut. Noch bevor der Autopsiebericht des Gerichtsmediziners den Verdacht bestätigte, waren wir überzeugt, dass Michaels vorzeitiger Tod dem skrupellosen Arzt anzulasten war, der den grenzenlosen Konsum verschreibungspflichtiger Medikamente sowohl ermöglicht als auch unterstützt hatte. Das galt vor allem für Papa. Da er dem medizinischen Establishment, das nach seinem Dafürhalten mit den milliardenschweren Pharma- und Versicherungskonzernen unter einer Decke steckte, seit jeher die Stirn geboten hatte, nutzte er nun die Medien, um im Alleingang gegen sie zu Felde zu ziehen. Michaels tragischer Tod wurde zum Unruheherd, der dazu diente, das Bewusstsein der Öffentlichkeit auf Ärzte zu lenken, die völlig aus der Spur geraten waren, in diesem Fall auf einen Arzt, der im wahrsten Sinne des Wortes die ›Lizenz zum Töten‹ besaß. Ganz zu schweigen von den Pharma- und Versicherungskonzernen, die Blutgeld mit dem schmutzigen Geschäft verdienten.

Vor allem Papa sah keinen Grund, bei den gemeinsamen Abendessen mit solchen Diskussionen hinter dem Berg zu halten. In seinen Augen war Tara überaus reif für ihr Alter. Mallika stellte seine Ansicht von Taras Frühreife gelegentlich infrage. Sie erinnerte uns daran, dass Tara auf subtile, uns vielleicht nicht einmal bewusste Weise von den Dingen beeinflusst wurde, über die wir uns unterhielten.

»Sie wird viel zu schnell erwachsen«, klagte Mallika fortwährend, aber auch ihr war klar, dass wir Tara nicht wirklich vor den Schattenseiten der Realität behüten konnten, die uns umgab. Papa war nicht der Einzige, den Michaels tragisches Ende umtrieb, aber er versuchte wenigstens, einen Sinn darin zu sehen, der sich wie Phönix aus der Asche erhob. Die Gerüchte und Einzelheiten, die sich um seinen Tod rankten, waren allgegenwärtig. Fernsehen, Rundfunk, Internet und sämtliche Zeitschriften schlachteten das Thema weidlich aus. Wer würde Michaels Immobilienbesitz erben? Wer würde die Vormundschaft über die Kinder erhalten? Wo würde er beigesetzt werden? Und immer häufiger die Frage: War sein Tod nur inszeniert, ein ausgekochter Schwindel?

Das Gespenst des Todes war spürbar im Haus. Und es war nicht nur Michael, der uns keine Ruhe ließ. Wir litten bereits unter Paranoia: Jedes Mal, wenn das Telefon läutete, befiel uns eine dumpfe Angst – rief meine Mutter an, um uns mitzuteilen, dass sich Nanas Zustand dramatisch verschlechtert hatte?

All diese Turbulenzen wirkten sich auf Tara aus. Während es Leela und Krishu gelang, ihr Leben fortzusetzen wie bisher, blind gegenüber den Ereignissen in der Welt und abgeschirmt in ihrem Kinderzimmer, wo sie abwechselnd miteinander spielten oder stritten, wechselten Taras Stimmungen. Wenn sie traurig oder verletzt war, neigte sie dazu, verstört zu reagieren und sich abzukapseln. Irgendwann verwandelte sich dieser Zustand, nährte einen heimlichen Widerstand, der meistens auf ihre Mutter abzielte. Mallika war dieser Herausforderung immer mit Umsicht begegnet. Ihre Freundinnen hatten sie gewarnt, dass sie diese Trotzphase geschickt handhaben müsse, denn Tara war damals erst sieben, und gemeinsam waren sie dabei, die Regeln und Normen auszuklamüsern, nach denen sie sich während der Teenagerzeit zu richten hatte. Candice und ich beobachteten regelmäßig die ausgeklügelten strategischen Winkelzüge und waren erleichtert, dass wir einen Sohn hatten. Ich verstand mich nicht besonders gut auf emotionale Spielchen, war zu oft manipuliert worden, nicht nur von Candice, sondern sogar von Cleo.

Trotz Mallikas sorgfältig durchdachter Reaktion kannte Tara die Knöpfe, die sie bei ihrer Mutter drücken musste, und stellte ihre Geduld oft auf eine harte Probe. Sumant versuchte stets, die Situation zu retten, und wurde dabei unweigerlich zum Opfer. Denn jedes Mal, wenn er seiner heiß geliebten Tara auch nur entfernt Konsequenzen androhte, drückte sie auf die Tränendrüse, und dann war es um ihn geschehen.

An diesem Abend trugen Mallika und ihre Tochter einen Machtkampf wegen der Teilnahme am Sommerlager aus, das am nächsten Morgen begann und Tara plötzlich nicht mehr ins Konzept passte. Einige Monate zuvor wollte sie unbedingt ins Sommercamp fahren, weil sie es ihren Freundinnen versprochen hatte, die zu den Camp-Veteranen gehörten. Da Tara vielen Aktivitäten, die in der Informationsbroschüre aufgelistet waren, nicht das Geringste abgewinnen konnte, insbesondere zelten und Sport, hatte Mallika ihr dringend nahegelegt, noch einmal zu überlegen, ob sie wirklich teilnehmen wolle.

»Ich muss!«, hatte Tara daraufhin geltend gemacht.

Zu Taras Gunsten spricht, dass Mallika diese Aussage vielleicht falsch interpretierte. Sie bedeutete weder ›ich möchte‹ noch ›ich bin entschlossen‹. Es handelte sich vermutlich um eine durch Gruppendruck entstandene Verpflichtung, der Tara glaubte nachkommen zu müssen, um mit ihren Freundinnen Schritt halten zu können. Da ich gelegentlich für meine Schwester einsprang und ihren Part in Taras morgendlicher Fahrgemeinschaft übernahm, lag für mich auf der Hand, dass der Gruppendruck bereits ein echter Stressfaktor in ihrem Leben war. Und mit einem Mal, aus welchen Gründen auch immer – vielleicht hatte sich der Freundeskreis verändert oder irgendein anderer Trend über das teure Sommerlager triumphiert –, hatte sie nicht nur das Interesse am Camp verloren, sondern auch Bauchschmerzen und alle möglichen anderen Wehwehchen, die deutlich machten, dass sie nicht vorhatte, am folgenden Morgen dort aufzukreuzen.

»Wenn du etwas versprochen hast, solltest du zumindest

versuchen, es zu halten«, sagte Mallika, als wir uns alle zum Abendessen am Tisch versammelten.

»Und du solltest nie versuchen, mich zu etwas zu zwingen, Mom«, entgegnete Tara mit hoheitsvoller Miene. Die Warnung löste eine Gänsehaut bei den übrigen Familienmitgliedern aus, die schweigend am Tisch saßen.

»Und du solltest nie versuchen, mir zu drohen«, konterte Mallika.

Die Botschaft war unmissverständlich.

Tara wusste, dass sie zu weit gegangen war. Diese Grenzüberschreitung in Verbindung mit den zahlreichen Gesprächen über den Tod stellten eine zu große emotionale Belastung dar. Ihre Augen füllten sich mit Tränen. Ihre schmalen Schultern sackten zusammen. »Niemand versteht mich«, schluchzte sie. »Außer Cleo. Sie ist die Einzige, die mir zuhört und weiß, wie ich bin.«

Und damit verließ sie das Esszimmer und suchte in ihrem Zimmer Zuflucht, begleitet von der treuen Cleo. »Dada.« Krishu wandte sich an Papa, der direkt neben ihm saß. »Tara und Cleo weint.« Für Krishu waren Taras Tränen Cleos Tränen und umgekehrt. »Will Tara Leckerli?«, schlug er vor.

»Nein, Krishu«, erwiderte Papa. »Tara ist traurig, aber Cleo wird dafür sorgen, dass sie sich besser fühlt.«

Stimmt, dachte ich. Cleo würde dafür sorgen, dass sich Tara besser fühlte. Und genau das gelang ihr schließlich.

Ungefähr zur gleichen Zeit, als Tara 2002 geboren wurde, fuhren mein Vater und ich von Los Angeles nach Santa Barbara, um Michael wieder einmal in Neverland zu besuchen. Ich erinnere mich noch genau an die Fahrt, weil Cleo uns begleitete. Papa war nicht sonderlich begeistert von der Idee, vor allem, weil Cleo während der gesamten Strecke, die auf dem malerischen Pacific Coast Highway nach Norden führte, das dringende Bedürfnis verspürte, auf seinem Schoß zu liegen.

»Wahrscheinlich ist ihr kalt«, klärte ich ihn auf. »Außerdem liebt sie deinen Geruch.«

Papa blickte mich an, wusste offenbar nicht, was er davon halten sollte. »Im Ernst.« Ich zuckte die Schultern. »Je stärker der Geruch, desto mehr rückt sie dir auf den Pelz.«

»Was?« Papas Miene war verunsichert.

»Papa – ganz im Ernst. Du weißt doch genau ...« Ich ließ die Worte im Raum stehen, selber unsicher, wie ich fortfahren sollte.

Jeder, der Papa kannte, wusste, wovon ich redete. Seine Spezialmischung aus Moschusöl vom Body Shop, Old Spice Rasierwasser, Eau de Cologne von Crabtree Evelyn, einem Deospray von Right Guard mit schwerer Duftnote und Babypuder von Johnson & Johnson bildete einen nachhaltigen, geruchsintensiven Cocktail.

»Was glaubst du, warum ich das Fenster offen habe?« Papa schüttelte den Kopf und veränderte vorsichtig seine Sitzposition, um Cleo nicht fallen zu lassen. Obwohl sie ihren Platz in der Familie mittlerweile gefunden und gefestigt hatte, war Papa immer noch unsicher, wie er mit ihr umgehen sollte. Die Tatsache, dass er sie duldete, war mehr oder weniger das Beste gewesen, was man über sein Verhalten ihr gegenüber sagen konnte. Was ich jetzt miterlebte, war wahrscheinlich das liebevollste Miteinander, das sie je hatten.

»Weißt du überhaupt, ob Michael Hunde mag? Vielleicht hat er Angst vor ihnen. Ich bin mir nicht sicher, ob es eine gute Idee war, den Hund mitzunehmen.«

»Keine Ahnung.« Ich zuckte die Schultern. »Jetzt mach aber einen Punkt – wer sollte vor Cleo Angst haben? Schau sie dir doch an.«

Wie aufs Stichwort stieß Cleo einen tiefen Seufzer aus und ließ den Kopf über Papas Bein hängen, immer noch mit geschlossenen Augen.

»Übrigens, nur zu deiner Information, sie hat einen Namen«, sagte ich.

»Ich kenne ihren Namen«, erwiderte er nachdrücklich.

»Ich weiß.« Ich nickte. »Aber bei dir heißt es ständig ›der Hund‹ statt Cleo.«

Ich hatte das untrügliche Gefühl, dass nun ›Das stimmt nicht‹ folgen würde, aber Papa verkniff sich die Bemerkung.

»Wenn du sie Cleo statt ›der Hund‹ nennen würdest, würdest du sie vermutlich besser kennen und vielleicht sogar lieben lernen.«

Papa blickte das Bündel auf seinem Schoß an. Einige weiße Hundehaare waren ausgegangen und bildeten einen lebhaften Kontrast zu seiner schwarzen Hose und dem gleichfarbigen Pullover. Er schüttelte den Kopf. »Ich bin mir trotzdem nicht sicher, ob es eine gute Idee war, *Cleo* mitzunehmen.«

Was soll's!

Natürlich hatte ich in Wirklichkeit keine Ahnung, wie Michael zu Hunden stand. Aber mir blieb kaum eine andere Wahl, als sie auf den Wochenendausflug mitzunehmen, denn derzeit war ich zu ihrem Betreuer ernannt worden. Candice stand kurz vor dem Abschlussexamen in Medizin und war voll ausgelastet, sodass wir vereinbart hatten, dass sie bis dahin am besten bei mir aufgehoben war. Ich wollte Candice unbedingt beweisen, dass Verlass auf mich war, als Teil meiner Strategie, sie davon zu überzeugen, dass die Beziehung zu mir kein Vabanquespiel war, wie sie manchmal zu denken schien. Was Michael betraf, so hatte unsere Freundschaft gerade die Zehn-Jahres-Marke erreicht und somit ordnete ich ihn der gleichen Kategorie zu wie viele meiner anderen männlichen Freunde. Ich pflegte nicht groß über ihre Vorlieben und Bedürfnisse nachzudenken. Hand aufs Herz, welcher Mann tat das schon?

Michaels Leben hatte sich inzwischen gefestigt und einen Anflug von Normalität erreicht, zumindest im Vergleich zu seiner früheren chaotischen Lebenswelt. Zu dem Zeitpunkt hatte er zwei Kinder, einen Sohn und eine Tochter, die er abgöttisch liebte. Die wenigen Menschen, denen er Einblick in sein Privatleben gewährte, sahen einen Vater, der geradezu in die beiden vernarrt, achtsam und diszipliniert war. Allen, die ihn persönlich kannten, war bewusst, dass Michael im Grunde eine Familie um sich herumgeschart hatte, die ihm ermöglichte, auf nie gekannte Weise Liebe zu geben und zu empfangen. Er hatte zu diesem Zeitpunkt bereits einen ungeheuren Skandal durchgestanden, der sein Image schwer beschädigte, obwohl offiziell keine Anklage gegen ihn erhoben wurde. Zwar wurde er in Künstlerkreisen nach wie vor geachtet, aber für viele war er plötzlich ein Freak, eine Schießbudenfigur. Ironischerweise (und traurig, aber wahr) war er längst nicht so abgeschottet, wie man meinte, und sich durchaus bewusst, was einige Leute von ihm hielten. Infolgedessen hatte er sich noch mehr aus der Öffentlichkeit zurückgezogen, um seine Kinder vor den Aasgeiern zu schützen, die es kaum erwarten konnten, sich über seinen Prominentenkadaver herzumachen, und jede Gelegenheit nutzen würden, sich auch auf seine Kinder zu stürzen. Der Zugang zu Neverland, inzwischen nur noch ein Schatten des einst märchenhaften Anwesens und von Michael kaum noch bewohnt, war ein seltenes Privileg.

Dennoch genoss er es, seine engsten Freunde nach Neverland einzuladen und in die Rolle des Gastgebers zu schlüpfen. Ich war stolz, zu dem handverlesenen Kreis zu gehören. Als wir spät am Abend dort ankamen und Michael im

Hauptsalon begrüßten, umarmten wir uns und richteten herzliche Grüße aus. Dann entdeckte er Cleo. »Was ist denn das?«, fragte er argwöhnisch.

Ich hatte Cleo an der Leine, um sie besser in Schach halten zu können. Doch es schien sie kaum zu beeindrucken, dem legendären Michael Jackson zu begegnen: Sie zerrte an der Leine, damit ich ihr mehr Spielraum ließ, um das neue Terrain zu erkunden.

»Das ist mein Hund. Sie heißt Cleo.« Als ihr Name fiel, blickte Cleo zu mir hoch. Ich habe oft gesagt, auf ihren Namen zu reagieren sei das größte Kunststück, das sie beherrscht.

»Eigentlich mag ich keine Hunde.« Michael schnitt eine Grimasse.

Papa grinste.

»Du hast einen Löwen. Beim Essen leisten dir Affen Gesellschaft. Wie kann das sein, dass du Hunde nicht magst?«

Er lachte.

»Außerdem – schau sie dir an. Sie ist völlig harmlos.« Ich befahl Cleo, Platz zu machen, was ehrlich gestanden erforderte, dass ich mit Druck auf ihre Hüften nachhalf. Dieses Kunststück gehörte noch nicht zu ihrem Repertoire.

»Komm ruhig näher«, forderte ich Michael mit einer Geste auf. Michael tat wie geheißen, schrittweise und zögernd. Ich behielt vorsichtshalber eine Hand auf Cleos Hinterpartie, während ich mit der anderen ihr Halsband umklammerte. »Sie ist absolut friedlich«, fügte ich schamlos hinzu.

»Nein, ist sie nicht«, widersprach Papa mit warnendem Unterton.

Ich strafte ihn mit einem vernichtenden Blick. »Ist sie nicht«, murmelte er vor sich hin.

»Sie hat ein gutes Gespür für Menschen«, sagte ich.

»Wenn jemand nett zu ihr ist, ist sie ebenfalls nett. Wenn jemand ablehnend und nervös ist, reagiert sie entsprechend.«

Ich wandte meine Aufmerksamkeit Cleo zu. »Brav, Cleo …« Diese neue Strategie hatten Candice und ich inzwischen eingeführt – positive Verstärkung, *bevor* sie ein bestimmtes Verhalten zeigte. Im Allgemeinen handelte es sich um ein *Feh*lverhalten, sodass die traditionelle Form der Belohnung nicht infrage kam. Wir waren, gelinde ausgedrückt, offen für neue und kreative Ideen.

Ich bat Michael, seine Hand vor ihre Schnauze zu halten, damit Cleo an ihr schnuppern konnte. Er kam der Aufforderung vorsichtig nach. »Eigentlich mag ich keine Hunde«, wiederholte er beharrlich.

Papa spürte, dass sich ein dramatischer Augenblick anbahnte. »Liebe ist eine Möglichkeit, die Angst zu besiegen und sich auf den Weg der Heilung zu begeben.«

Aha, ist ja interessant, dachte ich.

In der Zwischenzeit wunderte sich Cleo offenbar, was das Theater sollte. Ich konnte spüren, wie sich ihr Körper unter meinem Griff anspannte. Außerdem winselte sie auf eine Weise, die meines Wissens nichts Gutes verhieß. Michael befand sich bereits in der Gefahrenzone, und bis es mir gelang, Cleos Kopf wegzuzerren, war es zu spät.

Vielleicht hatte Michael gespürt, dass Cleo sauer war, denn er zog seine Hand mit einem Ruck zurück. Daraufhin reagierte sie wie vorhergesehen und schnappte mit ihren winzigen Beißwerkzeugen nach ihm. Michael, bekannt für seine Leichtfüßigkeit und Reaktionsschnelligkeit, wich mit einem Satz zurück und streifte dabei einen pompösen Flügel, auf dem etliche Porträtfotos standen. Ins Wanken gebracht, kippten sie scheppernd um und das erste fiel herunter.

Instinktiv streckte ich die Hand aus, um zu verhindern, dass das Glas in dem silbernen Rahmen zu Bruch ging. Doch dabei ließ ich Cleos Leine los. Michael war einen Moment lang zur Salzsäule erstarrt und sah Cleo an; ihm dämmerte, dass sie jetzt freie Bahn hatte. Sie erwiderte den Blick, zwang ihn zum Wegsehen und wartete auf seinen nächsten Schachzug.

»Nicht bewegen!«, rief ich eindringlich und legte den Rahmen vorsichtig auf den Flügel zurück. Man hätte meinen können, wir stünden einem entlaufenen Tiger gegenüber. Eine durchaus reale Möglichkeit in Neverland. Doch es war bereits zu spät. Cleo fletschte die Zähne, was Michael erschreckte. Er zuckte zusammen und Cleo stürzte auf ihn zu. Michael wich dem Ansturm wie betäubt aus und flüchtete aus dem Salon in die elegante Bibliothek auf der anderen Seite des Ganges. Unerschrocken setzte ihm Cleo nach, mit ohrenbetäubendem Gebell.

»Scheiße!«, brüllte ich und lief hinterher.

»Ich habe es dir ja gleich gesagt.« Papa schüttelte den Kopf.

Nach einem ausgeklügelten Wettrennen durch Michaels Luxusvilla stieß ich schließlich in einem mit Spielsachen vollgestopften Kinderzimmer auf die beiden Kontrahenten. Cleo hatte Michael in die Enge getrieben. Um sich vor ihr in Sicherheit zu bringen, war er auf einen robusten Holztisch geklettert. Sie kläffte, schnappte nach ihm und sauste hin und her, wobei sie erregt mit dem Schwanz ausschlug und darauf wartete, dass er endlich Anstalten machte, seinen Hochsitz zu verlassen. Sie wollte ihm keine Angst einjagen, sondern forderte ihn ungeduldig auf, die Verfolgungsjagd endlich fortzusetzen. In Anbetracht der Umstände und der Vorgeschichte von Michaels Hundephobie (die ich später erfuhr), konnte man nicht davon ausgehen, dass er den subtilen Unterschied in Cleos Absichten bemerkte, der mir jedoch sofort auffiel.

Wenn Cleo intuitiv jemanden ablehnte, konnte man das Gefühl an ihrem ganzen Verhalten ablesen. Wenn sie Böses im Schilde führte, veränderte sich ihre gesamte Körperhaltung. Bei Angst und Nervosität versteifte sie sich vor Anspannung. Argwohn und Skepsis äußerten sich darin, dass Hals und Kiefernpartie starr wurden. Sie stemmte die Pfoten in den Boden, um einen festeren Stand zu haben, bellte und knurrte, rüstete sich mit Gift und Galle zum Angriff. Wenn sie in Spiellaune war, machten sich ganz andere Emotionen und Impulse bemerkbar. Ihr zarter Körper war ebenfalls starr und zitterte vor Anspannung, aber sie bot ein völlig anderes Bild. Statt auf Bodenhaftung zu achten, sprang sie leichtfüßig hin und her wie ein Weltergewichtler, der sich auf eine Sparringrunde vorbereitet. Ihr Schwanz schlug krampfhaft aus, als könnte sie kaum erwarten, was als Nächstes kam. Auch das Knurren und Bellen klang irgendwie *anders*.

In diesem Fall wartete Cleo gespannt auf Michaels nächsten Schachzug in einem Spiel, auf das sie sich offensichtlich freute. Als ich versuchte, sie zu packen und auf den Arm zu nehmen, wich sie meinem Zugriff mit tänzelnden Schritten aus. *Was für ein Spaß*, dachte sie wohl. Alle machen mit bei diesem ausgelassenen Spiel.

»Alles klar«, versicherte ich Michael. »Sie möchte nur mit dir spielen.«

Er sah mich entgeistert an. »Sie ist verrückt!«

Wie aufs Stichwort wich Cleo zurück, sammelte ihre Kräfte, nahm Anlauf und rannte auf den Tisch zu. In einer Entfernung von rund einem halben Meter sprang sie mit den Hinterläufen ab und landete punktgenau. Michaels Augen weiteten sich in einer Mischung aus Entsetzen und Ungläubigkeit. Er war nicht der Einzige, der staunte. Nie zuvor in ihrem Leben hatte sich Cleo zu einem so atemberaubenden Kraftakt hinreißen lassen. Vielleicht wusste sie, dass der legendäre Michael Jackson zuschaute.

Zum Glück gelang es mir, die kleine Cleo am Geschirr zu erwischen. Sie zappelte und wand sich unter meinem Griff, verrenkte sich fast den Hals, um mir das Gesicht zu küssen und abzuschlecken.

»Siehst du, sie ist total aufgeregt und glücklich.«

Er musterte uns beide kopfschüttelnd, als kämen wir von einem anderen Stern. Eine Ironie des Schicksals angesichts seines Rufs, dachte ich. »Glaub mir, Michael. Cleo ist völlig harmlos«, versicherte ich ihm abermals. »Sie ist nur … anders.«

Ja, *anders* – das schien eine zutreffende Beschreibung zu sein. Oder *besonders*. Ich schüttelte den Kopf und berichtigte mich. »Soll heißen, sie lässt sich nicht mit anderen Hunden vergleichen. Oder zumindest nicht mit denen, die ich kenne.«

Michael und ich kehrten in die Bibliothek zurück, wo mein Vater auf uns wartete. »Wie auch immer, Cleo hat ihre eigene Art, mit den Dingen umzugehen«, nahm ich das Thema wieder auf. »Sie lebt in ihrer eigenen Welt.« Ich zuckte die Schultern. »Manche Leute flippen deswegen aus, aber sei's drum.«

Michael lächelte, zum ersten Mal seit geraumer Zeit. »In diesem Fall haben wir vermutlich eine Menge gemeinsam.«

Eine Gemeinsamkeit zwischen Michael und meinem Vater war, dass beide die reinsten Nachteulen waren. Mein Vater würde zugeben, wenn man ihn danach fragt, dass er die Zeit zwischen zehn Uhr abends und vier Uhr morgens abwechselnd mit Schlafen und Meditieren verbringt; dabei schaltet er gelegentlich das Licht ein (zum Verdruss meiner Mutter), um einen Abschnitt in dem halben Dutzend Bücher zu lesen, die sich neben seinem Bett stapeln, oder sich eine Notiz in seinem BlackBerry zu machen (oder an einem Buch zu schreiben, kein Witz). Im Rahmen meiner Besuche bei Michael war mir im Lauf der Jahre gleichermaßen aufgefallen, dass unsere kreativen Sitzungen meistens mitten in der Nacht stattfanden. Wenn er um diese Zeit nicht arbeitete, sah er sich alte Filme an, wanderte durchs Haus oder ging in der Dunkelheit spazieren. Michael gestand mir einmal, den Klassiker *The Sound of Silence* von Simon und Garfunkel zitierend, er habe den »Klang der Stille« vernommen und seine eigene schöpferische Kraft darin gefunden.

Ich selbst war noch nie eine Nachteule gewesen. Doch dass Michael in der Stille der Nacht die Quelle seiner Kreativität sah, machte sie so reizvoll, dass ich mich bekehren ließ und gelegentlich selber durch die Dunkelheit wanderte, auf der Suche nach Inspiration.

In dieser Dreier-Konstellation – Papa, Michael und ich – würde der Abend vermutlich mit einer langen nächtlichen Sitzung enden. Während sich zwischen Michael und mir im Lauf der Jahre eine ziemlich enge Freundschaft entwickelt hatte, war die Beziehung zwischen ihm und meinem Vater facettenreicher. Papa hatte viele prominente Freunde und Anhänger, aber für Michael stellte er etwas ganz Besonderes dar. Er war mehr als ein Freund, ja sogar mehr als ein Mentor. Die Erklärung, dass Papa für ihn eine *Vaterfigur* darstellte, griff ebenfalls zu kurz, denn die Beziehung ging tiefer. Ich hatte gelernt, dass *Guru* ein tückischer Begriff war, den man im Beisein von Menschen aus dem Westen wegen der Assoziationen mit der New-Age-Bewegung und Voodoo-Ritualen tunlichst vermeiden sollte; doch er beschrieb am treffendsten, was Papa für Michael war.

In den altüberlieferten heiligen Schriften fernöstlicher

Prägung hat nicht nur jeder Schüler, sondern jeder Mann, jede Frau und jedes Kind einen Guru. In einer meiner Lieblingslegenden geht es um den Prinzen Rama, eine Inkarnation des hinduistischen Gottes Vishnu, der verzweifelt ist über das Leid in der Welt und durch die Wälder streift. Dort begegnet er einem weisen alten Mann namens Vashishta, den er bittet, ihm den Sinn des Lebens zu erklären. Vashishta ist überrascht und lacht. »Aber du bist ein Gott, was könnte ich dich lehren?«

Rama kniet sich zu Füßen des Weisen nieder und erwidert: »Selbst ein Gott braucht einen Guru.«

Die Beziehung zwischen einem Guru und seinem Schützling ist von Hingabe, Achtung und einer einzigartigen engen Bindung geprägt. Sie reicht tiefer als Familienbande und geht über die Beziehung zwischen Lehrer und Schüler hinaus. Der Guru gibt nicht nur Weisheiten, Ratschläge, Lektionen oder Einsichten an seine Anhänger weiter. Oft sind beide in das Leben des anderen eingebunden, in einer Weise, die beide befriedigt. Diese symbiotische Beziehung ist der Schlüssel. Der Schützling findet mithilfe seines Gurus Erfüllung und der Guru erhält etwas von seinem Schützling zurück. Papa zählt Tausende, vielleicht sogar Millionen Menschen zu seinen Anhängern und Fans, doch auch für ihn hatte die Beziehung zu Michael etwas Besonderes, Einzigartiges. Sie hatte nichts mit seiner Berühmtheit zu tun: Papa wusste, dass Michael kreativ und brillant war, doch seine Generation war von Elvis und den Beatles geprägt und bis zu einem gewissen Grad gestand er Michael nur deshalb Starruhm zu, weil er von mir und dem Rest der Popkultur die Bestätigung erhielt. Was die beiden miteinander verband, war eine schwer greifbare Form des gegenseitigen Vertrauens und Respekts, die über ihre loyale und unantastbare Freundschaft hinausging.

Ich liebte meinen Vater und hatte von klein auf gelernt, seinen Beitrag zum Wohl der Menschheit und die Achtung, die man ihm deswegen entgegenbrachte, zu schätzen und zu respektieren. Dennoch wusste ich, dass ich in vielerlei Hinsicht niemals die gleiche Beziehung zu ihm haben würde wie Michael. Die Beziehung zwischen meinem Vater und mir war durch den jeweiligen Kontext und die Umstände, durch die Bürde der Gefühle und zu großen Vertrautheit belastet. Die Bindung zwischen Michael und Papa war frei davon, besaß eine Unverfälschtheit, die uns immer versagt bleiben würde. Ich hatte mich mit dem Gedanken ausgesöhnt. Ich fand sogar, ich sei ein Glückspilz, dass ich die beiden von Zeit zu Zeit hautnah miterleben und das fünfte Rad am Wagen ihrer spirituellen Verbundenheit sein durfte. Vor allem an jenem Abend, als wir uns in der Bibliothek niederließen, wo Cleo Michael immer noch mit wedelndem Schwanz beäugte, der den Blick inzwischen weniger argwöhnisch erwiderte, an jenem Abend also hatte ich das Gefühl, dass etwas Besonderes in der Luft lag.

Im Lauf der Jahre hatte Cleo ihre Reaktion auf Personen, die nicht zur Familie gehörten, stetig weiterentwickelt. Mit wenigen Ausnahmen war sie dazu übergegangen, *jeden* anzubellen und anzuknurren, der sich unserem Haus bis auf sechs Meter näherte. In den Tagen und Wochen nach Michaels Tod, als zahllose Aufnahmeleiter von Fernsehsendern, Reporter und gelegentlich ein Paparazzo auftauchten, heizte Cleo ihnen ordentlich ein!

Das war gar nicht so schlecht. Wir stellten fest, dass Cleo genauso wirksam wie jedes andere Abschreckungsmittel war. Man konnte kaum sein eigenes Wort verstehen, geschweige denn sich unterhalten, wenn sie kläffte und knurrte, also zuckte ich nur die Schultern und deutete hilflos auf meinen durchgedrehten Hund. Bei den meisten kam die Botschaft an; sie gaben nach ein paar Tagen auf und riefen im Büro meines Vaters an, um einen von uns beiden in ihre Sendung einzuladen und über unseren verstorbenen Freund Michael Jackson zu reden.

Mir gefiel die Vorstellung, dass die Aggressivität, mit der Cleo Aufnahmeleiter, Reporter und Fotografen in die Flucht schlug, eine Reaktion auf die Beziehung zu Michael war, die sich nach ihrer ersten, unseligen Begegnung entwickelt hatte, dass die Verärgerung über die sensationsgierige Meute einer Art Loyalität ihm gegenüber geschuldet war. Aber ich wusste, dass ich mir etwas vormachte. Seit einem Jahr oder so hatte sie, bis auf wenige Ausnahmen, ihre Fähigkeit weitgehend eingebüßt, zwischen Freund und Feind zu unterscheiden. Candice und ich sahen das Menetekel an der Wand. Cleo war eine alte Hündin, und da sie kaum noch etwas sehen, riechen oder hören konnte, pflegte sie jedem mit Argwohn und Unfreundlichkeit zu begegnen, der sich nicht die Zeit nahm, eine Beziehung zu ihr aufzubauen. Candice und ich sprachen das Thema nur selten an, aber wie bei den meisten Dingen, die Cleo betrafen, befanden wir uns stillschweigend auf der gleichen Wellenlänge: Es war unsere Aufgabe, ihr Leben trotz beeinträchtigter Sinne und einer folglich geschrumpften Welt, mit der sie sich begnügen musste, so angenehm wie möglich zu gestalten. Es galt, sie vor Situationen zu bewahren, die sie nervös machten, sie in Angst oder Panik versetzten. Sie sollte ihren Lebensabend in Würde verbringen können, unbehelligt vom Getöse und den Turbulenzen der großen weiten Welt.

Wie immer war Tara diejenige in der Familie, die diese Veränderung bei Cleo bemerkte und wissen wollte, was das Ganze zu bedeuten hatte. »Warum bellt Cleo so oft?«, fragte sie eines Abends beim Essen. »Und warum bei jedem?«

Ich überlegte angestrengt, wie man einer Achtjährigen Altersdemenz erklärt, als Papa in die Bresche sprang. »Weil sie unvoreingenommen ist.«

»Was bedeutet das?«, hakte Tara nach.

»Cleo behandelt alle gleich. Sie beurteilt Menschen nicht danach, ob sie schwarz oder weiß, männlich oder weiblich, Freund oder Feind sind. Sie bellt bei jedem – so laut sie kann.«

Tara stimmte in das Lachen ihres Großvaters ein.

Eines war gewiss: Cleo hatte die herkömmliche Dualität des Universums weit hinter sich gelassen. Sünder oder Heilige, göttlich oder teuflisch, Cowboy oder Indianer, Republikaner oder Demokraten – sie reagierte inzwischen gleichermaßen zickig auf alle, in jeder Hinsicht. Sie machte auch keinen Unterschied bei jenen Menschen, die andere häufig polarisieren und in ihrem Lebensbereich an den Rand drängen, damit die Welt, in der sie leben, einen Sinn ergibt. Israelis und Palästinenser? Hindus und Muslime? Dasselbe in Grün. Linker und rechter Flügel? Lief aufs Gleiche hinaus, soweit es sie betraf. Komme, wer oder was da wolle – alle lösten die gleiche Reaktion bei ihr aus: *Wuff!*

»Wir sollten die Welt mit Cleos Augen betrachten, anstatt die Menschen nach irgendwelchen Merkmalen zu beurteilen, die sie kennzeichnen, oder nach dem Ruf, der ihnen anhaftet«, sagte Papa mit Nachdruck.

Er nahm Tara auf den Schoß und fuhr mit ernster Stimme fort: »Cleos Reaktion auf Menschen, die sie kennenlernt, hängt davon ab, wie sie von ihnen behandelt wird, und nicht davon, was sie gehört oder in einer Zeitschrift über sie gelesen hat.

Wenn jeder Menschen auf der Erde jeden anderen so behandeln würde, könnten wir in einer besseren, friedlicheren Welt leben«, schloss er.

Tara glitt von Papas Schoß und gesellte sich zu Cleo, die am Fenster stand und immer noch einen arglosen Fußgänger anknurrte, der draußen vorüberging. Tara ließ sich auf ein Knie herab und tätschelte Cleo liebevoll. »Schon gut, Cleo«, sagte sie beschwichtigend.

Dann wandte sie sich Mallika zu. »Wenn wir uns jemals einen Hund anschaffen, hoffe ich, dass Cleo ihm alles beibringt, was sie weiß.«

An diesem Punkt tauschten Candice, Mallika, Sumant und ich einen vielsagenden Blick aus. Wir liebten Cleo, aber als Mentorin war sie denkbar ungeeignet.

»Weißt du …«, begann ich und verstummte.

Just in dem Moment läutete das Telefon. Einer der Aufnahmeleiter von *Larry King Live* war am Apparat und bat entweder meinen Vater oder mich, am Abend in der Talkshow aufzutreten und ein wenig mehr über MJ zu erzählen. So weit war es also schon gekommen. Nehmt einen Chopra, gleich welchen, der über Michael Jackson spricht. Allem Anschein nach erhöhten wir die Einschaltquoten. Während Papa zum neuen Sheriff der Stadt gekürt worden war, der sämtliche Ärzte in die Pflicht nahm, die mit lockerer Hand mehr oder weniger hilflosen, unzureichend informierten Patienten Medikamente verschrieben, hatte ich eine wesentlich sanftere Nische besetzt. Ich war nicht länger als der ›Sohn von‹, sondern als ›Freund von‹ in aller Munde, trug dazu bei, der Öffentlichkeit eine andere Seite von MJ vor Augen zu führen.

Mit einem Mal schien allen, einschließlich der zahlreichen Medienmacher, die jahrelang jeden Schritt von Michael verfolgt und ausgeschlachtet hatten, bewusst zu werden: *Hoppla,* dieser Mann besaß offenbar doch einen Funken Menschlichkeit. Mit seinem Tod hatte er sich endlich in einen Menschen aus Fleisch und Blut verwandelt, war nicht mehr die unzugängliche Ikone, der Zelluloid-Megastar, dessen Ruf durch Skandale und Absonderlichkeiten gelitten hatte.

Ich erklärte mich einverstanden, bei der Talkshow aufzutreten. Ich war auf meine Weise dankbar für die Gelegenheit, meinen Beitrag zu leisten, um meinem Freund wenigstens nach seinem Tod Gerechtigkeit widerfahren zu lassen. Es war meine Art, sein Andenken zu ehren und einige der Werturteile zu entkräften, die man über ihn gefällt hatte. Ich wollte die Menschen anregen, die Dinge infrage zu stellen, die sie über Michael Jackson gehört oder gelesen hatten. Die Geschichten, die ich von Michael erzählte, waren die eines Freundes und Vertrauten, witzig und ebenso subjektiv wie die Rezensionen eines Filmkritikers. Ich sprach darüber, wie grauenvoll er Basketball spielte, erwähnte aber auch, wie fantastisch er zeichnete. Ich verlieh ihm abwechselnd eine menschliche und eine noch geheimnisvollere Note. Es hätte ihm gefallen.

Später am Abend im CNN-Studio, als ich die beiläufige Bemerkung machte, Michael habe seinen Kindern unlängst einen Welpen geschenkt, musste ich die Dinge abermals richtigstellen.

»Halt«, rief eine der Aufnahmeleiterinnen während einer Werbepause. »Ich dachte, Michael hätte Angst vor Hunden gehabt. Ich könnte schwören, dass ich das irgendwo gelesen habe.«

Vermutlich war das so. Seine Angst vor Hunden war hinreichend dokumentiert und darauf zurückgeführt worden, dass sein Vater bissige Kampfhunde gehalten hatte, als Michael noch ein Kind war. Am besagten Abend in Neverland, der einige Jahre zurücklag, hatte er Papa und mir einige seiner Erinnerungen an diese Zeit geschildert. Leider wurde nichts über seinen Sinneswandel bekannt. Ich möchte nicht spekulieren, ob Michael seine Angst vor Hunden jemals ganz überwunden hat, aber ich weiß, dass er sich im Lauf der Jahre für seine Kinder einen Hund zulegte, mehrere sogar, wenn ich mich recht erinnere. Und mir gefällt der Gedanke, dass jener Abend und insbesondere Cleo einen dauerhaften Eindruck hinterlassen haben, der in der kurzen Zeit, die ihm blieb, dazu beitrug, Furcht in Freundschaft zu verwandeln.

»Lasst uns meditieren«, schlug mein Vater vor, als wir vier – Cleo (wieder an der Leine), MJ, er und ich – uns auf den Fußboden von Michaels Bibliothek in Neverland setzten.

»Wie bitte? Du willst meditieren, Papa? Hier in Neverland?«

»Funktionieren diese Meds überhaupt?« Michael hatte für fast alles einen Spitznamen.

Papa zuckte mit den Schultern, während er den Schneidersitz einnahm. »Das kannst nur du beantworten. Was für ein Gefühl hast du denn, wenn du meditierst?«

»Meistens gehen mir unzählige Gedanken durch den Kopf.«

»Das ist ganz in Ordnung«, versicherte Papa.

»Aber hin und wieder spüre ich Stille.«

»Dann funktioniert es«, erwiderte Papa lächelnd.

»Ich mag die Stille«, sagte Michael, das Lächeln erwidernd.

In seinem Fall war der Grund einleuchtend. Die Stille ging über alles hinaus. Über Erfolg und Misserfolg. Über die Bewunderung und Vergötterung, die man prominenten Persönlichkeiten entgegenbrachte, über das Bedürfnis, von Bedeutung zu sein und akzeptiert zu werden. Über die Gerüchte von Klatschkolumnisten und Sensationslustigen.

Cleo schien sich damit abgefunden zu haben, dass wir

in absehbarer Zeit keine Anstalten machen würden, auf Entdeckungsreise zu gehen, daher ließ sie sich mit ihren üblichen Drehungen an meiner Seite nieder, wobei ich in sicherem Abstand von Michael Platz genommen hatte, außerhalb ihrer Reichweite. Er sah sie neugierig an, schien sich wieder an ihre Anwesenheit zu erinnern.

»Meditiert sie?«, erkundigte er sich im Scherz.

»Das muss sie nicht«, erwiderte mein Vater. »Sie lebt in der Stille.«

Dieses Mal sahen Michael und ich meinen Vater neugierig an.

Papa war kein Mensch, der vor neugierigen Blicken zurückscheute; sie brachten ihn erst in Fahrt.

»Unser grundlegender Zustand ist der Zustand der Unschuld und unendlichen Möglichkeiten. Cleo lässt sich nicht durch äußere Faktoren beeinflussen. Sie fällt kein Werturteil über Menschen und Situationen auf der Grundlage dessen, was sie in der Nachbarschaft gehört oder in irgendeinem Blog gelesen hat. Sie betrachtet die Welt ringsum mit aufrichtiger Neugier, aber ohne den Ballast der Erinnerungen an die Vergangenheit und der Erwartungen an die Zukunft.«

Ich erkannte an Michaels Miene, dass ihm unklar war, was Papa damit sagen wollte.

»Mit anderen Worten, sie nimmt alles, was du sagst, für bare Münze, Michael«, warf ich ein. »Sie verlässt sich nicht darauf, was ein Magazin wie der *National Enquirer* über deine Vergangenheit schreibt und verfolgt keine geheimen Zielsetzungen, um dich zu beeindrucken und deine beste Freundin zu werden. Sie hat kein Interesse daran, mit dir zusammenzuarbeiten, dich auszubeuten, im Duett mit dir zu singen, dein nächstes Album zu produzieren oder deine Agentin zu werden.«

»Und du behauptest, dass sie in L.A. lebt? Nie im Leben!«, lachte er.

Bittersüß, diese Schlussfolgerung, dachte ich.

»Unvoreingenommenheit ist vermutlich die spirituellste Eigenschaft, die aber auch am schwersten zu meistern ist«, fuhr Papa fort. »Weil sie uns zwingt, uns vorbehaltlos auszuliefern, die Geister der Vergangenheit und die Last der Erwartungen an die Zukunft loszulassen. Menschen und Dinge instinktiv zu beurteilen, auch solche, die wir kennen oder mit denen uns eine gemeinsame Geschichte verbindet.

Dadurch machen wir uns von den Bindungen an die Vergangenheit frei. Überwinden Wut und Schuldgefühle, sind furchtlos, weil wir nicht länger von den Erinnerungen an negative Erfahrungen und Beziehungen eingeengt werden.« Papa war nun bei einem Thema angelangt, das ihn wie ein Mojo, ein magisches Amulett, begleitete.

»Harter Tobak.« Michael nickte.

Diese Cleo, richtig weise. Ich kraulte ihren Kopf, zerzauste dabei liebevoll ihr Fell.

»Ich muss also keine Angst vor dem Hund haben?«, fragte Michael mit Blick auf Cleo, die mir nun ihren Bauch entgegenstreckte, eine Aufforderung, mich ins Zeug zu legen und diese Körperpartie zu kraulen.

»Cleo.« Papa lächelte und sah mich an. »Der Hund heißt Cleo.

Bei den meisten Menschen ist die Angst vor Hunden mit Erinnerungen an missliche Erfahrungen in der Vergangenheit verbunden«, fuhr mein Vater fort.

Eine Mutmaßung, die bei Michael auf der Hand lag: Die Hunde aus seiner Vergangenheit – und die Erinnerungen daran – waren nur der Zugang zu noch quälenderen Erinnerungen, die mit der hinreichend dokumentierten konfliktreichen Beziehung zu seinem Vater verknüpft waren.

Das war klar, ging selbst aus den wenigen Dingen hervor, die er Papa und mir an jenem Abend zu enthüllen beschloss. Und es war typisch für die eng miteinander verwobenen Augenblicke, aus denen sich unsere Erinnerungen zusammensetzen.

Michael dachte kurz nach. »Du willst also damit sagen, dass ich die Vergangenheit mit meinem Vater aufarbeiten würde, wenn ich meine Angst vor Hunden überwinde?«

Hoppla. Nicht einmal Deepak wagte sich auf dieses Minenfeld vor. »Ich will damit sagen, Michael, dass Angst ein Gefühl sein kann, das vergiftet und im Leben jedes Menschen große Probleme hervorrufen kann.

Es ist schwer, in das Bollwerk der Vergangenheit einzudringen und es Stück für Stück abzutragen. Nicht unmöglich, aber sehr schwierig. Doch die Zukunft steht auf einem anderen Blatt. Jeder kann beschließen, von diesem Augenblick an so unvoreingenommen wie Cleo zu sein. Spontan auf Dinge zu reagieren und sie nicht schon im Vorfeld zu bewerten.«

»Ich weiß, was jetzt kommt«, unterbrach ich Papa, überzeugt, dass ich wusste, worauf er hinauswollte.

»Dann erkläre du es ihm.« Papa nickte.

»Schau doch mal, ob du einen ganzen Tag lang darauf verzichten kannst, dich über irgendetwas zu beklagen, Kritik zu üben oder ein Werturteil zu fällen – das ist schwieriger, als man denkt«, fügte ich hinzu.

»In meinem Elternhaus gab es ständig Hundekämpfe. Und bei euch gab es DAS?«, entfuhr es Michael.

Papa und ich brachen in Gelächter aus.

»Cleo, habt ihr gesagt?« Michael musterte sie eindringlich.

»Ja.« Ich nickte, unsicher, was sein Tonfall zu bedeuten hatte, aber sicher, dass er irgendetwas vorhatte.

Er nickte, streckte zögernd die Hand aus. Cleo, noch in Rückenlage, nahm die Bewegung aus dem Augenwinkel wahr, rollte eilends herum und sprang auf. Ich hielt ihre Leine fest, zog sie wieder an. Zuversichtlich hielt ihr Michael die Hand vor die Nase, damit sie daran riechen konnte, wie ich ihm vorhin ohne Erfolg geraten hatte. Cleo schnupperte neugierig daran, vergewisserte sich, dass er ihr freundlich gesonnen war, und begann, seine Hand abzuschlecken.

»Du kannst sie jetzt unbedenklich streicheln«, flüsterte ich.

Und das tat er. Ich hatte die Leine losgelassen und Cleo rückte näher an ihn heran, schmiegte sich an sein Bein. Er blickte mich an, unsicher, was er jetzt tun sollte, und deutete auf sie. Vorsichtig fuhr er fort, ihren Kopf und Nacken zu kraulen, während sie sich noch enger an ihn drängte. Wir beobachteten die beiden und es war eine Offenbarung für uns alle – für Papa, Michael und mich.

Und dann machte Cleo ihren Schachzug. Sie ließ sich auf den Rücken fallen, bot ihm ihren ungeschützten Bauch dar. Diese Geste der Unterwerfung signalisierte, dass sie einen neuen Freund voll akzeptierte und erwartete, für ihre Huld belohnt zu werden. Mit Streicheleinheiten in voller Länge. Als sie alle viere von sich streckte und ihm den Bauch entgegenwölbte, weiteten sich Michaels Augen ungläubig. Damit hatte er wohl nicht gerechnet.

»Vielleicht ist sie doch darauf aus, deine Agentin zu werden«, lachte Papa.

Während wir in der Künstlergarderobe des Larry-King-Aufnahmestudios saßen und auf die Maskenbildnerin warteten, sahen Papa und ich Michael Jacksons Freunde und Kollegen an uns vorbeidefilieren. Das Interesse an Michaels Tod schien nicht nachzulassen, was die Berichterstattung der Medien betraf. Ganz im Gegenteil, mit seinem Tod war sein Vermächtnis sogar noch gewachsen. Ich selbst war bereits zum dritten oder vierten Mal in der Talkshow aufgetreten und meinen Vater hatte man in der letzten Woche mindestens doppelt so oft an Larrys Seite gesehen. Wir ergänzten einander in vielerlei Hinsicht. Ich konnte über die Zeiten berichten, als Michael und ich uns in die Kinos geschlichen hatten, sobald der Vorspann lief, um Filme wie *Batman* anzuschauen (der zu seinen Lieblingsfilmen gehörte). Papa griff das Thema auf und vertiefte es, sprach beispielsweise über Michaels Existenzangst und warum er sich nach eigenen Angaben so gut mit einer Figur wie dem Joker aus *Batman* identifizieren konnte.

Doch damals hatte sogar ich das Gefühl, dass die Medien das Thema langsam ad acta legen sollten. Es gab nicht mehr viel darüber sagen, kaum noch Geschichten, die nicht schon erzählt waren. Während ich anfangs noch gelächelt und ein gutes Gefühl gehabt hatte, wenn ich von Michael sprach und Erinnerungen an den Menschen außerhalb des Rampenlichts heraufbeschwor, verspürte ich mit einem Mal nur noch Traurigkeit. Als die Geschichten ihren Glanz einbüßten – zu dem Zeitpunkt, als ich mit ihnen auf den B- und C-Listen der Fernsehsender gelandet war –, wurde mir zunehmend bewusst, dass mein Freund ein für alle Mal von uns gegangen war und ich ihn auch dadurch nicht mehr lebendig machen konnte.

»Worüber redest du heute?«, fragte ich Papa. Ich überlegte, ob wir die Themen aufeinander abstimmen könnten, um der Sendung mehr Tiefgang zu verleihen.

»Das hängt von seinen Fragen ab, oder?« Papa zuckte ungerührt die Schultern.

Eines hatte ich im Rahmen meiner begrenzten Erfahrungen mit den Medien gelernt: In kurzen und prägnanten

Sendungen ließen die Fragen des Moderators wenig Spielraum für die Antworten. Während ein Gast wie Papa vielleicht ungestraft mit Abweichungen vom Manuskript davonkam, gefiel mir der Gedanke, mich auf das Thema zu konzentrieren, das mir vorschwebte, und ungeachtet der Richtung, die mit den Fragen angesteuert wurden, daran festzuhalten.

»Keine schlechte Methode«, meinte Papa, als ich ihn über meine Strategie aufklärte. Daraufhin hingen wir beide unseren eigenen Gedanken nach.

In diesen Minuten der Besinnung, während wir dasaßen und still an Michael dachten, fühlte ich mich besonders niedergeschlagen.

»Was ist los?«, fragte Papa, als ich regungslos dasaß und Dionne Warwick betrachtete, die gerade geschminkt wurde.

Ich zuckte die Achseln. »Nichts, ich bin nur traurig.«

Papa nickte. »Ja.« Er schwieg. »Komm, lass uns ein paar Minuten meditieren«, schlug er einen Moment später vor.

Im Lauf der Jahre war die Meditation in unserer Familie zum Allheilmittel geworden. Kopfweh? Meditieren. Grippe? Meditieren. Kreuzbandriss? Meditieren. Niedergeschlagenheit? Meditieren.

Die Sache war die, dass es tatsächlich wirkte. Für mich, der seit dem fünften Lebensjahr darin geübt war, ist die Meditation heute, fast dreißig Jahre später, eine Manie und zugleich eine Zuflucht geworden. Ich bin zwar nicht in der Lage, ihre Wirkungsweise wissenschaftlich zu erklären, aber ich gehöre dennoch zu ihren leidenschaftlichen Verfechtern. Im College, der einzigen Zeit in meinem Leben, in der ich dem Alkohol mehr zusprach, als mir guttat, entdeckte ich, dass Meditation ein fantastisches Mittel gegen den Kater war, selbst der schlimmsten Sorte. Ich teilte die Erkenntnis mit meinen Freunden und gewann weitere

Anhänger des Kults. (Wer sagt, ich hätte das Vermächtnis meiner Familie nicht funktionsgerecht gemehrt?)

Angesichts dessen war der Rückzug in die Meditation in der Künstlergarderobe der *Larry King Live*-Talkshow, in der sich Reverend Al Sharpton, der Musiker John Mayer und andere Prominente gleichen Kalibers die Klinke in die Hand gaben, für mich keine besonders ausgefallene Idee.

Nach ein paar Minuten schlug ich die Augen auf und sah Papa an.

Als hätte er meinen Blick gespürt, öffnete auch er die Augen. »Was ist?«

»Es ist erstaunlich, wie gut es funktioniert«, sagte ich. »Die Frage ist nur, wie funktioniert es?«

»Meditation ist Unvoreingenommenheit in der Praxis«, erwiderte mein Vater nach einer kurzen Pause.

»Zulassen, dass ohne unser Zutun geschieht, was geschehen soll. Es bedeutet, dem Universum zuzuhören, unvoreingenommen und uneingeschränkt.«

»Wie Cleo zuhört, wenn Tara zu ihr spricht?« Ich erinnerte mich lächelnd an den Vorabend.

Papa erwiderte das Lächeln. »Ja, genauso. Du weißt, Unvoreingenommenheit bedeutet nicht nur, dass man kein Werturteil über Menschen und Ereignisse fällt. Es geht dabei auch um Gefühle. Es ist völlig in Ordnung, Trauer, Schmerz, Wut oder Feindseligkeit zu empfinden. Wir Menschen sind viel zu oft darauf bedacht, Patentlösungen zu finden. Solche emotionalen Phasen zu durchlaufen ist sowohl angemessen als auch unerlässlich, wenn man sich emotional und spirituell weiterentwickeln will.«

Das alles war ein bisschen zu hoch für mich. Ich schüttelte den Kopf und bat Papa, mir das Ganze noch einmal von vorne zu erklären.

Papa nickte. »Ich will damit sagen, dass wir Menschen

uns über unser *innerstes Wesen* und nicht über unsere *äußeren Taten* definieren sollten. Manchmal reicht es aus, einfach nur zu *sein,* sich weder Sorgen zu machen noch die eigenen Gefühle zu bewerten. Nichts *tun* zu müssen. Die Aufmerksamkeit ausschließlich auf das Selbst zu richten.«

Ich gebot ihm Einhalt. Jetzt hatte ich es begriffen. »Schon verstanden.«

Papa lächelte zufrieden.

»Gut.« Er setzte sein Pokergesicht auf und rückte seine Liberace-Brille zurecht. Plötzlich schien ihm eine Idee zu kommen. »Vielleicht erzähle ich die Geschichte von unserer Meditation mit Michael und Cleo.«

Papa, Michael, Cleo und ich meditierten ungefähr zwanzig Minuten an besagtem Abend in Neverland.

Ich erinnere mich noch genau an das Ende, denn als ich die Augen aufschlug, waren Michaels bereits weit geöffnet und blickten mich an.

»Was ist?«, fragte ich.

»Woran hast du gedacht?«, flüsterte er mir zu.

»Keine Ahnung«, flüsterte ich zurück, da Papas Augen noch geschlossen waren. »Und du«, gab ich die Frage zurück.

»Dass ich dringend wohin muss.« Er lächelte.

Papa öffnete lachend die Augen. »Das ist der Beweis, dass es funktioniert hat. Beeil dich lieber.«

Michael schoss davon wie ein Viertklässler, der gerade von seinem Lehrer die Erlaubnis erhalten hat, während des Unterrichts zur Toilette zu gehen. Wenige Minuten später kehrte er mit erleichterter Miene zurück.

»Warum hast du gesagt, dass es funktioniert hat?«, hakte er nach, als er wieder Platz nahm, wobei er Cleo, die ich fest am Halsband hielt, einen argwöhnischen Blick zuwarf.

»Wenn man es richtig macht, nehmen wir durch die Meditation alles aufmerksamer wahr, unsere Umgebung und unsere Empfindungen eingeschlossen«, erwiderte mein Vater.

Michael nickte, zufrieden mit sich selbst. Er sah Cleo abermals an. »Wie alt ist er?«

»Ungefähr drei«, antwortete ich. »*Sie* ist ungefähr drei.«

»Und wie alt kann sie werden?«

»Keine Ahnung.« Ich zuckte die Schultern. »Hoffentlich fünfzehn oder so.« Auf diese Information war ich beim Durchforsten verschiedener Online-Quellen gestoßen.

»Das ist nicht sehr lang«, meinte Michael.

»Kurz und gut, schätze ich.«

»Wir befinden uns alle im Todestrakt, daran gibt es nichts zu rütteln«, warf mein Vater dramatisch ein. »Die einzige Ungewissheit ist die Länge der Gnadenfrist, die uns bleibt, und die Frage, wie das Urteil vollstreckt wird.«

»Altert sie genauso wie Menschen?«, fragte Michael.

»Natürlich.« Ich nickte.

Jeder Hundebesitzer kennt die Anzeichen. Die allgemein nachlassende Leistung der Sinnesorgane – Gehör, Geruchssinn, Sehvermögen. Ich zählte Michael die Symptome auf.

»Wärst du bereit für den Tod, wenn er jetzt, in ebendiesem Augenblick, zu dir käme?«, fragte Michael an Papa gewandt.

Es war typisch für ihn, sich auf Gespräche von der Art einzulassen, die sich bei Übernachtungspartys von Teenagern großer Beliebtheit erfreuten. Wir holten diese Erfahrung, die er verpasst hatte, offenbar nach.

»Alle Lebewesen altern und sterben irgendwann, ungeachtet dessen, ob sie bereit sind, wenn es so weit ist«, erwiderte Papa.

Schweigen.

»Lord Buddha hat uns gelehrt, wie wir dem Tod begegnen sollten. Er ist ein unersättlicher Kostgänger und wir versorgen ihn mit Nahrung.«

»Ich nicht.« Michael schüttelte den Kopf.

»Was soll das heißen?« Ich lachte.

»Nur, dass mir das nie passieren wird. So alt zu werden. Mehr nicht.« Er zuckte die Schultern. Rückblickend klang die Bemerkung so beiläufig, dass ich nicht wusste, wie ich darauf reagieren sollte. Selbst meinem Vater, der immer ungemein feinfühlig ist und intuitiv die richtigen Worte findet, schien es die Sprache verschlagen zu haben.

Schließlich durchbrach ich die unheilvolle Stille. »Ich bin todmüde«, erklärte ich. »Ich gehe schlafen.«

Ich sagte gute Nacht, nahm Cleo fest an die Leine und begab mich zur Tür.

Beim Hinausgehen hörte ich, wie Michael zu Papa sagte: »Buddha, aha, von dem Typen habe ich schon mal was gelesen. Erzähl mir seine Geschichte.«

6

Was ist Bewusstsein?
Ist das dein Ernst? Du erwartest, dass ich es dir in einem Atemzug erkläre? In jedem Buch, das ich geschrieben habe oder noch schreiben werde, geht es um das Thema Bewusstsein.
Kannst du das Ganze in einem Absatz zusammenfassen?
Bewusstsein ist das unermessliche Potenzial all dessen, was ist, war und sein wird. Es ist die Quelle unserer Subjektivität, aber auch unserer Objektivität. Bewusstsein besteht aus völlig unterschiedlichen Komponenten, beispielsweise der Erkenntnis, was Wissen bedeutet, und aus der Wahrnehmung, was Sehen, Berühren, Ertasten und Hören bedeuten. Es umfasst Elemente wie Verhalten, Sprache, persönliche Beziehungen und soziale Interaktionen, unsere Beziehung zur Umwelt und zu den Kräften der Natur. Einem Physiker würde ich sagen, Bewusstsein ist ein inkonsistentes Quantenfeld, eine Superposition gleicher physikalischer Größen, die sich gegenseitig überlagern, in diesem Fall die Wellen potenzieller Raumzeit-Ereignisse.
Ist es schon Zeit fürs Mittagessen?
Das ist die falsche Frage. Das Mittagessen hängt nicht von der Zeit ab, sondern davon, ob du Hunger hast. Ich lebe in zeitloser Achtsamkeit – ich habe ein ganzes Buch darüber geschrieben: Jung bleiben – ein Leben lang. Vitalität und Klarheit bis ins hohe Alter. *Wenn du physischen Hunger verspürst, dann lass uns essen, keine Frage.*

»Ich bin nicht besonders religiös. Eher spirituell …« Diesen Refrain habe ich in meinem Leben häufig angestimmt. Da ich ein Chopra bin, kam ich damit meistens ungestraft davon. In bestimmten Kreisen, beispielsweise in den geheiligten Hallen der Columbia Universität, den noch konservativeren New-Age-Zirkeln und den Medien, die von einer kurzen, prägnanten Berichterstattung besessen waren, galten solche Aussagen sogar als durchdacht und ein bisschen provokativ. Aber eigentlich hatten sie nichts zu bedeuten.

Der erste Teil, dass ich nicht besonders religiös war, stimmte. Der religiöse Hintergrund meiner Eltern – Hindu und Sikh – schaffte nie den Sprung in die Migration, als sie Anfang der 1970er-Jahre in die USA einwanderten. Sie waren keine Pilgerväter im klassischen Sinn, die der Verfolgung zu entkommen trachteten, die altüberlieferte Religion und alles, was damit zusammenhing, war ihnen einfach nicht so wichtig.

Andererseits wussten meine Eltern als Immigranten ohne das ausgedehnte Netzwerk der Großfamilie, in das sie in ihrer Heimat eingebunden waren, die religiöse Kultur durchaus zu schätzen. Wie sonst hätten sie ihren Kindern Traditionsbewusstsein und Familiensinn mit auf den Weg geben sollen? Wir besuchten weder einen Tempel noch hielten wir uns an die religiösen Feiertage oder befolgten die oftmals damit verbundenen hochkomplizierten Rituale, aber wir zelebrierten unsere *indische Herkunft* auf andere Weise. An Thanksgiving, wenn die meisten Jungen aus amerikanischen Familien vor dem traditionellen Truthahn-

Essen Football spielten, trafen wir uns mit unseren indischen Freunden, spielten Cricket und aßen Hühnchen aus dem Tandoori-Ofen. Ostern verzichteten wir auf die Schokoladenhasen und kamen reihum im Haus unserer Cousins zusammen; alle brachten etwas zu essen mit und danach sahen wir uns gemeinsam alte Bollywood-Filme an. Erst später wurde mir klar, dass meine Eltern nichts gegen Amerika hatten, wie ich es ihnen vorgeworfen hatte, um Apfelkuchen statt der widerlich süßen indischen Nachspeisen zu bekommen, die bei uns gang und gäbe waren. Meine Mutter und mein Vater taten vielmehr ihr Bestes, um uns dabei zu helfen, die Bruchstücke der neuen Kultur zusammenzufügen, in der wir aufwuchsen. Sie wollten, dass wir den großartigen amerikanischen Ethos begrüßten, aber gleichzeitig in Indien verwurzelt waren, dem Land, das sie geprägt hatte. Als Kind weiß man das kaum zu schätzen, aber rückblickend erkenne ich, was sie anstrebten und wie.

Dazu gehörte beispielsweise das Netzwerk Familie. Bestehend aus einer Familie, die rein biologisch keine war, wie verschiedene Älteste unserer Gemeinde, die wir als Tanten und Onkel betrachteten und deren Kinder als Cousins und Cousinen. Diese Bezeichnung war ein Ausdruck der wechselseitigen Verbundenheit und familiären Verpflichtungen, die damit einhergingen. Wir lebten nicht in Indien, aber meine Eltern und andere Mitglieder der indischen Gemeinde in und um Boston waren entschlossen, uns ein Stück Indien nahezubringen.

Dazu gehörte auch das Essen. Die Finessen der indischen Küche mit ihren zahlreichen Gewürzen zu würdigen – die Unterschiede zwischen Haldi und Jeera, Lal Mirch und Garam Masala und unzähligen weiteren – bedeutet in gewisser Hinsicht, den vielen Texturen und Feinheiten unserer kulturellen Heimat Rechnung zu tragen. Die mannigfaltigen Geschmacksrichtungen und Aromen Indiens zu würdigen bedeutet, seine spektakuläre Vielfalt anzuerkennen und zu respektieren. Das Wissen um regionale Besonderheiten, dass beispielsweise Auberginen in Nordindien im Tandoori-Ofen auf Holzkohle gegart und im südindischen Raum mariniert und bei niedriger Temperatur im Ofen geschmort werden, bedeutet, das gesamte Spektrum Indiens mit all seinem Glanz und seiner Vielschichtigkeit zu ehren.

Und dazu gehörten auch die Geschichten. Die epischen Legenden, die neben den zahllosen Göttern und Göttinnen auch die ruhmreichen Dynastien vergangener Epochen verzeichneten, aber auch die weniger bekannten Erzählungen von den rätselhaften Texten und Schriften, indischen Geschichten und Fabeln, mit denen ich aufwuchs. Später entdeckte ich, dass es sich dabei um die einzige Erziehungsmethode handelte, die Papa bewusst und zielstrebig in die Praxis umsetzte. Es lag weniger daran, dass er unsere indischen Wurzeln stärken wollte, sondern an seiner Überzeugung, dass diese Geschichten eine tief greifende Wirkung entfalten und uns nachhaltig prägen würden.

»Große Legenden sind nicht statisch«, hatte er einmal zu mir sagt. »Sie wiederholen sich wieder und wieder in unserem Alltag. Die namhaften Helden und Schurken aus den mythischen Überlieferungen sind Aspekte unseres Selbst im Embryonalzustand und manifestieren sich in unserem Leben stets aufs Neue.«

Das war ganz im Sinne von Joseph Campbell, bekannt für seine Arbeiten auf dem Gebiet der Mythologie, der die Heldenreisen feierte und uns daran erinnert, dass es einen Grund gibt, weshalb bestimmte Mythen die Zeitläufe überdauert haben.

»Aber es ist mehr als das«, hatte er mit Nachdruck hinzugefügt. »Wenn wir die größten Meisterwerke lesen, die unsere Zivilisation jemals hervorgebracht hat, lernen wir die Grenzgebiete unseres Bewusstseins kennen und so weit wie möglich verstehen.«

Bewusstsein. Wollte man Papas Lebenswerk – annähernd sechzig Bücher, ganz zu schweigen von mehreren Hundert Blogs, einigen Tausend Tweets und einer unendlichen Menge unterschiedlichster Erkenntnisse – in einem Wort zusammenfassen, wäre dieses Wort *Bewusstsein*. Das Bewusstsein und die beharrliche Erforschung dieses Themas steht nach wie vor im Mittelpunkt all dessen, was er geschrieben und gelehrt hat. Selbst wenn die überwiegende Mehrheit weder ihn noch seine Überlegungen versteht, ist Papa entschlossen, den Kurs beizubehalten.

»Ja, das stimmt vermutlich«, stimmte Papa mir zu, als ich ihn beim dritten Loch des La-Costa-Golfplatzes darauf hinwies, wo wir beide eine Runde spielten. Er hatte vor ein paar Jahren sein Interesse an Golf entdeckt – und sogar einen Bestseller darüber geschrieben – und ich hatte mich von seiner Begeisterung anstecken lassen. Teure Klubmitgliedschaften und Golfausrüstungen wurden erstanden. Und noch teurere Trainerstunden und Kurse ausfindig gemacht und gebucht. Wir stürzten uns in das Abenteuer ausgedehnter Golfreisen. Die Aufmerksamkeit, die wir dem Golfspiel widmeten, war langlebig im Vergleich zu den anderen Freizeitaktivitäten, denen wir Chopras nachgingen. Auch wenn sie seit dem Vorjahr merklich nachgelassen hatte, waren wir überzeugt, dass dieses Spiel nie wirklich aus unserem Leben verschwinden würde.

»*Bewusstsein* ist ein Wort, das mir zu schaffen macht«, sagte ich.

»Warum?«, erwiderte Papa, während er seinen Putter in Stellung brachte.

»Es ist so, ich weiß nicht …« Ich konnte es wirklich nicht

erklären, das war das Problem. »Bewusstsein ist ein so großes Wort. So … *raumgreifend.*«

»Genau.« Papa nickte, als er mit seinem Putter den Golfball ins Rollen brachte, direkt auf das Loch zu, bevor er nach rechts abdriftete und etwas mehr als einen Meter vom Ziel entfernt zum Stillstand kam.

»Das Bewusstsein bildet den Mittelpunkt der gesamten Schöpfung. Es ist die Quelle all dessen, was existiert, wir selbst eingeschlossen. Und das lässt sich wissenschaftlich nachweisen. Es ist eine *Wissenschaft für sich.*«

Ich war nicht restlos überzeugt, aber ich hatte auch keine Lust, mich auf eine langwierige Debatte einzulassen. Meine Gedanken schweiften ab. In den vergangenen Wochen hatte ich mir den Kopf darüber zerbrochen, wie ich meinem eigenen Sprössling ein gewisses Maß an Kultur vermitteln könnte. Es machte mir in vieler Hinsicht Angst, wenn ich mich in unserem kulturellen Umfeld und in unserer Nachbarschaft umschaute. Abgesehen davon, dass sie lilienweiß war, stellte sie aus sozioökonomischer Sicht auch nicht gerade ein Musterbeispiel an Vielfalt dar, vor allem im übergeordneten Kontext von Los Angeles, einer der kulturell vielfältigsten Metropolen der Welt. Den engsten Kontakt zu Menschen seiner eigenen Herkunft hatte Krishu inzwischen zu Pradeep, dem Inhaber des lokalen indischen Restaurants, oder zum guten alten Meister Shifu. Im Gegensatz dazu waren die einzigen prosaischen Geschichten, mit denen Krishu unmittelbar in Berührung kam, im Stil der *Truman Show* gehalten, einer Satire auf eine von Medien geprägte Welt. Auch in unserer Nachbarschaft waren die Dinge absolut lupenrein, kurz und prägnant, beinahe steril in ihrer Choreografie. Wir lebten in einer Kultur, die in puncto politische Korrektheit superempfindlich reagierte, ökologisches Bewusstsein predigte und eine solche Paranoia im Hinblick auf Viren wie

H1N1 entwickelt hatte, dass ich fürchtete, mein Sohn würde niemals Schmutz unter den Fingernägeln haben, was ich für wichtig hielt. Und es ging mir dabei nicht nur um das Bedürfnis eines Kindes, sich schmutzig zu machen, sondern auch um die Frage, wie es sich in der schönen neuen globalisierten Welt des einundzwanzigsten Jahrhunderts, in der wir alle leben, bewähren und einen sinnvollen Beitrag leisten sollte. In meinen Augen skizzierten die großen indischen Mythen, mit denen ich aufgewachsen war – angefüllt mit endlosen Kriegen und Konflikten zwischen den Mächten des Guten und des Bösen, durchdrungen von Triumph und Verrat unter den Aufrechten und den Ruchlosen – das Bild einer Welt voller Widersprüche, keine Schwarz-Weiß-Malerei, sondern von vielen Grauzonen durchsetzt, die sich im Nachhinein abzeichneten. Als Kind und Heranwachsender liebte ich diese Geschichten, vertiefte mich immer wieder in Comic-Hefte, die das Thema aufgriffen, und ich hatte das Gefühl, dass es Krishu später genauso ergehen würde. Doch es gab so viele Geschichten und Fabeln, unter denen man wählen konnte. Ich wollte sichergehen, dass diejenigen, die ich aussuchte, einen bestimmten Zweck erfüllten. Die ›Moral der Geschichte‹ sollte auf der Hand liegen, aber ich wollte ihm auch vermitteln, dass der Wahnsinn, der sich dahinter verbarg, Methode hatte.

Warum sprachen Mythen vor allem das Bewusstsein an? Nach Ansicht meines Vaters gab es nur vier Menschen auf der ganzen Welt, die wirklich verstanden, was Bewusstsein bedeutet. Alle vier waren Quantenphysiker. Ich bin kein Quantenphysiker – da geht es um höhere Mathematik. Wenn das Verständnis des Bewusstseins das ausschlaggebende Kriterium wäre, hätte ich mir bestimmt nicht zugetraut, die *richtigen* Geschichten auszuwählen.

Ich änderte meine Taktik. »Gibt es ein Synonym für

das Wort Bewusstsein, das einfacher zu begreifen ist?« Ich schlug den Ball mit dem Putter in Richtung Cup und verfehlte ihn, aber nicht so weit wie Papa.

Wir diskutierten darüber, wessen Ball weiter vom Loch entfernt war.

»Liebe«, schlug Papa vor. »Wie wäre es damit?«

Darauf wäre ich nie gekommen. Doch das erklärt einmal mehr, warum ich nicht zu den vier Auserwählten gehöre, die das Bewusstsein verstehen.

Als hätte er meine Gedanken erraten, fuhr Papa fort, wobei er dieses Mal einen seiner Lieblingsdichter zitierte, den Nobelpreisträger Rabindranath Tagore. »Liebe ist mehr als ein Gefühl. Sie ist die ultimative Kraft im Herzen der Schöpfung.«

Er tippte den Ball an und sah zu, wie er auf dem Grund des Cups verschwand. Er schien rundum zufrieden mit sich zu sein, entweder, weil ihm ein Doppel-Bogey gelungen war, ein beachtliches Schlagergebnis, wenn wir zusammen eine Runde Golf spielten, oder er hatte eine Verbindung zwischen Bewusstsein und Liebe hergestellt.

»Wenn du für Krishu eine gute Legende über die bedingungslose Liebe findest, befindest du dich auf dem richtigen Weg«, instruierte er mich.

Na gut, jetzt hatte ich wenigstens meinen Marschbefehl.

Mitte des Sommers, schon einige Wochen vor seinem Geburtstag, geriet Krishu in die Fänge des *grauenvollen zweiten Lebensjahrs.* Seine Frühreife und sprachliche Finesse – er konnte sich auf Englisch, Spanisch und Mandarin verständlich machen – ermöglichten ihm, sich auf eine Weise auszudrücken, die seine rasante geistige Entwicklung widerspiegelte.

»*Quiero huevos con queso*«, verlangte er auf Spanisch,

als wir uns zwischen zwei *Kung Fu Panda*-Sitzungen in die Küche begaben.

»*Huàn niaòbù?*«, machte er uns mit Piepsstimmchen in Mandarin darauf aufmerksam, dass seine Windel gewechselt werden musste.

Doch als er eines Morgens zwischen Candice und mir aufwachte und verkündete »Ich will Cleo bekämpfen«, verschlug es uns die Sprache. Wir starrten ihn an, unsicher, wie wir reagieren sollten. Die Äußerung erfolgte so klar und präzise, als würde es sich um eine Entscheidung handeln, deretwegen er lange Zeit nachgedacht und innerlich Zwiesprache gehalten hatte. Wir wussten nicht, ob wir angesichts dieser Kriegserklärung belustigt oder beunruhigt sein sollten.

Fakt war, dass hier eine Entwicklung ihren Lauf zu nehmen schien, die uns bereits seit einigen Monaten aufgefallen war. Oft sammelte er alles ein, was sich in seiner Reichweite befand – die Kissen auf der Couch, Bücher aus dem Regal, Essen von den Tischen –, um es als Wurfgeschoss auf Cleos Kopf abzufeuern. Da sie immer noch ziemlich flink und beweglich ist, ganz zu schweigen von der weisen Nachsicht, mit der sie Krishus zunehmend fragwürdigen Aktivitäten begegnet, wusste sie genau, wie sie sich den Angriffen ihres Gegners entziehen konnte. Sie sprang von ihrem Hochsitz hinunter, wo immer sich dieser auch befinden mochte, und suchte eilends in einer der Sicherheitszonen Schutz, die sie im Haus ausgemacht hatte: unter dem Küchentisch, hinter der Couch, auf dem Hochbett im Gästezimmer. Aber Krishu war gnadenlos. Wenn Cleo gerade nicht auf der Hut war, nahm er ein Fahrzeug aus seinem Fuhrpark in Beschlag – einen Kipplaster, dessen Anhänger bis zum Anschlag mit Legobausteinen in Übergröße gefüllt war – und startete damit eine wilde Verfolgungsjagd durch den Raum. Gelegentlich rammte er mit dem Plastiklaster ihr Bein oder trieb sie gezielt in die Enge, wenn er sich diese Strategie zurechtgelegt hatte, um mit schweren Geschützen, seinen Legosteinen in Übergröße, das Artilleriefeuer auf sie zu eröffnen.

Der ausgefeilteste und beunruhigendste Plan, den er ausgebrütet hatte, kam ironischerweise auch ohne körperliche Gewalt aus. Krishu quetschte sich in den Spalt hinter der Couch, sammelte die Staubflusen ein, die sich dort in beträchtlicher Menge angesiedelt hatten, und verteilte sie unverhohlen in Cleos Wassernapf, sodass der Inhalt verunreinigt und nicht mehr genießbar war. Ein wahrhaft teuflischer Einfall, der von einer eiskalt geplanten Hinterhältigkeit auf hohem Niveau zeugte und ihn in die Liga eines Superschurken wie Lex Luthor oder Joker verwies. Ich wusste nicht, ob ich beeindruckt sein oder die schlimmsten Befürchtungen haben sollte.

Wie auch immer, Krishus Kriegserklärung ließ sich nicht einfach mit einem Achselzucken abtun. Er hatte sie nicht nur sorgfältig formuliert, sondern war auch bereit, Taten folgen zu lassen. Und das war nicht der einzige Meilenstein in seiner Entwicklung. Neuerdings ging er ständig auf Konfrontationskurs, weigerte sich zu essen, wenn die Mahlzeiten auf dem Tisch standen, wollte fernsehen und/oder Süßigkeiten, normalerweise vom Kreischalarm »Jetzt« begleitet, um uns die Dringlichkeit seiner Wünsche zu verdeutlichen. Die Erzieher in dem Kindergarten, den er einmal in der Woche besuchte, um »strukturiert zu spielen« (was immer das sein mochte), versicherten uns, Krishu teste lediglich seine Grenzen aus. Sie fügten warnend hinzu, dass dieser Prozess eine Weile dauern könne, bis Krishu herausgefunden habe, wie weit er seine Eltern treiben oder mit welchen Techniken er den gewünschten Erfolg erzielen könne. Erst wenn die Regeln und Grenzen klar umrissen wären, würde er Ruhe geben und wir könnten alle unsere Wohlfühlzone finden und aufatmen.

Wohlfühlzone, unvorstellbar …

Das Wichtigste war, konsequent zu sein, empfahlen die Berater unseres Vertrauens. Krishu warte auf Signale von uns, um Grenzen zu setzen, und es gelte, die Herausforderung anzunehmen. »Ihr könnt nur eines steuern und das ist eure Reaktion auf sein Verhalten«, lautete der Rat, den Candice von einer befreundeten Kinderpsychologin erhielt. *»Ergreift die Initiative und beeinflusst, worauf ihr Einfluss nehmen könnt.«*

Vor allem die letzte Zeile hätte von Vince Lombardi, dem US-amerikanischen Footballtrainer, stammen können, der seine Mannschaft meisterhaft zu motivieren verstand. Diese Maxime erschien mir so unnachgiebig und wohlüberlegt wie aus einem Handbuch für Eltern, denen jede intuitive Erziehungsmethode fehlt, die mehr mein Stil war, wie ich immer behauptete. Doch dass Krishu seine Grenzen austestete, indem er ein Attentat nach dem anderen auf Cleo verübte, war eine Tatsache, die wir weder leugnen noch ignorieren konnten. Sein Verhalten erforderte entschlossenes Handeln. Ich hatte keine andere Wahl, als *die Initiative zu ergreifen,* welcher Art auch immer.

Als ich Papa die Situation irgendwo am sechsten Loch des Golfplatzes erläuterte, nickte er, als würde er über die Lösung einer verzwickten Rechenaufgabe nachdenken. Wir hatten uns bereits darauf geeinigt, dass ich eine fantastische Legende als Beispiel für die bedingungslose Liebe brauchte – ich war bereits auf der Suche –, doch nun war ein Rat vonnöten, der genau umrissen und sofort umsetzbar war.

Normalerweise wandte ich mich an meine Mutter, wenn ich mich in einer solchen Zwangslage befand, doch sie war nicht da. Mallika wäre als Nächste an der Reihe gewesen, aber sie hatte mir klargemacht, dass ihre Erfahrungen mit zwei rücksichtsvollen, fürsorglichen Töchtern kaum dazu geeignet waren, das Problem mit Krishu zu lösen. Also blieb nur mein Vater, zumal die Beziehung zu ihm in den letzten Wochen beträchtliche Fortschritte gemacht hatte. Wir hatten uns über viele Dinge unterhalten, banale und rätselhafte, intensiver als jemals zuvor, wenn ich mich recht erinnerte. Wir waren uns nähergekommen, nicht nur als Vater und Sohn, Lehrer und Schüler, sondern darüber hinaus wie gute Freunde. Dass er (in meinen Augen) der unwahrscheinlichste Berater in Erziehungsfragen war, machte die Aussicht erst recht faszinierend. Was hatte ich schon zu verlieren, genau genommen?

»Wie reagiert Cleo auf Krishu?«, fragte er, als er sich für den Abschlag am siebten Tee in Position brachte.

Gelegentlich knurrte sie pathetisch oder fletschte ihre kleinen Zähne, doch das war in etwa das Höchstmaß an Gegenwehr. Meistens gelang es ihr, den Angriffsmanövern geschickt auszuweichen, auch als er seine Techniken stetig weiterentwickelte. Im Grunde musste sie ihr Verhalten nicht einmal groß anpassen. Anders ausgedrückt: Sobald es ihr gelungen war, seiner letzten Attacke zu entgehen, und Krishu entweder die Lust verloren hatte oder seine Aufmerksamkeit anderweitig gefesselt war, kehrte sie zur Normalität zurück. Sie ließ sich wieder an derselben Stelle nieder wie zuvor, wo er sie erneut im Visier hatte, sie irgendwann bemerkte und mit seinen üblen Machenschaften von vorne begann.

»Entweder ist sie strohdumm, oder ...« Ich zuckte die Schultern.

»Oder unglaublich loyal«, warf Papa ein, holte aus und schickte den Ball schnurstracks den sündteuren Fairway entlang. Wir sahen beide mit einer Mischung aus Bewunderung und Überraschung zu, wie er über den Rasen rollte.

»Ich glaube, es ist Letzteres«, schloss er, als der Ball endlich zum Stillstand kam. »Erzähl mir, wie sie sich in seiner Gegenwart verhält.«

Aus unseren Beobachtungen ging hervor, dass Cleo Krishu hoffnungslos ergeben war. Sie folgte ihm auf Schritt und Tritt. Zuerst dachten wir, es läge daran, dass es ständig etwas Essbares in seinem Umkreis, an ihm oder auf ihm gab. Doch ihre Zuneigung ließ sich auf die Zeit vor seinem Eintritt in die Welt der festen Nahrung zurückführen. An dem Tag, als wir Krishu aus der Klinik nach Hause brachten, hatte Cleo ihn neugierig inspiziert. Was war das? Konnte man das essen? (Ihre erste Frage bei allem.) Aha, ein Gast, den wir in unserem Haus einquartiert hatten – wann ging er wieder? (Ihre zweite Frage). Sobald sie feststellte, dass er bleiben würde, schien sie eine Bindung zu ihm aufzubauen.

Das Baby war das Erste, was sie länger interessierte, als sie brauchte, um ein Greenie-Zahnpflege-Snack zu verschlingen. Das leuchtete ein. Schließlich handelte es sich um ein Wesen in ihrer Größe. Es sonderte oft einen strengen Geruch ab, was sie offenbar sehr anziehend fand. Und seine Stimmungen waren unvorhersehbar, was uns alle auf Trab hielt. Angesichts der bevorstehenden Umstrukturierung unseres Haushalts hatte ich diverse Bücher gelesen (na gut, Blogs), in denen es hieß, dass Hunde Kinder nicht unbedingt als Menschen wahrnehmen, sondern eher als weitere Angehörige des Rudels. Und aufgrund ihrer Statur stellen sie oft Rivalen dar, die ihnen den Rang im Rudel streitig machten. Obwohl Cleo in dieser Phase vielleicht ihre eigene Ränke schmiedete, um herauszufinden, wie sich Krishu in unsere straff organisierte Truppe einfügte, schien sie nie eine Abneigung gegen ihn zu entwickeln und nichts deutete darauf hin, dass sie einen Rivalen in ihm sah.

Zugegeben, ich versuchte, Cleo menschliche Verhaltensweisen zuzuschreiben, sie mit menschlichen Denkprozessen zu ergründen. Aus den Beobachtungen der letzten Jahre hatte ich, wenn überhaupt, eines gelernt, dass sie nämlich nach ihrem eigenen Trommelschlag marschierte. Ihre Trommel ließ sich allerdings eher mit einem Banjo vergleichen. Dennoch waren einige Dinge klar ersichtlich. Abends brachten wir Krishu oft in sein eigenes Bett, das sich in seinem Spielzimmer befand. Meistens war Candice diejenige, die den Einschlafprozess mit einer ausgeklügelten Routine steuerte, zu der Musik, Vorlesen und andere Rituale gehörten, in die nur Krishu und sie eingeweiht waren. Cleo und ich wurden einstweilen ins Wohnzimmer verbannt. Ich nutzte die Zeit, um Baseball- oder Basketballspiele anzuschauen oder im Internet zu surfen. Während ich früher fast immer damit rechnen konnte, dass Cleo mir dabei Gesellschaft leistete, hatten sich ihre Prioritäten seit Krishus Ankunft geändert.

Statt neben mir zu sitzen, bezog sie vor Krishus Tür Stellung, suchte sich ihren Stammplatz auf dem Holzboden und ließ sich häuslich nieder. Ungefähr nach einer Stunde pflegte sich die Tür zu öffnen, und sobald Candice auftauchte, fand die Wachablösung statt, wobei Cleo an ihrem Bein entlangstreifte, bevor sie in Krishus Zimmer verschwand. Sie blickte Candice an, als wollte sie augenzwinkernd sagen: *Jetzt übernehme ich.*

Zuerst verfolgten Candice und ich die nachfolgenden Aktivitäten mit der größten Aufmerksamkeit, da wir neugierig waren, was Cleo trieb, aber auch um sicherzugehen, dass sie nicht im Schilde führte, sich unseren Sohn einzuverleiben. Doch alles wirkte völlig harmlos. Cleos Routine bestand darin, einmal Krishus Scheitel zu beschnuppern und abzuschlecken, danach suchte sie sich einen Platz in sicherer Entfernung von seinen Beinen, drehte sich ein paarmal um die eigene Achse und ließ sich zusammengerollt auf dem Fußboden nieder.

Auch auf die Gefahr hin, sentimental zu erscheinen, gestehe ich, dass dieser Anblick zu den kostbarsten gehörte, die sich Candice und mir jemals geboten hatten. Wenn wir die beiden beobachteten – und als frischgebackene Eltern, die kaum etwas anderes zu tun hatten, beobachteten wir sie oft, wie Tiere in freier Wildbahn –, konnte Cleo ihre Augen zunächst noch eine Weile offen halten, um über Krishu zu wachen, der tief und gleichmäßig ein- und ausatmete. Natürlich wusste niemand, was sie in diesen Augenblicken der Stille denken mochte, aber Candice und ich vermuteten, ungefähr das Gleiche wie wir: Dass wir unseren Sohn unsäglich liebten – und verdammt erleichtert waren, dass er endlich schlief.

Als Krishu zur Welt kam, entfachte er eine alles überwältigende Liebe in mir, von deren Existenz ich keine Ahnung gehabt hatte. Und an besagten Abenden, wenn Krishu und Cleo eingeschlafen waren, dachte ich oft, wie zutreffend viele Klischees über die Beziehung zwischen Eltern und Kindern waren.

»Ihr könnt euch gar nicht vorstellen, wie sehr man seine Kinder liebt«, hatten uns etliche Freunde erzählt, bevor wir unseren eigenen Sprössling hatten. »Und mit jedem Tag ein bisschen mehr«, fügten sie mit einem strahlenden Lächeln hinzu. Klar, was sollten sie auch sonst sagen. Als Candice und ich diese selbstverliebten öffentlichen Bekenntnisse während der Schwangerschaft über uns ergehen lassen mussten, hatten wir uns geschworen, dass wir nie zu dieser Sorte Eltern gehören würden. Aus irgendeinem Grund langweilten mich diese Liebeserklärungen, um die ich nicht gebeten hatte. In meinen eigenen vier Wänden, wenn ich mein Kind und meinen Hund beobachtete, durfte ich mich indessen nach Lust und Laune allen nur erdenklichen Klischeevorstellungen hingeben. Selbst wenn ich es nicht präzise ausdrücken konnte, wusste ich, dass die Liebe zu meinem Sohn vorbehaltlos war.

»Aha.« Papa tippte mit seinem Putter auf den Boden, als wir an einem Rastplatz ankamen und uns eine große Tüte Erdnüsse teilten. »Vermutlich willst du damit sagen, dass Cleos Liebe zu Krishu etwas ganz Besonderes ist.«

»Richtig.« Ich nickte. *Etwas Besonderes* war eine breit gefasste Beschreibung, aber sie kam mir angemessen vor.

»Ich meine, dass ihre Liebe zu ihm aus Eigenschaften wie Versöhnlichkeit, Geduld, Würde, Hingabe, Mitgefühl, Empathie und Unvoreingenommenheit besteht«, fügte Papa hinzu.

Das war fraglos mehr als *etwas* Besonderes. Ich dachte über die Worte nach und nickte. Sie schienen den Nagel auf den Kopf zu treffen.

Trotz der zahllosen täglichen Angriffe schien Cleo keinen heimlichen Groll gegen Krishu zu hegen. Insoweit war sie gewiss versöhnlich.

Und dass sie sich stets in seiner Nähe aufhielt und über ihn wachte, wenn er schlief, ließ ein beneidenswertes Ausmaß an Würde kennen.

Hingabe?

Stimmt!

Mitgefühl und Empathie?

In der Tat. Man brauchte nur zu beobachten, wie sie reagierte, wenn Krishu bestraft wurde, weil er etwas angestellt hatte. Mit bekümmerter Miene trat er seinen Zimmerarrest an, der bei uns als ›Auszeit‹ bezeichnet wurde, gefolgt von Cleo, die mit ihm durch dick und dünn ging.

Unvoreingenommenheit?

Siehe fünftes Kapitel.

»Das ist bedingungslose Liebe«, schloss Papa, als hätte

er sich die Symptome eines Patienten angehört und eine Diagnose gestellt.

»Die Hingabe, die sie Krishu entgegenbringt, wurzelt ausschließlich in der engen Bindung, die sie zu ihm entwickelt hat. Ihre Liebe zu ihm ist immerwährend und frei von Angst. Sie ist nicht an die Erwartung gebunden, dass ihre Gefühle erwidert werden, oder an die immer wiederkehrende, an Paranoia grenzende Frage, wer wen mehr liebt. Wahrscheinlich macht sie sich weder Sorgen um die Zukunft ihrer Beziehung noch analysiert sie deren bisherigen Verlauf und empfindet einen heimlichen Groll wegen irgendwelcher früheren Verfehlungen.

Sie liebt Krishu um seiner selbst willen, und nicht deshalb, weil er ihren Vorstellungen entspricht. Sie liebt ihn so, wie er ist, und nicht, weil er so ist, wie sie ihn gerne hätte.«

Papa lachte. »Das sind Eigenschaften, die für Menschen eher untypisch sind. Die Beziehungen zwischen Menschen und die Liebe zueinander sind häufig mit Bedingungen verbunden und flüchtig.«

Jeder, der die Liebe aus eigener Anschauung kennt, wird das bestätigen. Liebe kann leidenschaftlich und tief sein, intensiv in der Praxis und in den romantischen Vorstellungen, die wir davon haben, aber sie ist selten, falls überhaupt jemals, völlig bedingungslos. Das scheint nicht in unserer Natur zu liegen.

»Was uns natürlich nicht daran hindern sollte, den Idealzustand anzustreben, die bedingungslose Liebe«, stimmte Papa mir zu, als wir unsere Erdnüsse vertilgt hatten und uns auf den Weg zum nächsten Tee begaben.

»Fakt ist, dass wir auf eine höhere Bewusstseinsebene gelangen, wenn wir lernen, einander so bedingungslos zu lieben wie Cleo«, fuhr er fort und holte seinen Driver aus der Golftasche.

Bevor Krishu auf die Welt kam und Amors Pfeil Cleo mitten ins Herz traf, war sie mehr oder weniger ausschließlich auf Candice und mich fixiert. Und in dieser Dreiecksbeziehung wäre ich für Cleo trotz aller Bemühungen meinerseits bis in alle Ewigkeit Candices Anhängsel geblieben. Was die beiden miteinander verband, war einzigartig. Cleo war mehr als Candices einstiges Hundebaby, ein kleines Fellknäuel, das auf ihre Handfläche passte. Sie war auch mehr als der klischeehafte ›beste Freund des Menschen‹. Sie war Candices Gefährtin, in einem Ausmaß, das nicht einmal ich erreichte, obwohl ich Candice seit dem College kannte. Das lag nicht zuletzt an ihrer Unvoreingenommenheit, an der Freude und Unschuld, die sie in den Alltag einbrachte, oder an ihrer Fähigkeit zu vertrauen. Aber das Wichtigste war ihre bedingungslose Liebe.

Und obwohl sie ihre Gunst ungleich verteilte, wobei Candice auf ihrer Liste eine sichtlich höhere Position einnahm als ich, besaß sie die einzigartige Fähigkeit, unbeschadet durch das bisweilen klippenreiche Gewässer unserer Beziehung zu navigieren, selbst in den Augenblicken, in denen die Zeichen auf Sturm standen. Das wurde selten offensichtlicher als am Vorabend unserer Hochzeit.

Als Teil unserer multikulturellen chinesisch-indisch-amerikanischen Hochzeitsfeierlichkeiten hatten Candice und ich ein Wochenende geplant, an dem ein Ereignis das andere jagte, mit einer Cocktailparty in einer Lounge im Kamasutra-Stil, einem traditionellen chinesischen Festbankett, einer Trauungszeremonie am späten Vormittag nach Art der Sikh und einer Feier/einem Empfang in einer Unity Church in der Upper West Side von Manhattan als krönender Abschluss. Insgesamt wurden annähernd 450 Gäste erwartet, eine wahre Invasion in meinen Augen, aber eine Hochzeitsfeier im kleinsten Kreis nach asiatischen Maßstäben.

Trotz des Tohuwabohus mit Familienmitgliedern aus aller Herren Länder, die in verschiedenen Hotels und privat bei Bekannten und Verwandten untergebracht waren, gelang es mir, mich mutterseelenallein in mein Junggesellenapartment im Stadtzentrum zurückzuziehen. Candice war mitsamt der Brautausstattung zu ihrer Familie ins Hotel gezogen. Aus Respekt vor welchen Traditionen auch immer, die sich in unser unkonventionelles Hochzeitswochenende eingeschlichen hatten, hatten Candice und ich den Kontakt auf die offiziellen Veranstaltungen beschränkt. Angesichts des Trubels waren wir übereingekommen, dass es für Cleo am besten sein würde, in meiner Wohnung zu bleiben.

Inmitten all der Aktivitäten und Verpflichtungen – ganz zu schweigen von dem gewaltigen Spektrum der Verbindlichkeiten, die mit dem Bund fürs Leben und mit seinen potenziellen Folgen in *guten und schlechten Zeiten* einhergingen – fand ich Cleos Gegenwart ungemein tröstlich. In der Woche vor der Hochzeit konnte ich oft nicht einschlafen, wenn ich von einem der vielen Junggesellenabschiede zurückkehrte, die bis in die tiefe Nacht dauerten. Ich lümmelte mich auf die Couch, der teuersten Anschaffung meines ganzen Lebens vor Candices Verlobungsring, während es sich Cleo auf mir bequem machte. Gemeinsam sahen wir uns die Sportnachrichten oder alte Filme an.

Während der Hochzeitstag näher rückte, wurde unsere Beziehung enger. In den vergangenen Jahren war Candice diejenige gewesen, der ich meine Hoffnungen und Ängste, Träume und heimlichen Befürchtungen anvertraute. Nun waren unsere persönlichen Begegnungen nicht nur eingeschränkt, sondern sie war auch Quelle und Objekt meiner widersprüchlichen Empfindungen. Cleo war dagegen frei und verfügbar, in ihrem Terminkalender gab es keine anderweitigen Verpflichtungen. Sie war gewillt, meine Geständnisse und Ängste über sich ergehen zu lassen, vor allem, wenn sie mit Bagels, Pizzateig, Fleisch aus dem Delikatessengeschäft oder einem anderen Mitternachtsimbiss verbunden waren, die ich nach Hause mitbrachte. Am Abend des chinesischen Festbanketts, das unmittelbar vor der Trauung stattfand, wurde ihre Fähigkeit als aufmerksame Zuhörerin indes auf eine harte Probe gestellt.

Festbankette sind in der chinesischen Kultur eine traditionelle Angelegenheit. Wie in der indischen Kultur ist Nahrung nicht nur eine Möglichkeit, den Wohlstand einer Familie zur Schau zu stellen, sondern bedeutet auch: je größer die Vielfalt der Speisen, desto prachtvoller die Feier. Candices Familie hatte ein Galadiner anberaumt, mit zahlreichen Gängen, einer offenen Bar und einer weitläufigen Verwandtschaft. Während sich alle bestens amüsierten und die Haifischflossensuppe, die Krabbenklöße und weitere exquisite Gerichte genossen, kamen Candice und ich unseren Pflichten nach und gingen von Tisch zu Tisch, um Familienmitglieder zu begrüßen, die wir kaum kannten, uns aber mit ihrer Anwesenheit beehrten.

Es war von Anfang bis Ende eine Sache, die es mit Fassung zu tragen galt. Bei Candice war dieser Leitspruch wörtlich zu nehmen: Sie hatte sich in das traditionelle chinesische *Qipao,* knöchellang, hauteng, an den Seiten geschlitzt und mit hohem Stehkragen, gequetscht. Wir hatten miteinander darüber gescherzt, dass sie als gute chinesische Braut vor unserer Hochzeit Monate gebraucht hatte, um ein paar Kilos zu verlieren (und allem Anschein nach auch noch ein paar Rippen) und in dieses Festgewand hineinzupassen. Ihr verhaltener Gang – sie trippelte langsam von einem Tisch zum nächsten – ließ sie bei jedem Schritt zusammenzucken. Mir blieb nichts anderes übrig, als gute Miene zum bösen Spiel zu machen, was nur darauf zurückzuführen war, dass ich Gesellschaften dieser Größenordnung hasste und nicht parkettsicher war. Es gab nur ein Mittel, um mich dazu zu bringen, stundenlang vor Familienmitgliedern herumzustolzieren, die ich nicht kannte, und Unterhaltungen über mich ergehen zu lassen, die mich nicht interessierten: Alkohol.

Während wir beim Bankett die Honneurs machten, hielt ich eine Flasche Tsingtao-Bier in der Hand, aus der ich mich zwischen Blinzeln, Nicken, Hände schütteln und vorgetäuschtem Lachen stärkte. Zwischen den einzelnen Schlucken Bier kamen die Trinksprüche an die Reihe, begleitet von einem Schuss hochprozentigem Reiswein. Am Ende unserer scheinbar endlosen Begrüßungstour konnte sich Candice kaum noch auf den Beinen halten, weil ihr Kleid so eng war. Ich konnte mich kaum noch auf den Beinen halten, weil ich so betrunken war.

»Mann, mach langsam mit dem Alk«, riet einer meiner Freunde, als ich hin und her schwankte, um das Gleichgewicht zu halten. »Schließlich heiratest du morgen!«

»Keine Sorge, Mann. Ich an deiner Stelle würde mich volllaufen lassen. Schließlich heiratest du morgen meine Schwester«, erwiderte Candices Bruder unheilvoll und füllte mein Glas mit Reiswein auf.

Nachdem ich ihr ein weiteres Mal versichert hatte, meine Seelengefährtin in ihr gefunden zu haben, gelang es Candice, mich beiseitezunehmen und mir anzuvertrauen, dass sie einen Fluchtplan ausgeheckt hatte, um dem Bankett zu entkommen. War dieses Mädchen einsame Spitze, oder was? Wir waren noch nicht einmal verheiratet, da hielt sie mir bereits den Rücken frei, damit ich mich sang- und klanglos einer lästigen familiären Pflicht entziehen konnte. Sie erläuterte mir ihren Plan. Wir würden das Festbankett zu unseren Ehren klammheimlich verlassen, um uns auf den morgigen großen Tag vorzubereiten. Bemerkenswert: Bei all dem Trubel rund um das ausgeklügelte Festbankett war es Candice gelungen, einen perfekten Plan zu schmieden und mich einzuweihen!

Das heißt, er wäre perfekt gewesen, wenn mein erhöhter Alkoholpegel mich nicht daran gehindert hätte, klar zu sehen und aufmerksam zuzuhören. Andernfalls hätte ich begriffen, dass im Plan vorgesehen war, das Bankett *gemeinsam* zu verlassen. Statt meine Zukünftige an der nächsten Straßenecke stehen zu lassen. Im Regen. Mit ihrem hautengen *Qipao*. Ohne Geld.

Zu Hause angekommen, fand ich mehrere Nachrichten auf meinem Anrufbeantworter vor, die mich zum Hotel beorderten, in dem Candice einquartiert war. Meine Braut wollte mich unbedingt sehen. Aber gern.

Noch immer arglos, kam die einzige Warnung von Candices weichherziger Mutter. »Vorsicht«, flüsterte sie, als ich den Raum betrat, den sie mit ihrer Tochter bewohnte.

In den nächsten zwanzig Minuten brach die Hölle los.

Wie konnte ich es wagen, sie einfach am Straßenrand stehen zu lassen?

Was hatte ich mir dabei gedacht?

Wie viel hatte ich getrunken?

War das ein Anzeichen, dass es in Zukunft so weitergehen würde?

Liebte ich sie überhaupt?

Stammelnd und murmelnd stand ich Rede und Antwort. Stammelnd, weil ich zugedröhnt war und mir mühselig den Weg durch Eingeständnisse, Entschuldigungen, Dementi, Ablenkungsmanöver, Verteidigungsreden, Versprechen und flehentliche Bitten bahnen musste. War mein Verhalten lediglich ein Ausrutscher unter Einfluss von Alkohol, wollte Candice wissen, oder deutete es generell auf einen Mangel an Bereitschaft hin, die mit einer Ehe verbundenen Pflichten und Verantwortung zu übernehmen?

Das saß! Sollte das eine Rettungsleine sein, die sie mir zuwarf? Doch weit gefehlt – ich konnte mich an diesem Abend weder mit Charme noch mit Scharfsinn aus der Affäre ziehen. Kurz darauf, ich war völlig erledigt, schickte mich Candice nach Hause und trug mir auf, über Nacht noch einmal gründlich nachzudenken, ob ich wirklich bereit war für den Sprung ins kalte Wasser, der uns bevorstand.

Ich zog mich wieder in mein Apartment zurück, fest entschlossen, auf der Couch zusammenzubrechen und die ganze Nacht damit zu verbringen, mir leidzutun. Leider hatte ich Cleo vergessen, die inzwischen geschlagene zehn Stunden in der Wohnung eingesperrt war. Obwohl ich mich danach sehnte, die Bürde abzulegen und in Selbstmitleid zu schwelgen, machte Cleo mir klar, dass es andere Prioritäten gab, indem sie hin und her schlingerte, mit den Pfoten nach meinen Hosenbeinen grapschte und knurrte. Sie musste raus.

Ich zog meinen Anzug aus, meine Jogginghose an und durchforstete den Schrank, um ein Paar Laufschuhe zu finden. Als Cleo die Verwandlung sah, ging das Knurren in aufgeregtes Kläffen über und sie hüpfte im Raum umher, wohl wissend, dass dieses Ritual mit einem gemeinsamen Spaziergang zu enden pflegte. Ungeachtet des Gefühlsaufruhrs, mit dem ich zu kämpfen hatte, waren Cleos Fokus und Aufmerksamkeit in diesem Moment nur auf ein einziges elementares Bedürfnis gerichtet: Sie musste Gassi gehen und es war an mir, das zu bewerkstelligen.

Wie es unserer Gewohnheit entsprach, hatte ich eine kurze Runde um den Block geplant, um schnellstmöglich in mein Refugium zurückzukehren und mich wieder meinem

Selbstmitleid hinzugeben. Doch als wir zur dritten Ecke des Karrees kamen, an der sich die Prozession auf den Rückweg begab, blieb Cleo wie angewurzelt stehen. Buchstäblich. Sie wandte den Kopf zu mir um und bedeutete mir, dass sie weitergehen wollte.

»Komm, Cleo, lass uns nach Hause gehen«, forderte ich sie mit Nachdruck auf. Ich sorgte dafür, dass ein Hauch von Begeisterung in meiner Stimme mitschwang, als wollte ich andeuten, dass am heimischen Herd vielleicht ein Leckerli auf sie wartete.

Keine Chance. Cleo zog fester an ihrer Leine, strebte stadteinwärts. *Das könnte dir so passen,* dachte sie sicher. *In deine chaotische Junggesellenbude zurückkehren, damit ich zuschauen kann, wie du dich in den Schlaf weinst. Nein danke. Ich liebe Leckerlis, aber ich bin nicht so blöd, mich mit einem Greenie bestechen zu lassen.*

Sie bellte immer lauter und zerrte an der Leine. Auch gut, dachte ich, gab nach und ließ mich von ihr westwärts ziehen. Einen weiteren Straßenblock würde ich schon noch aushalten.

Wir gelangten an die Ecke 54th Street und Broadway. Cleo blieb stehen, um etwas zu beschnuppern, was auf dem Gehsteig lag, und ich wartete. Als ich den Blick hob, sah ich mich einer Wand mit riesigen kastanienbraunen Werbeplakaten für das Musical *Miss Saigon* gegenüber. Lächelnd erinnerte mich daran, wie ich das letzte Mal an dieser Stelle gestanden hatte.

Miss Saigon war eine der ersten Broadway-Shows, die Candice und ich gemeinsam besucht hatten. Ein Kulturbanause, was Theateraufführungen betraf, hatte mir diese ausnehmend gut gefallen, vor allem, weil die Hauptdarstellerin eine aufreizende Asiatin war und die Geschichte alle landläufigen dramatischen Register mit beträchtlichem Pomp und Gepränge zog. Candice hatte sie dagegen ein wenig zu landläufig gefunden, vor orientalischen Rollenklischees triefend, die darauf abzielten, die westliche Männerwelt in Bausch und Bogen heiligzusprechen und die fernöstliche zu verteufeln.

Ich zuckte die Achseln, nicht überzeugt. »John (der Exsoldat, der es zum Manager gebracht hatte), hat versucht, ihr Gerechtigkeit widerfahren zu lassen ...«

Candice drehte sich irritiert zu mir um. »Aha, ist es das, was du tust? Mir Gerechtigkeit widerfahren lassen?«

Bei der Erinnerung lachte ich laut auf. Cleo zog abermals an ihrer Leine, dieses Mal in Richtung Innenstadt. Vielleicht weiß sie, was das Ganze soll, dachte ich und folgte ihr.

In den nächsten Stunden überließ ich Cleo die Führung, die mich von Midtown Manhattan bis nach Lower Manhattan und zum Wall-Street-Bereich lotste. Es war ein Gang durch die Geschichte, die Candice und ich gemeinsam hatten. 50th Street und Broadway, die Pommes-Bude, wo wir am Abend vor meinem Umzug nach Kalifornien das letzte Mahl geteilt hatten (eine Riesenportion Fritten mit Tatarsoße). Der Vorverkaufsstand am Times Square, wo wir eine Stunde lang Schlange gestanden hatten, um verbilligte Theaterkarten zu kaufen, damit mir Candice vor Augen führen konnte, was man unter einer wirklich guten Broadway-Show verstand. Madison Square Garden, wo Candice ihr erstes NBA-Basketballspiel miterlebte (die Celtics gegen die Knicks, das muss ungefähr 1996 gewesen sein) und ich ihre Ehre verteidigte, als ein asiatischer Punk in einem Trikot mit dem Konterfei der Basketballlegende John Starks eine anzügliche Bemerkung machte. 33rd und Seventh Avenue, Koreatown, bis heute unser Lieblingsviertel, wenn wir richtig gut essen gehen wollen. Chinatown, wo sie im Lauf der Jahre mit ihrem Mandarin geglänzt und uns Spezialgerichte verschafft hatte, die nicht auf der Speisekarte standen. Und schließlich Ground Zero, wo früher das World Trade Center stand, ein Denkmal für einen Augenblick der Geschichte, der uns wie alle Amerikaner, die auch nur entfernt davon betroffen waren, durch unsere gemeinsame Panik, Ungläubigkeit und Trauer zusammenschweißte.

Am Ende unseres langen Spaziergangs hatte Cleo nicht nur dafür gesorgt, dass ich nüchtern wurde, sondern mich auch daran erinnert, warum ich reif für die Ehe war. Ich gebe zu, ein Teil von mir verspürte Angst bei dem Gedanken daran. Candice war die erste und einzige feste Beziehung, die ich jemals gehabt hatte, seit ich erwachsen war. Im Beisein anderer wies ich zwar oft darauf hin, dass wir sozusagen miteinander aufgewachsen waren, aber manchmal fragte ich mich, ob wir einer solchen Herausforderung gewachsen waren. Dennoch war ich in meinem tiefsten Innern überzeugt, dass ich mich auf dem richtigen Weg befand. Als ich meinen müden Hund betrachtete, wusste ich, dass ich in Cleo eine treue Gefährtin auf diesem Weg gefunden hatte. Ich nahm sie auf den Arm, küsste ihre staubige Nase und winkte ein Taxi herbei. Es war höchste Zeit, nach Hause zurückzukehren.

Cleo war loyal und ihre Liebe aufopfernd, aber nie bevormundend. Sie war einfühlsam, aber nie vorgetäuscht. Sie war heilsam, wohltuend und intensiv, aber nie wankelmütig. Damals wurde mir zum ersten Mal klar, dass alle diese Beobachtungen meine eigenen Projektionen waren. In Wirklichkeit waren Cleos Verhaltensmuster einfach und vorhersehbar, stützten sich meistens auf eine einzige erkennbare, aber dennoch ungeheuer starke Eigenschaft: Sie war die Gebende, sie *schenkte* Liebe, ohne eine Gegenleistung zu verlangen.

Auf dem Golfplatz legte Papa Wert darauf, diesen Punkt hervorzuheben: »Wenn wir über die Macht der Liebe sprechen, über ihre heilsame und regenerierende Wirkung, beziehen wir uns fast immer darauf, wie es ist, Objekt oder Empfänger der Liebe zu sein. Aber der Gebende zu sein und Liebe zu schenken ist noch machtvoller. Diese Liebe besitzt eine Reinheit und Ursprünglichkeit, die der Liebe eines Kindes zu seinen Eltern gleicht und umgekehrt. Sie ist ungefiltert, unverfälscht und unbelastet von der Bürde der Zeit, des Kontexts und der äußeren Umstände. Das passt voll und ganz auf deine Beschreibung von Cleo.«

Im Lauf der letzten Woche hatte Papa mehr Zeit mit Cleo verbracht als je zuvor. Er beobachtete und befasste sich inzwischen mit Dingen, die ihm früher nie bei ihr aufgefallen waren.

»Glaubst du, dass Cleo das Konzept der Liebe wirklich versteht?«, forderte ich meinen Vater heraus, obwohl ich damit vielleicht ein wenig über das Ziel hinausschoss.

»Nein, und genau das macht diese Liebe so stark. Cleos Reaktion auf Menschen, die sie liebt, hat etwas Spielerisches, Leichtes. Sie verleiht uns das Gefühl, über die Grenzen unserer eigenen Erfahrungswelt hinausgehen zu können. Es gibt keinen Gradienten, keinen Maßstab, auf welche Weise oder mit welcher Intensität sie liebt. Sie verteilt ihre Zuwendung unaufdringlich. Sie hängt nicht von unserem Verhalten ab. Sie liebt ihre Menschen, einfach deshalb, weil sie sind, wie sie sind.«

»Ich habe sie gefunden«, eröffnete ich Papa eine Woche später, als er uns wieder in L.A. besuchte. Wir saßen spätabends im Wohnzimmer. Krishu schlief in seinem Zimmer, während Candice online Mangas las, ihre Lieblingsbeschäftigung.

»Was hast du gefunden?«

»Die Geschichte. Über die Liebe – bedingungslose Liebe.« Ich nickte. »Sie stammt aus dem *Mahabharata* und handelt von den Pandava-Brüdern.«

Papa sah mich interessiert an. »Erzähl.«

Als Heranwachsender gehörten die Geschichten aus dem *Mahabharata,* einem der einflussreichsten indischen Epen (vergleichbar mit *Ilias* und *Odyssee* im Westen*),* zu meiner Lieblingslektüre. In dieser weitverzweigten Saga werden die Fehden zwischen den fünf rechtschaffenen Pandava-Brüdern und ihren ruchlosen, rivalisierenden Cousins geschildert, den hundert Kaurava-Brüdern. Kern der Erzählung ist ein achtzehn Tage währender Kampf zwischen den beiden verfeindeten Fürstenfamilien. Brüder, Väter, Söhne, Onkel, Mentoren und ihre Schützlinge, Götter und Halbgötter werden in diesen grausamen mythischen Bruderkrieg verwickelt, dessen Ergebnis das Schicksal des gesamten Universums bestimmt.

Am Ende triumphieren natürlich die edlen Pandava-Brüder, die ihrem Gegner den Garaus gemacht haben, jedoch nicht ohne massive Verluste in den eigenen Reihen. Und nach so viel Gewalt und Blutvergießen fragen sie sich, was ihnen der Sieg überhaupt gebracht hat. Angesichts dieses existenziellen Dilemmas, aus dem sie keinen Ausweg sehen, überlassen sie das hart erkämpfte Königreich ihrem letzten noch lebenden Erben – dem einzigen Neffen, der das Gemetzel überlebt hat – und begeben sich auf eine Pilgerreise in das mythische Reich auf dem Gipfel des heiligen Berges Kailash (das Tor zum Himmel), um den Segen der Götter zu erwirken.

Die fünf Brüder machen sich unter der Führung des ältesten Bruders Yudhistra und ihrer gemeinsamen Gefährtin Draupadi an den beschwerlichen Aufstieg. Gleich zu

Beginn, in einem der armen Dörfer am Fuße des Gebirges, folgt ihnen ein räudiger Hund auf den Fersen, schließt sich ihrer Pilgerreise an.

Doch als sie den Berg erklimmen und der Aufstieg immer gefährlicher wird, nimmt das Verhängnis seinen Lauf. Der jüngste Bruder Nakula stirbt: Er rutscht auf einer Eisplatte aus und stürzt in den Abgrund. Nachdem sie den Verlust betrauert haben, machen sich die Brüder wieder auf den Weg, ihrem buchstäblich erhabenen Ziel entgegen.

Doch nun kommt es so knüppeldick wie in einem jugendgefährdenden Horrorfilm, denn als die restliche Pilgerschar und der räudige Hund den Weg fortsetzen, werden Draupadi und die Brüder einer nach dem anderen vom Schicksal ereilt: Sie geraten ins Straucheln und landen im Abgrund. Nur Yudhistra und der Hund überleben und erreichen den Gipfel des Berges.

Dort trifft Yudhistra auf Indra, Götterkönig und höchste Instanz im Himmel. Er gratuliert ihm zu dem geglückten Aufstieg und eröffnet ihm, dass er sich damit einen Platz in den himmlischen Gefilden verdient habe. Er öffnet die Tür seines himmlischen Streitwagens und lädt ihn ein, ihn auf dem kurzen Weg in die ewige Glückseligkeit zu begleiten. Yudhistra nimmt dankend an und bedeutet dem Hund mit einer Geste, ihm zu folgen.

Und was glauben Sie, was passiert?

Indra versperrt dem Hund den Weg und teilt ihm mit, dass Hunde – insbesondere schmutzige Dorfköter – im Himmel nicht willkommen sind. Yudhistra hält inne und erklärt, dass der Hund ihn bei seinem Aufstieg begleitet hat und er nicht beabsichtigt, seinen treuen Weggefährten jetzt, wo der Gipfel erreicht ist, im Stich zu lassen.

Indra ist verblüfft und verärgert. Yudhistra war bereit, seine eigenen Brüder und Draupadi während des Aufstiegs ihrem Schicksal zu überlassen, aber nicht diesen schmutzigen Hund, obwohl ihm der Eintritt in den Himmel gewährt wurde?

Yudhistra schüttelt mit ernster Miene den Kopf. Er erklärt, dass er weder seine Brüder noch Draupadi ihrem Schicksal überlassen hat. Sie wurden ihm genommen, vermutlich infolge eines göttlichen Plans, der sich seiner Kenntnis entzieht. Er weist mit Nachdruck auf seine Überzeugung hin, dass er beizeiten wieder mit den Menschen vereint sein wird, die er liebt. Und er beteuert nochmals seine Entschlossenheit, ohne den Hund keinen Schritt weiterzugehen.

Schließlich lächelt Lord Indra. Plötzlich beginnt sich der Hund zu verwandeln; er entpuppt sich als der Gott Dharma, der kein anderer ist als eine Inkarnation Indras. Willkommen in der Matrix! Er erklärt, dass die gesamte Episode, von der Pilgerreise bis zum Gipfel des Berges, dem Tod der Menschen, die Yudhistra nahestanden, und dem Angebot, ihn nur ohne Hund in die himmlischen Gefilde einzulassen, eine Prüfung gewesen sei. Und die habe er mit Bravour bestanden. Daraufhin treten Yudhistra, Lord Indra und Lord Dharma gemeinsam in das Himmelreich ein, wo Yudhistra endlich wieder mit seinen Brüdern und Draupadi vereint ist.

Nachdem ich Papa die Geschichte erzählt hatte, lehnte ich mich selbstzufrieden auf der Couch zurück. Er nickte, schien gleichermaßen froh.

»Eine gute Geschichte.«

»Ich weiß. Sie ist fantastisch.«

»Was glaubst du, was sie zu bedeuten hat?«

»Nun, vieles«, erwiderte ich mit einer ausholenden Handbewegung. »Wo soll ich anfangen?«

»Beim Ende«, antwortete Papa. »Der Hund ist Dharma und Dharma ist das Selbst. Die Vorstellung, sich selbst zu lieben, hat im Westen einen negativen Beigeschmack. Das ist der Unterschied zwischen dem Gott Dharma in der östlichen und Narzissos in der westlichen Sphäre.«

In der griechischen Mythologie ist Narzissos ein Held, dessen außerordentliche Schönheit gerühmt wird. Doch er ist grausam und weist alle, die ihn lieben, herzlos zurück. Deshalb wird er schließlich von den anderen Göttern mit dem Fluch belegt, in unstillbarer Liebe zu seinem eigenen Spiegelbild zu entbrennen, was zur Folge hat, dass er sich nun wie die Verehrer, die er mit Verachtung gestraft hat, selber hasst.

»Richtig«, nickte Papa. »Doch in den östlichen Traditionen ist das *Selbst* alles. Es verbirgt sich hinter unseren Gedanken und repräsentiert dieselbe Kraft, die für alle intelligenten Aktivitäten des Universums verantwortlich ist, die des Hundes eingeschlossen.«

»Das Bewusstsein also«, warf ich ein.

»Genau. Nicht schlecht«, lachte Papa.

»Man könnte also behaupten, dass es fünf Menschen auf der Welt gibt, die das Bewusstsein verstehen?«, fragte ich meinen Vater grinsend.

»Möglich«, räumte er ein.

»Du willst also damit sagen, dass der Hund eine Metapher für das Selbst ist und das Selbst nur ein anderer Ausdruck für das Bewusstsein?«

Papa und ich blickten Cleo an, die vor Krishus Tür lag und eingenickt war. Sie spielte ihre Rolle als kosmische Seherin bemerkenswert gut herunter.

»Das ist mit Sicherheit kein Zufall.« Papa schüttelte den Kopf.

»Die großen Seher Indiens, von denen diese Geschichten aufgeschrieben wurden, müssen gewusst haben, dass Hunde *spirituelle* Wesen sind.«

7

Papa, ich frage mich, warum guten Menschen Böses widerfährt.
Allen Menschen widerfährt Böses.

AM 20. JANUAR 2001 saß mein Großvater väterlicherseits – den wir Daddy nannten – in seinem Schlafzimmer in Neu-Delhi und sah sich die Amtseinführung von George W. Bush an, die der amerikanische Fernsehsender CNN übertrug. Daddy interessierte sich brennend für Geschichte und genoss es, in Augenblicken wie diesen Zeitzeuge zu sein. Schon vor mehr als fünfzig Jahren hatte er einen Sitz in vorderster Reihe innegehabt, als sich die politische Situation Indiens dramatisch wandelte. Er hatte alles hautnah miterlebt, vom Klammergriff des britischen Kolonialismus bis zur Euphorie der Unabhängigkeit und der qualvollen Teilung der Bruderstaaten Indien und Pakistan. Als Leibarzt von Lord Mountbatten – des letzten Vizekönigs von Indien – besaß er Zugang zu den höchsten Kreisen der britischen Staatsmacht und Kenntnis von ihrer Herrschaft über sein Land. Als Heranwachsender hatte ich mit gespannter Aufmerksamkeit zugehört, wenn er von seiner Dienstzeit in der indischen Armee erzählte – Geschichten von der Belagerung Burmas, die er als einziges Mitglied seiner militärischen Einheit überlebte, weil er sich totstellte und somit den japanischen Schergen und der Kriegsgefangenschaft entging; von den historisch verbrieften Reisen, auf die er Lord Mountbatten begleitete; und voller Stolz Begebenheiten aus der Zeit, als Jawaharlal Nehru, Indiens zur Ikone gewordener Held und erster Premierminister nach der Unabhängigkeitserklärung, inmitten einer riesigen Schar von Bewunderern innehielt, um unserer Großmutter eine rote Rose zu überreichen.

Daddy saß also an jenem Abend in seinem Schlafzimmer inmitten eines Wusts von Erinnerungen an jene geschichtlichen Epochen. Aufnahmen von meiner Großmutter Ma standen stolz aufgereiht neben Fotografien mit britischen Kollegen aus jener Zeit, als er verschiedene hohe Posten in Indien bekleidet hatte, ganz zu schweigen von London, wo er einen Großteil seines Medizinstudiums absolviert hatte. Es gab auch Fotografien aus neuerer Zeit, aktualisierte Bilder von Daddy und Ma, die mit ihren fünf Enkelkindern um die Wette strahlen. Wir hatten erst vor drei Wochen alle zusammen die Hochzeit meiner jüngeren Cousine Kanika gefeiert. Es war ein glanzvolles Ereignis, wie in Indien üblich, angefüllt mit dekadenten Partys, religiösen Ritualen und endlosen Familienfeiern. Hunderte von Aufnahmen, noch ungerahmt, hatten diese märchenhaften Tage festgehalten. Sie wurden in Umschlägen aufbewahrt und auf der hölzernen Truhe gestapelt, die unmittelbar hinter Daddys und Mas Bett stand.

Nachdem er zugeschaut hatte, wie Präsident Bush an jenem verregneten Tag in Washington DC den Amtseid ablegte und damit offiziell die Pflichten und Zuständigkeiten der Präsidentschaft übernahm – die Daddy besonders hoch schätzte –, begab er sich zu Ma ins Bett, die bereits tief und fest schlief. In den vierundfünfzig Jahren ihrer Ehe hatten sie selten eine Nacht getrennt voneinander verbracht. Kurz nach Mitternacht läutete Daddy die Glocke neben seinem Bett, um Shanti herbeizurufen, die seit fünfundzwanzig Jahren Bedienstete im Haus meiner Großeltern war. Als Shanti ein paar Minuten später auftauchte, erklärte Daddy, ihm sei kalt und er brauche eine Decke für die Nacht. Dann schlief er wieder ein. Kurz darauf wachte er erneut auf. Dieses Mal setzte er sich im Bett auf, die Hand gegen die Brust gepresst. Als einer der renommiertesten Kardiologen Indiens übte er seinen Beruf noch bis Mitte siebzig aus. Er kannte die Symptome. Er rüttelte Ma wach. Sie fuhr mit einem Ruck hoch und wollte wissen, was los sei. Daddy teilte ihr mit, dass seine Todesstunde nahe. Ma geriet in Panik und wählte die Nummer meines Onkels, der Arzt war und in der Nähe wohnte. Daddy bat Ma, aufzulegen, da ihm nicht mehr viel Zeit blieb, wie er erklärte.

»Halt einfach nur meine Hand«, sagte er. Sie kam der Bitte nach. Während seiner letzten Atemzüge hielten sich Ma und Daddy an den Händen. »Ich liebe dich«, sagte er leise. »Ich gehe nun. Leb wohl.«

Dann schloss er die Augen, um das Geheimnis des Todes zu begrüßen.

Die Logistik des Todes zeichnete sich durch eine überwältigende Schnelligkeit und Intensität aus. Benachrichtigung der Familienmitglieder, Anreise aus dem Ausland, Ausstellen der Todesurkunde und Hindurituale folgten Schlag auf Schlag. Morgens trafen bereits die herbeigerufenen Hindupriester ein, die ihre rituellen Gesänge anstimmten und Daddys Leichnam, das Haus und Ma segneten, um einen reibungslosen Übergang in die nächste Phase der Seelenwanderung zu gewährleisten. Entsprechend den religiösen

Vorschriften musste die Einäscherungszeremonie innerhalb von dreißig Stunden nach Eintritt des Todes stattfinden. Mein Vater und sein Bruder, Chota Papa, schafften es gerade noch rechtzeitig. Die beiden wuschen Daddys Leichnam mit Milch, salbten ihn mit Sandelholzöl und trugen ihn auf ihren Schultern die letzten hundert Meter zur Verbrennungsstätte. Als dem älteren Sohn oblag es Papa, die Fackel unter dem Scheiterhaufen zu entzünden, damit Daddys sterbliche Hülle zu den Elementen zurückkehren konnte, aus denen sie gekommen war.

Als ich später mit meinem Vater telefonierte, beschrieb er mir die emotionale Odyssee, die er in den beiden vorausgehenden Tagen erlebt hatte.

»Eines Tages wirst auch du die Aufgabe haben, meinen Leichnam zu verbrennen«, erklärte er am anderen Ende der Leitung, in der es ziemlich laut rauschte. »Das ist deine Pflicht als mein Sohn. Und irgendwann in ferner Zukunft wird dein Sohn das Gleiche für dich tun.«

Ich wusste nicht, wie ich reagieren sollte. Der Gedanke war ernst, schaurig und erinnerte an Science-Fiction, war aber gleichzeitig spirituell.

»Es heißt, dadurch ermöglicht jede Generation es einer anderen, im ewigen Kreislauf von Geburt, Tod und Wiedergeburt in die nächste Phase einzutreten«, sagte Papa.

»Das muss schwer für dich gewesen sein«, erwiderte ich leise. Ich wusste, dass Papa seinen Vater wie niemanden sonst in seinem Leben bewundert hatte. Ich habe kein einziges Mal gehört, dass er Kritik an Daddy geübt hätte.

»In der Tat.« Papa schwieg. »Aber ich bin froh, dass ich die Aufgabe bewältigt habe. Sie ist ein Privileg.«

Papa beschrieb die Hymnen, die von den vedischen Priestern während der Zeremonie angestimmt wurden, das dicht miteinander verwobene Netz der Elemente *Agni* (Feuer), *Vayu* (Wind), *Paani* (Wasser), *Dharti* (Erde) und deren unvermeidliche Rückkehr zum unvergänglichen *Akash* (Raum).

»Das ist im Grunde alles, woraus wir bestehen«, erklärte mein Vater. »Ein Bündel Elemente, von Energie und einem tieferen Geheimnis belebt. Und wir sind alle dazu berufen, am Ende in ein noch größeres Geheimnis einzugehen.«

Papa lachte sogar, als er schilderte, dass ein paar Hundert Meter weiter ein paar Halbwüchsige Cricket spielten und in noch größerer Entfernung einige kleine Jungen Drachen steigen ließen, während die Priester ihre Hymnen psalmodierten. Ganz in der Nähe vermischten sich schottische Dudelsackklänge mit ohrenbetäubender Hindi-Filmmusik, die darauf hindeutete, dass irgendwo in der Nachbarschaft eine Hochzeit stattfand. Die Priester setzten ihre feierlichen Gesänge unbeirrt fort, die von der Unsterblichkeit der menschlichen Seele kündeten. »Kein Wasser kann sie benetzen, kein Wind kann sie austrocknen, kein Feuer kann sie verbrennen, keine Waffe kann sie vernichten. Sie ist ungeboren, jenseits von Raum und Zeit, unvergänglich.«

Das volle Ausmaß von Daddys Tod bekam Papa erst einige Wochen später zu spüren, als er nach Hause – zu uns nach Amerika – zurückgekehrt war. In dieser Zeit, als die Nachwirkungen noch anhielten, ordneten sich die Erinnerungen an Daddy ganz von selbst in den Archiven unseres Gedächtnisses ein.

Eines Abends, als sich die ganze Familie in San Diego beim Essen versammelt hatte, rief uns Mallika eine Szene während Kanikas Hochzeit vor nur wenigen Wochen ins Gedächtnis zurück. In den frühen Morgenstunden des Tages, an dem die Trauung stattfinden sollte, sah sich die ganze Familie einer Krise größeren Ausmaßes gegenüber. Meine Tante – Kanikas Mutter – hatte den Schlüssel zu dem Raum verlegt, in dem Kanikas kostbarer Hochzeitsschmuck und das Brautkleid vorsorglich aufbewahrt worden waren. Da nur noch wenige Stunden bis zum Beginn der Zeremonie blieben, war die arme Kanika am Boden zerstört, weil sich ihr schlimmster Albtraum bewahrheitet hatte. Was sollte sie anziehen?

Panisch begaben sich alle auf die Suche nach dem verschwundenen Schlüssel. Die Nerven lagen blank. Einer schob dem anderen die Schuld in die Schuhe. Ich versuchte mein Glück als James-Bond-Abklatsch und fädelte eine Kreditkarte in den Türspalt ein, in der Hoffnung, die Tür auf diese Weise öffnen zu können. Fehlanzeige. Mein jüngerer Cousin Bharat warf sich mit seinem vollen Gewicht gegen die Tür – nichts rührte sich.

Plötzlich sahen wir, wie Daddy die Treppe hinaufstieg, langsam und mit Bedacht. Er hielt einen Schlüsselbund in der Hand. Keiner der Schlüssel ›passte‹, es waren nur genormte Schlüssel für andere Türen und Safes im Haus. Doch weder störte das Daddy noch schreckte es ihn ab. Während wir das ganze Haus auf den Kopf stellten und wie ein ungeschicktes Spurensicherungsteam am Tatort Geldbeutel leerten, Bettdecken zurückschlugen und die Taschen der Kleider durchwühlten, stand Daddy seelenruhig vor der verschlossenen Tür, beugte sich vor und inspizierte das Schloss. Ich versuchte ihm zu erklären, dass sich die Tür nur dann öffnen ließ, wenn wir den richtigen Schlüssel fanden.

Er lächelte. »Sie lässt sich auch so öffnen«, widersprach er sanft, aber im Brustton der Überzeugung.

Währenddessen brachte mein Onkel, Kanikas Vater, seine Frustration und Wut über eine Beobachtung zum Ausdruck, die er gerade gemacht hatte und die in den letzten fünfzehn Jahren ständig ein Stein des Anstoßes gewesen war: Der Schlüssel steckte von innen im Schloss. Daddy erklärte, den Schlossschmied, einen Mann namens Vinod, könne man getrost vergessen, er tauche nie auf, wenn man ihn brauche, nicht einmal in Notfällen wie diesem. Und er fügte ruhig hinzu, wenn man den Schlüssel von der Rückseite aus im Schloss hin und her drehte und auf bestimmte Weise an der Tür zog, würde sie von allein aufgehen.

Und siehe da, wenige Minuten später ging die Tür problemlos auf. Daddy lächelte zufrieden und schlurfte schweigend in sein Zimmer zurück.

Alle verstummten und teilten die unausgesprochene Bewunderung für diese Seele von einem Menschen, der unser Großvater war. In diesem Augenblick wurde uns klar, was wir seit frühester Kindheit gewusst hatten: Daddy war ein Mensch, der Türen zu öffnen verstand – und daran wurden wir bei diesem Abendessen erinnert.

Papa lächelte, seine Augen waren tränenverschleiert. Es war der erste emotionale Augenblick von vielen, die folgten, und sich über Monate erstreckten. Und es war das erste Mal, dass ich meinen Vater zutiefst niedergeschlagen sah.

Irgendjemand hat einmal gesagt: »Hunde sind wie kleine Kinder. Nur dass sie nie erwachsen werden.« Der Spruch muss von jemandem stammen, der keine Kinder hat. Denn dem ist nicht so.

Meine Beziehung zu Nicholas und später zu Cleo könnte man mehr oder weniger als ›unkompliziert‹ bezeichnen, wie ich im Lauf der Jahre festgestellt habe. Das bedeutet, sie ist eher auf Augenhöhe als von oben herab. Vor allem das Zusammenleben mit Cleo und somit auch unsere Beziehung ist von einer Problem- und Mühelosigkeit geprägt, die sich leicht in drei Worten zusammenfassen lässt. Sie ist stetig, loyal und relativ gefühlsneutral. Ich liebe Cleo, keine Frage, doch meiner Beziehung zu ihr fehlt das bunte Mosaik der

Gefühle und Empfindungen, die meine anderen Beziehungen, insbesondere zu Menschen, kennzeichnen.

Was mich mit Krishu verbindet, ist unbeschreiblich. Obwohl es schwierig ist, in Worte zu fassen, was mir mein Sohn und das Zusammenleben mit ihm bedeuten, ist ›unkompliziert‹ mit Sicherheit nicht der richtige Ausdruck. Während der ersten Tage mit ihm, als er zwischen Candice und mir schlief, ertappte ich mich dabei, dass ich ihn ständig ansah. Einfach ansah. Damit begann die Wachsamkeit, ein Merkmal aller frischgebackenen Eltern. Schließlich war es ja meine Aufgabe, mich zu vergewissern, dass er atmete und alle Systeme noch auf Hochtouren liefen, oder? Doch daraus entwickelte sich nach und nach eine Mischung aus objektiver Faszination (unglaublich, wie er von Tag zu Tag wächst) und einer total zwanghaften Subjektivität. Er war mein Ein und Alles. Ich erkundigte mich scherzhaft bei Candice, ob sie ihren Sohn mit jedem Tag mehr liebe, wie das alte Klischee vorausgesagt hatte. Ihre Liebe war unerschütterlich, selbst in den letzten Wochen, als das Töpfchentraining eine Wende zum Schlechteren genommen hatte, Krishu uns urplötzlich die ganze Nacht auf Trab hielt und die Trotzphase neue schwindelnde Höhen erreichte.

Trotz der Scherze erging es mir wundersamerweise genauso, bis zu dem Punkt, an dem ich kaum mehr ermessen konnte, wie sich die Liebe zu ihm noch steigern ließe. Doch am darauffolgenden Tag geschah das Wunder. Falls die Beziehung meines Vaters zu Daddy als Wegweiser für meine Beziehung zu Krishu diente, dann wartete eine ganz besondere Erfahrung auf uns. Papa verehrte seinen Vater zutiefst. Die Beziehung zu ihm war eine Kombination aus Liebe und Respekt, gepaart mit einer Bewunderung, die über normale familiäre Bindungen hinausgeht.

»Was war eigentlich so besonders an Daddy?«, fragte ich

meinen Vater an einem Sonntagmorgen, als wir gedämpfte Dim-Sum-Häppchen aßen. Seit seinem Tod waren inzwischen einige Jahre vergangen, doch er wurde noch immer regelmäßig im Gespräch erwähnt.

Papa dachte kurz nach. »Er war weise. Und er verstand den Kontext.«

Eine klare, wenngleich rätselhafte Antwort. Ich bat Papa um eine Erklärung.

»Es besteht ein Unterschied zwischen Intelligenz und Weisheit«, erwiderte er, während er mit seinen Essstäbchen ein wenig Gemüse aufnahm. »Intelligenz wurzelt im meisterhaften Umgang mit Daten und Informationen. Weisheit wurzelt im meisterhaften Umgang mit Intuition, Emotionen, der Zeit ... und der eigenen Intelligenz. Entscheidend ist, dass man Kontakt zum Universum hat und weiß, wie man zur richtigen Zeit in der richtigen Weise auf die jeweiligen Umstände reagiert. Weisheit manifestiert sich als uneingeschränktes Verständnis des Ökosystems, in dem wir leben. Daddy begriff den Kontext einer Situation, wusste, wie alles zusammenhängt und wie man darauf reagiert. Deshalb war er so weise.«

Als Daddy starb, waren alle am Boden zerstört. Er war das Oberhaupt der Familie, aber ein zurückhaltender, sanfter Patriarch. Selbst diejenigen, die nicht blutsverwandt mit ihm waren wie meine Mutter und deren Eltern Nani und Nana, empfanden seinen Verlust als emotional niederschmetternden Schlag. Er war nicht nur der Leibarzt der Familie – er hatte die Gesundheit jedes einzelnen Familienmitglieds überwacht, von den Säuglingen bis zu den Senioren seiner eigenen Generation –, sondern hatte auch jeden, der ihn kannte, mit seiner Sanftmut, Würde, Geduld, Weisheit und starken Präsenz beeindruckt.

Als wir klein waren, erzählte uns Chota Papa eine aufschlussreiche Geschichte über Daddy aus einer Zeit, die mehrere Jahrzehnte zurücklag; damals war er sieben und Papa zehn Jahre alt und die Familie lebte in einer ländlichen Region Indiens. Als Militärarzt wurde Daddy alle naselang in einen anderen Teil des Landes versetzt, wo er die Soldaten betreute und medizinische Versorgungszentren einrichtete, oft aus dem Nichts.

»Einmal in der Woche, am Sonntag, veranstaltete Daddy einen Tag der offenen Tür in der Klinik, jeder hatte Zutritt, der eine kostenlose medizinische Behandlung oder einen Rat brauchte«, erinnerte sich Papa, als ich ihn unlängst bat, mir die Geschichte noch einmal zu erzählen.

»Im Lauf der Jahre muss er auf diese Weise Tausende Patienten unentgeltlich behandelt haben. Einige kamen wegen geringfügiger Beschwerden – Schnitte oder Wunden, die sich wegen der unhygienischen Versorgung und Zustände infiziert hatten, während andere unter komplexen Krankheiten litten, die mir in meiner eigenen medizinischen Praxis bis heute noch nicht begegnet sind.«

Es ist nicht schwer zu erraten, dass schon zu dieser Zeit, als Daddy zahlreiche Dorfbewohner großherzig behandelte und ihrem Leben oft mit einem einfachen Antibiotikum, einer Gipsschiene oder auch nur einem Rat eine entscheidende Wende gab, sowohl Papa als auch Chota Papa beschlossen, in seine Fußstapfen zu treten und Medizin zu studieren. In diesem Sinne war Daddys Einfluss nachhaltig und tief greifend. Papa wurde mit Lob überschüttet und Chota Papas Leistungen waren auch nicht zu verachten. Er machte seine eigene glanzvolle Karriere als Arzt, die im Amt des Dekans für den Fachbereich Erwachsenenbildung der Harvard Medical School gipfelte, das er noch heute bekleidet. Ganz richtig, Harvard, die *Eliteuniversität* schlechthin.

»Und es war nicht nur Daddy, der sich um die Menschen

verdient machte«, erinnerte mich Papa. »Ma war stets an seiner Seite. Da viele Patienten von weit her in seine Sprechstunde kamen, waren lange Schlangen und stundenlange Wartezeiten an der Tagesordnung. Damit in dieser Zeit niemand Hunger leiden musste, bereitete Ma riesige Mengen an Verpflegung zu und wir – Chota Papa und ich – mussten sie ausgeben, während sich Ma ihre Probleme anhörte. Gemeinsam waren wir ein starkes Team.«

Einige Jahre später erhielt Daddy seine Versetzung in eine andere Region.

»Wir packten unsere Sachen – wir besaßen nicht viel, da wir daran gewöhnt waren, nur für bestimmte Zeit am selben Ort zu bleiben – und machten uns auf den Weg zum Bahnhof. Chota Papa und ich freuten uns immer auf die Fahrt mit dem Zug, weil Daddy mit uns auf das Dach irgendeines Personenwagens stieg, damit wir einen ungehinderten Blick auf die Landschaft hatten, die wir durchquerten.« Papas Miene spiegelte Wehmut wider, die verriet, dass diese nostalgischen Erinnerungen an eine längst vergangene Zeit zu den kostbarsten gehörten, die er hatte.

»Als wir am Bahnhof ankamen, erwartete uns ein außergewöhnlicher Anblick. An die zweitausend Menschen hatten sich dort eingefunden, um Lebewohl zu sagen. Die meisten hatten Verpflegung und Süßigkeiten als Abschiedsgeschenk für uns mitgebracht. Mit jeder Minute, die wir auf den Zug warteten – indische Züge sind für ihre Unpünktlichkeit bekannt –, wuchs ihre Anzahl, bis es auf dem gesamten Bahnsteig vor Menschen wimmelte, die uns viel Glück wünschten.

Als der Zug schließlich kam und losfuhr, standen wir alle – Ma, Daddy, Chota Papa und ich – am Fenster und winkten. Ich weiß noch heute, dass ich Dutzende wildfremder Leute weinen sah, als der Zug den Bahnhof verließ. So nachhaltig war der Eindruck, den Daddy auf sie gemacht hatte.«

Papa nickte bewundernd. »Das werde ich niemals vergessen.«

Aus irgendeinem Grund hatte ich im Lauf der Jahre die kindliche Vorstellung entwickelt, dass Papa für jedes Problem im Leben eine Lösung parat hatte. Mit Sicherheit wusste er, wie man den Verlust eines geliebten Menschen verkraftet. Hatte er nicht irgendwann ein Buch darüber geschrieben?

»Ja, das stimmt«, erklärte Papa. »Aber die Spielregeln kennen bedeutet nicht, dass man das Spiel beherrscht.«

Als Daddy starb – ohne Vorwarnung oder Anzeichen einer schlechten Gesundheit –, war Papa emotional ausgelaugt und erlebte eine Phase der Trauer und philosophischen Zweifel wie nie zuvor in seinem Leben. Er gab zu, zum ersten Mal in seinem Leben unter Schlaflosigkeit zu leiden. Er lag nachts lange wach und stellte den Sinn seines Lebens infrage, haderte mit seiner Sterblichkeit und zweifelte an seiner Fähigkeit, sich jemals wieder für irgendetwas zu begeistern.

Er zuckte mit den Schultern, wenn ich ihn danach fragte. Ich beobachtete Papa, während ich Krishu gleichzeitig davon abzuhalten versuchte, einen Kloß, der auf seinem Teller umherrollte, über den Rand zu katapultieren. Die Körpersprache, die er in diesem Augenblick zeigte, hatte ich äußerst selten bei ihm bemerkt. Seine Schultern waren gebeugt, als fehlte es ihm an Entschlossenheit, und sein Blick ließ die übliche Überzeugungskraft vermissen.

»Ich denke, diese Phase musste ich einfach durchstehen. Trauer ist ein Prozess. Es gibt keine andere Möglichkeit, sie wirklich zu bewältigen.«

Seltsam dachte ich, als ich mich später an Papas Antwort erinnerte. Ich hatte eigentlich eine tiefschürfende allgemeingültige Weisheit (zweifellos der Marke ›Chopra‹) oder ein geschliffenes Zitat von Rumi oder Tagore erwartet. Doch je mehr ich darüber nachdachte, desto mehr wurde mir bewusst, dass er sehr wohl auf eine weise Erkenntnis gestoßen war: Dass die Trauerarbeit ein *Prozess* war. Und auch in diesem Punkt haben Papa und Cleo einiges gemein, wie ich zu behaupten wage, denn in meinen Augen verfügen beide über ein gewisses Maß an Weisheit, wenn es gilt, das größte menschliche Geheimnis zu ergründen: den Tod.

Nachdem Candice und ich geheiratet hatten, lösten wir innerhalb einer Woche nach Beendigung ihres Medizinstudiums unsere jeweiligen Wohnungen in New York auf und zogen mit Cleo im Schlepptau nach Los Angeles, an das entgegengesetzte Ende des Landes. Da ich einige Jahre in einem Apartment in Beverly Hills gewohnt und schnell gemerkt hatte, dass dies nicht die richtige Umgebung für mich war, wählten wir ein anderes Stadtviertel, um unser Eheleben zu beginnen. Zu meiner Überraschung hatte Papa einen ebenso klugen wie praktischen Rat beigesteuert.

»Achtet darauf, dass euer Hauptbadezimmer zwei Waschbecken hat«, erklärte er sachlich. »Und wenn möglich sollte die Wohnung nahe am Wasser oder an den Bergen liegen«, fügte er hinzu.

Nach einer erschöpfenden Suche und durch beträchtliches Überziehen unseres Budgets fanden Candice und ich eine Bleibe, die beide Kriterien erfüllte. Mit ziemlicher Beklemmung unterschrieben wir einen mehrjährigen Mietvertrag für ein kleines Apartment mit nur einem Schlafzimmer in einer winzig kleinen Straße von Santa Monica, weniger als einen Häuserblock vom Strand entfernt. Die Wahl dieses sündteuren Apartments rechtfertigten wir teilweise damit, dass Cleo um einiges glücklicher sein würde, wenn sie nur ein paar Schritte gehen musste, um das Strandleben zu genießen. Zeitlebens ein Stadthund, würden Sonne und Sand den Schlag mildern, entwurzelt und in eine neue Umgebung verpflanzt worden zu sein. Die Theorie entbehrte jeder Logik, doch sie machte uns das Ausstellen des monatlichen Schecks für die Miete ein wenig leichter.

Ein weiterer Pluspunkt, mit dem die Wohnung aufwarten konnte, war das soziale Umfeld. Sie befand sich im zweiten Stock eines Hauses, das wie viele andere in der Straße im Craftsman-Stil erbaut war, von denen jedes ein malerisches Flair und einen ganz eigenen Charme besaß. Die Bewohner, überwiegend Familien, gehörten den unterschiedlichsten Altersgruppen an, von älteren Paaren, die schon seit vierzig Jahren in der Gegend wohnten, bis hin zu einer jungen alleinstehenden Schauspielerin, die ich (zu Candices Leidwesen) aus den spätabendlichen Cinemaxx-Filmen kannte, und einem Pärchen Ende dreißig, das in einer von ihrem Vater geerbten Wohnung lebte. Sie waren den ganzen Tag zu Hause, wo sie ihre beiden Söhne unterrichteten, und wurden infolgedessen zu Pseudo-Botschaftern unserer ruhigen Straße.

Candice und ich erfuhren diese Einzelheiten durch passive Kontakte mit unseren Nachbarn, Begegnungen, die von Verlegenheit geprägt waren und meistens im unpassenden Moment erfolgten, wenn wir vor oder nach der Arbeit in aller Eile das Haus verließen, um mit Cleo Gassi zu gehen. Rückblickend waren wir für sie wohl die typischen gehetzten New Yorker, die es ans Meer verschlagen hatte, die aber auch hier nicht zur Ruhe kamen. Wir hatten fast unsere gesamten Ersparnisse geopfert, um in Strandnähe zu leben, doch da wir den ganzen Tag von A nach B unterwegs waren, wobei wir meistens zu spät kamen, nahmen wir uns selten, falls überhaupt jemals die Zeit, auch nur die Zehen in den Sand zu stecken. Die Nachbarn kamen uns vor wie die Mitbewohner eines Zoos. Wir lebten in angrenzenden Häusern, doch das bedeutete nicht, dass wir viele Gemeinsamkeiten hatten, abgesehen davon, dass wir (möglicherweise) zur selben Spezies gehörten.

Cleo passte sich dagegen rasch ihrer neuen Umgebung an. Was erstaunlich war angesichts der Tatsache, dass sie ihr ganzes Leben im Betondschungel von New York City verbracht hatte. Doch die Fähigkeit, sich problemlos in ihr jeweiliges Umfeld zu integrieren, hatte schon immer zu ihren faszinierendsten Eigenschaften gehört. Obwohl ich der Meinung gewesen war, Hunde wären Gewohnheitstiere, die ihre fest gefügten Abläufe brauchen, hatte uns Cleo in dieser Hinsicht nie Widerstand geboten oder Probleme bereitet. Candice und ich stellten fest, dass sie selbst beim Pinkeln flexibel war und nach dem Prinzip ›gleiches Recht für alle‹ sämtliche indischen Seidenteppiche beehrte, die meine Mutter uns geschenkt hatte, wo immer sie auch lagen. Mit dieser Duftmarke markierte sie nicht nur ihr Revier, sondern auch unser Zuhause. Der abgestandene, leicht nussige Geruch des Urins, vermischt mit *Nature's Miracle*-Raumspray und indischem Räucherwerk, wurde uns allen vertraut. Doch solange Cleo ihren Fress- und Trinknapf plus ein warmes Bett zum Schlafen hatte (unseres), war ihre Welt im Lot.

Was die sozialen Interaktionen mit anderen Menschen betraf, Nachbarn eingeschlossen, bewegte sich Cleo in einer Welt, die mehr oder weniger schwarz-weiß war. In der Wohnung – ihrem Territorium – wurde jeder Besucher, der nicht zur Familie gehörte, unverhohlen zur Zielscheibe ihrer Terroraktionen. Da sie so klein und harmlos wirkte, merkte das Opfer oft gar nicht, was die Uhr geschlagen hatte, und zähmte sie mit Zuwendung, der offenkundigsten Schwachstelle unserer Superheldin. Außerhalb der Wohnung, oder besser gesagt *in freier Wildbahn,* war sie wie ausgewechselt. Sie präsentierte sich außerordentlich freundlich und zog oft an der Leine, um wahllos Passanten zu begrüßen, sie zu beschnuppern und abzuschlecken. Dieses Verhalten war größtenteils auf die Entdeckung zurückzuführen, dass während der Gassi-Stoßzeiten – in den frühen Morgen- und Abendstunden – etliche Leute in unserer Nachbarschaft Hundeleckerlis dabeihatten. Cleo wusste, wie sie die Leute bearbeiten musste.

Zuerst näherte sie sich ihrem Zielobjekt, schnupperte vorsichtig an seinen Füßen oder seinem Hund und wedelte mit dem Schwanz, um anzuzeigen, dass sie in friedlicher Absicht kam. Falls man Interesse an ihr bekundete, ließ sie ihren gesamten Charme spielen und stellte gekonnt eine Szene aus *Vom Winde verweht* nach, wobei sie mit schmachtendem Blick zum Objekt ihrer Begierde aufschaute, als bettle sie um Zuneigung. War diese Taktik von Erfolg gekrönt, wie meistens der Fall, holte sie zum Entscheidungsschlag aus, rollte sich in einer Geste der Unterwerfung auf den Rücken und präsentierte ihren Bauch, was ihr ein paar nette Streicheleinheiten eintrug. Inzwischen hatte sie das Opfer voll im Griff. Die Trendwende war reine Formsache: Sie rollte zurück, nahm artig Platz und blickte mit ihren riesigen Hundeaugen, deren Linsen noch nicht vom grauen Star getrübt waren, zu ihm auf. Hatte das Zielobjekt tatsächlich Leckerlis dabei, waren diese so gut wie weg.

Hunde waren für Cleo dagegen von geringem Interesse. Was kaum erstaunlich war angesichts der Tatsache, dass die wenigsten eine Einkaufstasche mit ihren eigenen Leckerlis dabeihatten. Doch wie alle Hunde hielt sich Cleo an das vorgeschriebene Protokoll, wenn sie sich mit anderen Artgenossen konfrontiert sah, das Schnüffeln und Inspizieren verlangte; manchmal artete das Ganze ins ›Leinen-verheddern-Spiel‹ aus, wenn sie in der richtigen Stimmung war, aber im Großen und Ganzen konnte sie den Angehörigen ihrer eigenen Spezies wenig abgewinnen.

Aus diesem Grunde war ihre Beziehung zum Nachbarhund Mocha etwas Besonderes (ganz zu schweigen davon, dass sie ihn überhaupt mit ihrer Aufmerksamkeit würdigte). Mocha stammte aus dem Tierheim und war eine Mischung aus Labrador und, na ja, irgendetwas anderem. Er war mindestens doppelt so groß wie Cleo, aber allem Anschein nach genauso undiszipliniert, unverwechselbar und harmlos. Sein Besitzer vertraute mir verlegen an, dass Mocha zwar kastriert, aber deswegen nicht ruhiger geworden sei. Er war zwar nicht mehr sexuell aktiv, doch die überschüssige Energie schien lediglich in einen unerschöpflichen, fieberhaften Spieltrieb umgeleitet worden zu sein. Während sich Cleo eine gut durchdachte und zielgerichtete Strategie à la Dschingis Khan zurechtgelegt hatte, um das gesamte Territorium von Santa Monica mitsamt seinen Leckerlis zu erobern, war Mocha das genaue Gegenteil. Er glich den Surfern, die in den Tag hineinlebten und nichts weiter wollten, als die Sonne genießen und Spaß haben.

Bemerkenswert waren vor allem Mochas Interaktionen mit Cleo. Obwohl ihn sein Spieltrieb nie verließ – selbst wenn er sich mit Cleo entspannte, funkelten seine Augen unternehmungslustig –, passte er sich ihr an. Irgendwann, in einem Augenblick, der mir entgangen sein musste, hatte sie sich als Anführerin des Rudels profiliert und Mocha ihre Vorrangstellung akzeptiert.

Wenn Cleo und ich von unseren Spaziergängen zurückkehrten, wartete Mocha oft vor dem Nachbarhaus und wedelte heftig mit dem Schwanz, sobald sie in Sicht kam.

Anfangs ließen wir sie deshalb im selben Garten miteinander spielen, wo sie herumsprangen, die Nasen aneinanderrieben, sich gegenseitig im Kreis nachjagten und sich in den Ruhepausen gegenseitig beschnupperten. Als ihre Beziehung im Laufe der Zeit enger wurde, verbrachten sie immer mehr Zeit miteinander, auch dann, wenn wir zur Arbeit fuhren oder tagsüber außer Haus waren. Rudelführerin zu sein war für Cleo eine neue Rolle. Sie schien ihr zu gefallen. Mocha folgte ihr auf Schritt und Tritt. Wenn sie ein gepflegtes Mittagsschläfchen hielt, behielt Mocha sie im Blick. Und sie ihn. Er war der einzige Hund, dem Cleo erlaubte, den Inhalt ihres Fress- und Trinknapfs mit ihr zu teilen. Die zwei waren füreinander geschaffen.

Die Situation sagte Candice und mir über alle Maßen zu. Als Teil unseres frischgebackenen Ehelebens hatten wir eine Wohnung gemietet, die wir uns eigentlich nicht leisten konnten, und nahmen unsere berufliche Sphäre folglich sehr ernst. Als Assistenzärztin bereits fest im Sattel, arbeitete Candice nach dem Rotationsprinzip in mehreren Kliniken, was oft Nachtschichten bedeutete. Auch ich machte Überstunden, was dazu führte, dass wir uns zu Hause kaum sahen, da ich mit Cleo nach Feierabend ihren allabendlichen Spaziergang machen musste. Bei meiner Rückkehr schlief Candice normalerweise tief und fest.

Die einzige Leidtragende war Cleo. Wir hatten beide geplant, mehr Zeit mit ihr zu verbringen, aber die Realität unseres neuen Lebens machte uns einen Strich durch die Rechnung. Dass sie in Mocha einen Gefährten gefunden hatte, war für uns ein Geschenk des Himmels. Praktisch bedeutete das, dass es in unseren ichbesessenen Lebenswelten ein Problem weniger gab, da wir wussten, dass es Cleo gut ging. Und folglich dachten wir, wir wären aus dem Schneider, müssten uns keine Sorgen um sie machen.

Doch mit einem Mal schlug Cleos Stimmung um. Da wir Gewohnheiten entwickelt hatten, die allen entgegenkamen, ließ sich nur schwer ausmachen, woran es lag. Aber es begann mit kleinen Veränderungen, die uns auffielen. Am Wochenende, wenn wir Zeit für sie hatten und gern lange Spaziergänge mit ihr auf dem Radweg unternahmen, der am Strand entlangführte, war Cleo lethargisch und zog ständig an der Leine, um uns zur Heimkehr zu bewegen. Sie schlief länger und häufiger. Sie fraß kaum noch etwas, interessierte sich nicht einmal mehr für die Leckerlis, die wir ihr anboten. Als ich versuchte, sie zum Spielen zu animieren, indem ich vor ihr herumhüpfte oder einen Ton anschlug, auf den sie immer reagiert hatte, blickte sie mich nur gleichgültig an.

Eine Woche nach dieser rätselhaften Verwandlung hatte Candice eine Offenbarung. »Wo ist eigentlich Mocha?«

Wir spähten aus dem Fenster in den Garten nebenan, konnten ihn aber nirgends entdecken. Wir waren sogar imstande, einen Blick in das Innere des Nachbarhauses zu werfen, aber auch dort war weit und breit keine Spur von dem verrückten Kerl zu sehen. Bald wurde offensichtlich, was uns – schreckliche Nachbarn, die wir waren – entgangen war: Mocha war weg. Als ich sein Herrchen kleinlaut fragte, was passiert sei, erzählte er mir mit Tränen in den Augen, Mocha sei vor zehn Tagen an den Folgen eines Geburtsfehlers gestorben. Es war in der Nacht geschehen, er sei friedlich und ohne Schmerzen eingeschlafen, und das sei vielleicht der Grund, dass wir nichts bemerkt hätten, fügte unser Nachbar freundlicherweise hinzu.

Ich sprach ihm mein Beileid aus und kehrte ins Haus zurück, wo Candice Cleo auf den Schoß genommen hatte und sie sanft streichelte. Da ich mit dem Thema Hundedepressionen nicht vertraut war, zog ich unverzüglich Experten zurate (das Internet), um mich zu informieren. Wie sich herausstellte, wies Cleo tatsächlich alle verräterischen Anzeichen auf.

Genau wie Menschen beklagen auch Hunde den Tod eines Lebewesens, das ihnen nahesteht. In gewisser Hinsicht trauern sie oft sogar mit noch größerer Intensität und Ausschließlichkeit als Menschen. Vielleicht liegt es daran, dass sie nicht die gleiche Bürde schultern müssen wie wir. Sie müssen sich keine Sorgen machen, ob sie pünktlich am Arbeitsplatz erscheinen, rechtzeitig zum gemeinsamen Abendessen mit den Kindern zu Hause sind, ihre Ehe noch intakt oder das Geld für die Miete auf dem Konto ist. Sie können in ihre Gefühle eintauchen, sich von ihnen durchdringen lassen. Wer jemals eine Depression bei einem Hund miterlebt hat, wie die an der Cleo nach dem Tod ihres Spielgefährten Mocha litt, kann sich ein Bild machen, wie umfassend sie sich auswirken kann. Cleo war nicht nur psychisch niedergeschlagen. Ohren, Schwanz, Augen – alles, was der Schwerkraft unterlag, fiel ihr zum Opfer. Sie hing buchstäblich durch, quasi aus Solidarität mit ihrer Stimmung.

Gleichermaßen bemerkenswert war jedoch, wie Cleo dieses Stimmungstief überwand. Kurze Zeit später, ungefähr zwei Wochen nach Mochas Tod, entdeckten Candice und ich beim Aufwachen, dass Cleo bei uns auf dem Bett stand. Als sie sah, dass ich die Augen aufschlug, wedelte sie heftig mit dem Schwanz. Ich versuchte, mich herumzudrehen und wieder einzuschlafen, aber es war zu spät. Cleo verstand es meisterhaft, *diesen* Augenblick zu nutzen. Sobald sie merkte, dass man wach war, war man wach. Sie sprang auf den Boden, flitzte an meine Bettseite und knurrte mich ungehalten an.

»Schon gut, Cleo, reg dich ab.« Ich schwang die Beine über die Bettkante. Na endlich – sie wusste, womit das endete. Mit einem Spaziergang. Sie bellte aufgeregt, den Schwanz im Schnellgang.

Candice setzte sich im Bett auf und sah Cleo mit einem strahlenden Lächeln an.

»Was ist?« Ich rieb mir schlaftrunken die Augen.

»Nichts.« Candice schüttelte den Kopf. »Außer, dass Cleo wieder ganz die Alte ist.«

Und das war sie ohne Frage. Sie zerrte wie früher an der Leine, als wir um den Block marschierten, und zog mich alle paar Schritte zu einem Gegenstand, der ihre Neugierde weckte – eine Dose oder Flasche, Pommes frites, ein ausgelutschter Kaugummi –, um dieses faszinierendste Objekt auf unserem Planeten Erde genauer in Augenschein zu nehmen. Wenn wir anderen Frühaufstehern begegneten, fand sie zu ihrer alten Hochform zurück, bettelte abwechselnd um Leckerlis und verhedderte ihre Leine mit denen anderer Hunde.

Ich überlegte, was diesen erneuten Wandel ausgelöst haben mochte. Wie hatte Cleo ihre Traurigkeit überwunden, wie hatte sie wieder zu ihrem normalen Selbst und ihrem alten Spieltrieb zurückgefunden? Auf dem Rückweg, als wir uns dem Nachbarhaus näherten, beobachtete ich sie genau, um zu sehen, wie sie auf Mochas Territorium reagieren würde. Kaum hatten wir das Tor passiert, eilte sie auch schon auf kürzestem Weg zum Zaun, der die beiden Grundstücke voneinander trennte. Sie presste ihre Nase gegen den unteren Teil der Latten, auf die gleiche Stelle, an der Mocha auf der gegenüberliegenden Seite gestanden und das Gleiche getan hatte; vermutlich hatten die beiden irgendein heimliches Signal oder einen Gruß ausgetauscht. Dieses Mal war kein Mocha auf der anderen Seite, doch Cleo war nichts anzumerken. Sie wedelte genau wie sonst mit dem Schwanz und schnupperte ein- oder zweimal vernehmlich.

Dann sprang sie unverhofft auf und zog mich weg, zurück zum Haus und zu unseren gewohnten Aktivitäten.

Im Haus ging das Leben weiter – für Cleo, Candice und mich. Bald darauf waren Candice und ich wieder in unserem alten beruflichen Trott, konzentrierten uns darauf, was getan werden musste, und Cleo kehrte zu ihren Eskapaden und Routineverrichtungen zurück. Dennoch gefiel mir der Gedanke, dass Mocha nicht völlig in Vergessenheit geraten war, und der ritualisierte Tribut, den sie ihm auf dem Rückweg von jedem nachfolgenden Spaziergang zollte, schien meine Annahme zu bestätigen. Offenbar hatte Cleo ihre eigene Art, mit der Trauer über den Verlust ihres Freundes umzugehen, sie zu verarbeiten und damit abzuschließen, um ihr Leben fortsetzen zu können.

Cleos Gefühle lagen klar auf der Hand, selbst angesichts des Todes, der einen Freund ereilt hatte. Ihre Art, sich auf die Welt und die ganze damit verbundene Palette der Empfindungen einzulassen, wirkte bewundernswert unkompliziert und mühelos. Dadurch, dass sie den Tod akzeptierte, fand sie ins Leben zurück und wir hatten unsere liebenswerte, temperamentvolle, verrückte Cleo wieder.

Der Tod tritt meistens, wenn nicht sogar immer, unerwartet ein. Selbst in Fällen, in denen man vorgewarnt ist, sei es durch die Diagnose eines Arztes oder eine unerklärliche Vorahnung, erfordert er stets, dass man sich damit auseinandersetzt, um ein Kapitel abzuschließen. Nach der Rückkehr vom Brunch kochte ich eine Kanne Kaffee, während Papa und ich im Garten hinter dem Haus saßen und zusahen, wie Cleo und Krishu rund um das kleine Plastik-Spielhaus, das wir unlängst aufgestellt hatten, Fangen spielten. Damit konnten sich die beiden stundenlang beschäftigen: Cleo rannte schwanzwedelnd im Kreis herum, Krishu auf den Fersen, achtete aber stets auf einen ausreichenden Sicherheitsabstand. Da er seinen Körper noch nicht voll unter Kontrolle hatte, sorgte sie schlauerweise dafür, dass sie ihm nicht in die Hände fiel. Doch als sie dieses Mal das erhöhte, mit Steinen eingefasste Plateau umrundeten, auf der unsere Gärtner gerade erst einige neue Obstbäume angepflanzt hatten, blieb Cleo plötzlich stehen. Irgendetwas im Gebüsch hatte ihre Aufmerksamkeit erregt. Sie wich vom Weg ab, steckte ihre Nase in die Blätter und mit einem Mal änderte sich der Klang ihres Gebells. Ich wusste, dass irgendetwas nicht stimmte. Ich sprang von meinem Stuhl auf und lief zu den beiden hinüber. Ich zog Krishu zurück und musterte die Stelle, an der Cleo raschelnd Blätter beiseitescharrte.

»Was ist denn da, Cleo?«

Als sie einen Schritt zurückging, fiel mein Blick auf einen toten Vogel, der auf dem Boden lag, nur teilweise von Blättern bedeckt. Krishu hatte ihn im gleichen Augenblick entdeckt und erkannt, worum es sich handelte.

Papa gesellte sich zu uns. »Was ist los?«

Ich deutete auf den Vogel und Papa betrachtete ihn.

»Oh.«

Wir standen einen Moment stumm da. Krishu brach das Schweigen. »Papa – was is passiert?«

Was is passiert gehörte zu den ersten vollständigen Sätzen, die Krishu beherrschte.

»Genau genommen ist das die Kernfrage bei allem, was existiert«, sollte Papa später erklären. »Der Kosmos ist eine erlesene Kette von Ereignissen, die gleichzeitig stattfinden. Die *passieren.*«

Das war meines Wissens das erste Mal, dass Krishu hautnah mit dem Tod in Berührung kam. Er kannte den Begriff nur aus *Kung Fu Panda,* doch als Master Oogway das

Zeitliche segnete, war sein Abgang bühnenreif, wobei seine sterbliche Hülle pfeilschnell in einem Wirbel golden schimmernder Rosenblätter verschwand. Niemand musste überlegen, was als Nächstes passieren würde.

Ich trat mit Krishu einen Schritt zurück und befahl Cleo das Gleiche. Papa verharrte an Ort und Stelle und betrachtete den toten Vogel mit einer Faszination, die ihn aufzuwühlen schien.

»Das darf er ruhig sehen«, sagte Papa, zu mir umgewandt. »Der Tod ist ›das unentdeckte Land, von des Bezirk kein Wanderer wiederkehrt.‹«

»Das ist gruselig!«

»Das ist Shakespeare«, entgegnete er.

»Papa, er ist erst zwei.«

»Der Tod stellt uns allen nach. Es ist nie zu früh, ihm zu begegnen.«

Krishu starrte den Kadaver an, völlig verwirrt. Der Tod war kein Teil seines Wortschatzes, weder sprachlich noch konzeptionell. Ich sah, wie die Räder bei ihm auf Hochtouren liefen, um das Bild zu verarbeiten, das sich ihm bot. Schließlich nahm ich ihn auf den Arm und brachte ihn ins Haus.

Später am Abend, nachdem ich meinen Vater überzeugt hatte, dass es ziemlich makaber war, seinem zweijährigen Enkel den Tod anhand eines Shakespearezitats zu erklären, saßen Papa und ich im Wohnzimmer und schauten die Nachrichten an.

Cleo lag auf meinem Schoß, den Blick starr auf die tanzenden Lichter des Fernsehers gerichtet. Ich hätte zu gern gewusst, was genau ihr durch den Kopf ging, während sie die Bilder und Geräusche in sich aufnahm. Vermutlich war sie weder ein Fan von Anderson Cooper noch ein Kritiker von Bill O'Reilly wie ich. Sie musterte die Mattscheibe mit einer so ausdruckslosen Miene, dass die besten Pokerspieler vor Neid erblasst wären. Ob sie durch die Nachricht von einem weiteren Selbstmordattentat in den Straßen von Kabul emotional berührt war – traurig oder zornig –, sei dahingestellt.

»Cleo ist kein Opfer der sozialen Konditionierung, die auf Wahnvorstellungen beruht. Sie ist keine Geisel der immer gleichen Regeln und Rituale, die uns sagen, wie wir das Leben feiern oder den Tod in der Erinnerung bewahren sollten.«

»Du meinst, sie lässt sich nicht durch die Matrix täuschen?«, entgegnete ich.

»Wie bitte?« Papa sah mich verwirrt an.

»Nichts.« Ich schüttelte den Kopf.

Er fuhr unbeirrt fort. »Zu Cleos besten Eigenschaften gehört, dass sie durch und durch ›Hund ist‹. Unbelastet von der Angst, Mensch zu sein, frei von Selbstzweifeln, Ehrgeiz, Schuld und dem nagenden Gefühl, dass ihre Existenz oder ihr Ableben einem übergeordneten Dharma unterliegt. Selbst den Tod bewertet sie nicht. Sie reagiert nur.«

Ich erzählte Papa von Cleo und Mocha, der Depression, unter der sie nach dem Tod ihres Freundes vermutlich gelitten und wie sie diese plötzlich und unverhofft überwunden hatte.

»Trauerarbeit ist ein Prozess.« Papa trommelte mit den Fingern auf die Couch. »Zu den verschiedenen Stufen, die man dabei durchläuft, gehören Leugnen, Wut, Frustration, Resignation, Akzeptanz, das Einfügen in die neue Situation und, wenn alle oben genannten Aspekte bewältigt sind, hoffentlich Heilung.

Die meisten Menschen lassen sich durch ihr Leben und ihre zahlreichen Verpflichtungen ablenken, sodass sie diesen Trauerprozess nicht von Anfang bis Ende hinter sich bringen. Und folglich erholen sie sich auch nie ganz vom Verlust eines geliebten Menschen. Ihre Emotionen zerfasern, bilden miteinander verflochtene Stränge unbewältigter Trauer und Verluste, die fortbestehen und ihren Alltag säumen.«

Wir schwiegen.

»Das Einzigartige an Cleo ist, dass sie in uneingeschränktem Kontakt zu ihren Gefühlen steht und nicht von anderweitigen Verpflichtungen abgelenkt wird wie wir. Als Mocha von ihr ging, nahm sie sich die Zeit, den Trauerprozess zu durchlaufen, die einzelnen Phasen ihrer Emotionen zu steuern und ihre Heilung herbeizuführen. Darin besteht eine gewisse Weisheit.« Papa nickte.

»Zu wissen, wie man zur richtigen Zeit in der richtigen Weise auf die jeweiligen Umstände reagiert.«

Papa lächelte. »Genau.«

»Das Unbehagen, das wir angesichts des Todes empfinden, lässt sich teilweise darauf zurückführen, dass er uns an die Endlichkeit unseres eigenen Lebens erinnert. Den meisten Menschen macht der Gedanke an die eigene Sterblichkeit die größte Angst und beim Tod eines nahestehenden Menschen stirbt auch ein kleiner Teil von uns selbst.

Cleo – Hunde generell – halten ihren Besitzern unverbrüchlich die Treue. Aber sie haben auch ein ausgeprägtes Selbstgefühl. Sie erkennen die Grenze zwischen sich selbst und anderen, zumindest emotional, wenngleich nicht auf einer voll bewussten oder geistigen Ebene. Das ist gut, weil sie dadurch eine enge Bindung zu Menschen eingehen und ein Gespür für das emotionale Klima in ihrem Umfeld entwickeln können, aber gleichzeitig mit ihren eigenen Gefühlen oder Sinneswahrnehmungen in Berührung bleiben. Eine fantastische Sache – erstrebenswert.«

»Und was ist mit dir, Papa?«, unterbrach ich seine Lobrede auf Cleos emotionale Intelligenz. »Hast du nach Daddys Tod Heilung gefunden?«

Papa schwieg, hing seinen Gedanken nach. Der Tod ist in der Tat ein kompliziertes Thema.

Er seufzte, übermannt von Gefühlen, die sich in seinen Augen spiegelten. »Ich tue mein Bestes.«

8

Gibt es irgendetwas, was ich Krishu unbedingt beibringen sollte?

Wirklich wichtig ist, authentisch zu sein. Wenn wir den Kontakt zum Selbst bewahren und uns wohl in unserer Haut fühlen, strahlen wir auch nach außen hin eine ungekünstelte, unverfälschte Menschlichkeit aus. Nichts ist schöner, anziehender oder der Entwicklung förderlicher als frei zu sein von dem Zwang, eine soziale Maske zu tragen. Diese ungekünstelte, unverfälschte Menschlichkeit oder das Gefühl des Einklangs mit der eigenen Identität ermöglicht einem Menschen, spontan und mühelos zu handeln und den Herausforderungen des Lebens, denen er sich gegenübersieht, mit Freude, Mut und Selbstvertrauen zu begegnen.

Es war eine Weile her, seit wir das letzte Mal etwas von meiner Mutter gehört hatten. In Anbetracht der Tatsache, dass wir praktisch zeit meines Lebens mehrmals am Tag miteinander telefoniert hatten, war ich trotz der Funkstille erstaunlich gelassen. Für mich bedeutete das, dass es nichts Wichtiges zu berichten gab, dass sich Nana auf dem Weg der Besserung befand. Das änderte sich, als ich einen Anruf von meinem Vater erhielt.

»Hast du mit deiner Mutter telefoniert?«

»Nein«, erwiderte ich. »Schon ein paar Tage nicht mehr. Warum?«

Schweigen.

»Ich kann sie nicht erreichen.«

Er klang besorgt. Ich kannte diesen Ton gut, vor allem wenn es um die Erreichbarkeit meiner Mutter ging. Für einen Mann, der einen großen Teil seiner Zeit damit verbrachte, allein in der Weltgeschichte herumzureisen, war das eine seltsame Ironie des Schicksals. Papa wollte immer genau wissen, wo sich meine Mutter gerade aufhielt, und es machte ihn wahnsinnig, wenn seit dem letzten Gespräch mehr als zwei Stunden vergangen waren, auch wenn er nichts Besonderes zu erzählen hatte.

Richtig, *zwei Stunden,* genauso lange, wie ein Film im Durchschnitt dauerte. Dieses Thema war in der Ehe meiner Eltern seit jeher von beträchtlicher Bedeutung. Meine Mutter liebt es, sich Filme anzuschauen, und mein Vater hasst es, sich nicht mit ihr unterhalten zu können, wann immer er den Wunsch verspürt. Trotz dieser überwältigenden Herausforderung halten sie an ihren Gewohnheiten fest.

»Ich bin sicher, dass alles in Ordnung ist«, versuchte ich Papa zu beruhigen. »Andernfalls hätte sie sich gewiss gemeldet.«

»Ja, bestimmt hast du recht.«

Doch als ich auflegte, war ich derjenige, der sich Sorgen machte. Ich versuchte, Mom auf ihrem Handy zu erreichen, aber wie befürchtet ging sie nicht ran. Abends ging ich mit einem unguten Gefühl ins Bett. Doch ungefähr eine Stunde später, kurz nach Mitternacht, läutete das Telefon. Meine Mutter war am Apparat.

»Ist alles in Ordnung?«, fragte ich, bevor sie auch nur ein Wort herausbringen konnte.

»Nana ist wieder in der Klinik.«

Ich wusste nicht, was ich sagen sollte.

»Er fühlte sich unwohl, konnte nicht aufstehen und wirkte verwirrt. Vielleicht war er dehydriert, aber …« Sie brach ab.

»Aber was?«, hätte ich am liebsten nachgehakt, aber ich hielt mich zurück, weil ich spürte, dass meine Mutter nicht weiter auf das Thema eingehen wollte.

»Sie führen weitere Untersuchungen durch«, fuhr sie fort. »Ich wollte abwarten, bis ich weiß, was los ist, bevor ich euch anrufe, doch das kann ein paar Tage dauern.«

Ihre Stimme klang angespannt. Die Angst und Unsicherheit, was das Ganze zu bedeuten hatte, setzten ihr merklich zu. Ich hätte ihr gerne etwas Beruhigendes gesagt, doch mir fehlten die Worte.

Wir redeten noch ein paar Minuten, ich schilderte ihr die Entwicklungsfortschritte, die Krishu gemacht hatte, und sie brachte mich auf den neuesten Stand, was unsere Verwandten in Indien betraf. Aber ich spürte, wie ausgelaugt sie war. Es lag nicht nur an der Ungewissheit bezüglich Nanas Gesundheit. Sie hatte Heimweh, sehnte sich nach ihren Enkelkindern, die in den letzten Jahren ihr Lebensinhalt geworden waren. Und nach Papa. Sie erkundigte sich, wie es ihm ging.

»Gut.« Ich nickte, als könnte sie mich auf der anderen Seite des Planeten sehen. Es hatte keinen Sinn weiterzureden. Auch wenn sie Welten voneinander getrennt waren wie jetzt, wusste sie genau, wie es Papa wirklich ging.

Mom versprach anzurufen, sobald sie mehr über Nanas Gesundheitszustand wusste. Sie bat mich, Krishu einen dicken Kuss zu geben, dann sagte sie gute Nacht. Ich drehte mich zu meinem Sohn um und kam der Bitte auf der Stelle nach. Aber ich konnte nicht mehr einschlafen. Ich wälzte mich die ganze Nacht hin und her, was schlecht war angesichts der Tagesordnung, die mich erwartete.

TAGEBUCHEINTRAG 1.8.09
VORMITTAG:
Hund wacht um 4:46 Uhr auf.
Kind wacht um 4:47 Uhr auf.
Kind pinkelt auf Schlafzimmerboden.
Hund kackt auf Kinderzimmerboden.
Kind pinkelt auf Badezimmerboden.
Kind und Hund streiten sich um die Wurst.
Hund siegt.
Kind heult.
Papa (Deepak) wacht auf und beschließt, Spaziergang zu Starbucks zu machen.
Kind pinkelt auf Wohnzimmerboden.
Hund schläft.
Kind will zu Mama.
Papa (Gotham) erschöpft.

Als Vater eines Kleinkinds hatte ich eines entdeckt: Was früher für mich der Freitagabend war, war heute für mich der Montagmorgen. Es gab keinen anderen Wochentag, auf den ich mich mehr freute, weil um Punkt neun unsere wunderbare Kinderfrau auftauchte, um uns Krishu abzunehmen. Nachdem wir das ganze Wochenende wie gewohnt mit der endlosen Aufgabe verbracht hatten, den Jungen zu unterhalten, hinter ihm herzuwischen und ihn zu säubern, sah ich dem Montagmorgen mit der gleichen unermesslichen Erleichterung entgegen wie ein Todeskandidat dem Anruf des Gouverneurs, der ihn in letzter Minute begnadigt.

Ich war nicht der Einzige. Montagmorgens war Candices Schritt eindeutig beschwingter und energievoller, angetrieben von dem Bestreben, das Haus so schnell wie möglich zu verlassen, um arbeiten zu gehen. Das erklärt, warum an jenem Augustmorgen, als der Sturm über uns hereinbrach, keine noch so große Anzahl Lutscher (Krishus Schwachstelle) dazu beitragen konnte, das Jüngste Gericht abzuwenden. Am Vorabend hatte unsere Nanny angerufen und uns mitgeteilt, dass sie sich nicht wohlfühle und vermutlich nicht zur Arbeit kommen könne. Da in jenem Sommer der tückische H1N1-Schweinegrippenvirus Einzug gehalten hatte, legten wir ihr dringend nahe, zu Hause zu bleiben. Candice war mittlerweile um vier Uhr morgens zu einem Notfall in die Klinik beordert worden – ein Patient, der einen Autounfall gehabt hatte. Damit blieb es an mir hängen, den Montagmorgen über die Bühne zu bringen. Alles deutete darauf hin, dass der Weltuntergang bevorstand.

Ich hatte immer betont, dass ich mich mit den sogenannten Erziehungsfragen erst dann auseinandersetzen wollte, wenn wir Kinder hätten. Aus meiner Sicht war bisher alles bestens verlaufen. Sowohl Cleo als auch Krishu lebten noch und allem Anschein nach ging es ihnen gut. Wenn schon nichts anderes, so war ich sehr stolz auf meine Methode, weil sie einen krassen Gegensatz zur stärker regulierten Philosophie meiner Frau bildete. Mit anderen Worten, ich spielte den Guten, eine Rolle, die ich meiner Ansicht nach hervorragend beherrschte und die mir jede Menge Selbstachtung einflößte, auch wenn meine Frau mich deswegen gelegentlich verfluchte. Der Nachteil war, dass sie die Augenblicke genoss, in denen ihre strikte Erziehungsmethode keinen Ausgleich zu meinem Laissez-faire-Stil schuf. Sie wusste besser als jeder andere, dass ein Super-GAU eintreten würde, wenn ich auf mich allein gestellt wäre, vor allem in Schlüsselsituationen, wenn Krishu und Cleo nach eingespielten Ritualen und einem geregelten Ablauf verlangten. Eine bittere Medizin, die mir nicht erspart blieb.

Papas Anwesenheit im Lauf der letzten Wochen hatte der ohnehin schon bunten Mischung eine neue unberechenbare Größe hinzugefügt. Besonders Cleo betrachtete ihn mit einer Mischung aus Zuneigung und Argwohn. Einerseits war Papa ein weiterer Zweibeiner, der bei entsprechendem Nachdruck vielleicht ein paar Leckerlis herausrücken, mit ihr Gassi gehen und einer gewieften Anthropologin wie ihr als Studienobjekt dienen konnte. Da er nicht zwangsläufig Kenntnis von ihren bisherigen strategischen Meisterleistungen besaß, konnte sie ihn möglicherweise manipulieren und dabei seine schwache Position in der Haushaltshierarchie ausnutzen.

Andererseits, und das war ein Nachteil, mochte er vielleicht schneller herumzukriegen sein, wenn es um Leckerlis ging, aber mit ihren Ritualen und Routinen war er nicht vollumfänglich vertraut. Wenn sie sich beispielsweise ankuschelte, wie sie es bei jedem warmem Körper tat, der sich in ihrer Nähe befand, rückte er in kurzer Zeit von ihr ab. Eine Reaktion, die Verwirrung und Verärgerung auslöste. Warum wollte er nicht, dass sie seinen Geruch mit ihrem überlagerte? Und warum verwehrte er ihr seine Körperwärme?

Wenn das so war, auch gut, sie hatte schon verstanden. Sie würde sich von ihm fernhalten und wieder das tun, womit sie beschäftigt gewesen war, bevor Papa sie beleidigt hatte. Später konnte man es ja noch einmal versuchen. Das war schließlich keine Schande. Nichts für ungut. Man sollte nie aufgeben, wenn man beim ersten Mal keinen Erfolg hat ...

Dieses Verhaltensmuster war nicht auf Cleo und Papa beschränkt. Es war festgefügter Bestandteil aller Beziehungen im Haus, insbesondere, was das Verhältnis von Krishu und Cleo betraf. Während Krishu die zahllosen Meilensteine seiner physischen, kognitiven und emotionalen Entwicklung erreichte – Grenzen zu testen, sich verbal auszudrücken, seine Grob- und Feinmotorik zu steuern begann –, stimmte Cleo ihr Verhalten auf das seine ab. Es galt nicht nur, wachsam zu sein, physischen Raum zu besetzen oder für den Notfall Fluchtpläne in petto zu haben, sondern ihre eigenen Emotionen und Reaktionen auf ihn immer wieder aufs Neue zu kalibrieren.

Unsere Wochenenden hatten sich in endlose Therapiesitzungen verwandelt, zu denen auch gehörte, dass wir bei den Fehden zwischen Cleo und Krishu die Rolle des Unterhändlers übernahmen, die Widersacher trennten, ermahnten und versöhnten – und das Ganze wieder von vorn. Der faszinierendste Aspekt war, dass weder Cleo noch Krishu dieses Karussells jemals überdrüssig wurden. Wie hoch es auch hergehen mochte, mit Tränen, Knurren, Faustschlägen oder Schnappen, nach einer Verschnaufpause von nur wenigen Minuten gürteten sie ihre Waffen und stürzten sich abermals ins Getümmel.

Als Papa schließlich von seiner Starbucks-Expedition zurückkehrte – er war klugerweise über eine Stunde verschwunden gewesen –, erlebte er aus erster Hand eine weitere alltägliche Interaktion zwischen Krishu und Cleo mit. Während Krishu frühstückte – Waffeln, in Sirup getränkt –, stand Cleo ergeben zu seinen Füßen, in der Hoffnung, dass er ihr ein paar Brocken zukommen lassen würde. Doch Krishus Aufmerksamkeit war auf den Fernseher gerichtet, wo ihn meine treue Gefährtin in schweren Zeiten wie diesen (auch *Dora die Entdeckerin* genannt, eine Zeichentrickfigur, die Englisch und Spanisch spricht und somit der zweisprachigen Vorschulerziehung dient) mit ihren spannenden Abenteuern eine halbe Stunde lang ablenkte und bei Laune hielt. Da er völlig vertieft schien, war die Wahrscheinlichkeit gering, dass er Cleo an seinen Gaumenfreuden teilhaben lassen würde. Da sie dies wusste, blieb nur noch die Möglichkeit zu erkunden, ob sie ihm nicht eines von diesen leckeren, vor Sirup triefenden Vierecken vom Teller stibitzen konnte. Nach reiflicher Überlegung blieb kein Raum mehr für Zweifel. Koste es, was es wolle, die Waffel musste her. Sie glitt hinter ihn.

Wenn man Cleo beobachtete, wurde klar, warum nicht Hunde, sondern Katzen dafür bekannt sind, dass sie sich »auf leisen Sohlen« anschleichen. Ihrer Technik fehlte der letzte Schliff, das Stilbewusstsein. In diesem Sinne war sie anspruchslos. Für Cleo zählte nur, dass die Aufgabe erledigt wurde, egal wie, Hauptsache mit dem gewünschten Ergebnis, in diesem Fall kulinarischer Art. Die Hinterläufe wegen des sicheren Stands auf den Fußboden gestemmt, die Vorderläufe reglos auf Krishus Miniaturtisch platziert, brachte sie sich in Position, um ihr Hauptziel ins Visier zu nehmen; dabei achtete sie darauf, das Gleichgewicht zu halten, um notfalls blitzschnell aus der Gefahrenzone zu gelangen, sollte er sie eiskalt erwischen.

Er erwischte sie.

Das richtige Timing ist alles, wie es heißt. Zwischen zwei Bissen, als Dora allem Anschein nach ebenfalls eine Pause einlegte, griff Krishu nach einer weiteren Waffel und bekam stattdessen einen Waffeldieb mit flauschigem Kopf und feuchter Nase zu fassen.

»Lass meine Waffel los!« Seine Augen funkelten.

Offener Widerstand auf Cleos Seite.

Weißglut.

Zu Krishus unlängst erreichten Meilensteinen gehörte unter anderem eine ausgeprägte Besitzgier, trotz wiederholter Ermahnungen, dass wir in unserem Haus »alles zu teilen« pflegten. In den letzten Wochen bekamen wir ständig den Ausruf »Meins!« zu hören. Es ging dabei nicht nur um Waffeln, sondern auch um Spielsachen, Kleidung, Möbel, ja sogar Menschen. Vor allem schien bei ihm der Ödipuskomplex eingesetzt zu haben, denn Candice existierte nur noch in Zusammenhang mit *seiner* Person. Jedes Mal, wenn ich von »*meiner* Frau« sprach, ging er auf die Barrikaden. Er wollte nichts davon hören. Sie war *seine* Mama, *seine* Frau, *seine* Tante, *seine* Tochter, *seine* Freundin oder gleich welche Qualifikationsmerkmale wir sonst noch anführten.

Doch zurück zur Waffel: Cleos Überfall aus dem Hinterhalt war gescheitert. Sie war in flagranti dabei erwischt worden, wie sie sich *seiner* Waffeln bemächtigen wollte. An Abwehr war nicht zu denken. In solchen Situationen glich Krishu den Taliban: Seine Strafe war unvermeidlich, erbarmungslos und blitzschnell. In diesem Fall war außerdem nicht an irgendwelche Ausweichmanöver zu denken, weder im übertragenen noch wörtlichen Sinn. Magisch angezogen und abgelenkt durch Aunt Jemimas Sirup, hatte sie keine todsichere Rückzugsmöglichkeit einkalkuliert. Sie hatte sich keinen Fluchtplan zurechtgelegt. Als sie die Position hinter Krishu einnahm, hatte sie sich zwischen Wand, Couch, Tisch und ihm selber eingekesselt. In die Enge getrieben.

»Meine Waffel!«, brüllte er und griff nach dem Viereck, das aus ihrem Maul hing.

Ihre Behändigkeit einmal mehr beweisend, gelang es ihr, seinem Zugriff geschickt auszuweichen. Ein beeindruckendes Hinhaltemanöver, aber nur kurzfristig wirksam. Langfristig konnte sie ihm nicht entkommen: Krishu hatte sie eingekeilt und er wusste es.

Er startete einen zweiten Versuch, ihr die Waffel zu entreißen, dieses Mal mit voller Wucht. Da er seine Anatomie noch nicht voll beherrschte, verfehlte er den klebrigen Leckerbissen und seine geöffnete Handfläche landete mit voller Wucht auf ihrer Schnauze. Candice und ich waren unlängst aufmerksamer geworden, was Krishus Angriffe auf Cleo betraf, und bemühten uns nach besten Kräften, die Situation zu entschärfen und/oder sich abzeichnende Probleme wenn möglich bereits im Vorfeld zu lösen. Doch oft gewann das Gesetz des Dschungels die Oberhand und physische Gewalt herrschte in unserem Haushalt. Das war alles andere als angenehm und wir waren keineswegs stolz darauf. Doch wie so oft gelangten wir zu dem Schluss, dass das Leben auf den Straßen von Santa Monica nun mal kein Zuckerschlecken war. Natürliche Auslese, Überleben der Stärksten, Bestangepassten und so.

Krishu und Cleo rangen miteinander, und am Ende siegte Cleos urwüchsiger Überlebensinstinkt. Auch ein Hund hat seinen Glückstag und an diesem Tag hatte Cleo nicht nur Glück, sondern auch ihre Waffel. Nach dem Kampf, der epische Ausmaße angenommen hatte, humpelte Cleo mit einem leisen, wenngleich triumphierenden Winseln davon, während Krishu angesichts der schändlichen Niederlage am Boden zerstört war.

Papa, der miterlebt hatte, wie das dramatische Geschehen seinen Lauf nahm, hatte es offenbar die Sprache verschlagen. Aber nicht lange.

»Typisch *Leela*«, verkündete er, die Beziehung zwischen Krishu und Cleo beschreibend. Leela war auch der Name von Krishus älterer Schwester, Mallikas Tochter, doch in diesem Fall beschwor Papa die tiefere Bedeutung des Wortes herauf. *Leela* bedeutet ›Spiel des Universums‹.

»Genauer gesagt ist damit der erlesene Tanz der gesamten Schöpfung gemeint«, fügte Papa mit einem Nicken hinzu. »Der ein- und ausatmende Kosmos, das Zusammenwirken all dessen, was ist.«

»Wie das?«, fragte ich, während ich Krishu als Trostpflaster ein paar Truthahnwürstchen anbot.

Papa deutete auf Cleo, die das Stück Waffel hinuntergeschlungen hatte, das ihr geblieben war. Schwanzwedelnd und von neuer Energie erfüllt, kehrte sie langsam zu uns zurück, bereit, wieder mit Krishu zu spielen.

»Weil Cleo – wie das Universum selbst – nicht nachtragend ist. Sie weiß, dass man verzeihen und einen neuen Anfang machen sollte.«

Obwohl es schwerfällt, sich daran zu erinnern, wie das Leben vor dem unablässigen Wirbelsturm der Kindererziehung war, gab es einmal eine Zeit, als Candice und ich unsere eigenen Abenteuer erleben durften. Einige Jahre nach unserer Hochzeit und dem Abschluss ihres Medizinstudiums in Los Angeles beschlossen wir, einige Monate in Indien zu verbringen. Es war keine leichte Entscheidung, aber der Zeitpunkt fühlte sich richtig an. Candice war gerade mit ihrer Ausbildung fertig, die fast ein Jahrzehnt gedauert hatte, und der nächste unausweichliche Schritt hätte darin bestanden, ins Arbeitsleben einzutreten. Wir wussten beide, dass es schwer sein würde, diesen Weg wieder zu verlassen, um eine längere Auszeit zu nehmen. Ich hatte inzwischen mit zwei Freunden eine neue, aufregende Medienfirma gegründet. Der Hauptsitz unseres Unternehmens befand sich in Indien, das ich zwar von klein auf beinahe jedes Jahr, aber als Erwachsener nie für längere Zeit besucht hatte. Für mich war Indien das Land, in dem meine Eltern geboren waren, meine Großeltern lebten und meine Vorfahren sich abgerackert hatten. Ich fühlte mich dort nicht unbedingt heimisch, doch ein großer Teil der Kultur und Denkweise, die einen Fixpunkt in meinem Leben darstellten, waren dort verwurzelt. Wenn es je eine Zeit gegeben hatte, um Indien näher kennenzulernen, dann jetzt. Es gab nur ein Problem: Cleo.

Cleo gehörte praktisch zum Inventar, war unsere Gefährtin. Sie war das fünfte Rad am Wagen und unsere beste Freundin. Doch trotz der Tiefe unserer Gefühle für sie wussten Candice und ich, dass es bei der Entscheidung bezüglich Indien »Jetzt oder nie« hieß. Wir hatten nicht vor, uns dort ein für alle Mal niederzulassen, aber wir wollten auch keinen festen Termin für unsere Rückkehr festlegen. Die Reisen nach Indien waren bisher immer mit Verpflichtungen verknüpft gewesen. Bei unseren Besuchen stand meistens die Teilnahme an Hochzeiten innerhalb der Familie auf dem Programm, wochenlangen Veranstaltungen, bei denen ein Fest das andere und ein Ritual das nächste jagte; etwas anderes zu unternehmen, beispielsweise einmal aus Neu-Delhi, wo meine Verwandten lebten, herauszukommen, erwies sich schlicht als unmöglich.

Candice fand die Aussicht aufregend, dieses Mal verschiedene Teile des Landes zu bereisen und abenteuerliche Fahrten zu Pilgerstätten, in die ländlichen Regionen und zu diversen anderen exotischen Sehenswürdigkeiten in der Berglandschaft des Nordens, den Wüsten im Osten und den am Meer gelegenen Städten im Süden zu unternehmen. Ich selbst wollte mich nicht nur auf die Arbeit und die neue Firma konzentrieren, sondern echten Kontakt zur Seele Indiens suchen. Für mich war Indien mehr als das Land meiner Vorfahren; ich hatte im Lauf der Jahre zunehmend festgestellt, dass seine überlieferten Weisheiten, seine Kultur und seine Traditionen ein lebendiger Teil meines eigenen Wesens waren. Es gab Aspekte in meiner Persönlichkeit, die ich nur dadurch entdeckte, dass ich mich mit den Geschichten und der Kultur Indiens vertraut machte. Ich sehnte mich nach mehr. Es war wie ein Juckreiz, der das Bedürfnis in mir weckte zu kratzen.

Bevor wir nach Indien aufbrachen, flogen Candice und ich nach Atlanta, um Cleo bei Candices Mutter abzuliefern. Das Wiedersehen zwischen den beiden zeugte einmal mehr von Cleos ausgeprägtem Familiensinn. Obwohl sie Candices Mutter nur sporadisch sah, im Schnitt alle sechs Monate, war die Bindung an sie zutiefst emotional und unerklärlich, zumindest für einen Amateur wie mich. Auch jetzt waren sie unverzüglich wieder miteinander vertraut, ein Herz und eine Seele. Cleos überschwängliche Freude beim Anblick von Candices Mutter ließ sich nur noch mit der Begeisterung vergleichen, die sie an den Tag legt, wenn sie Candice nach einer kurzen Trennung wiedersieht. Ihr Schwanz schlug heftig hin und her und sie kläffte in den allerhöchsten Tönen, als gäbe es keine andere Möglichkeit, ihre Aufregung zum Ausdruck zu bringen. Zum Schluss stellte sie sich wie üblich auf die Hinterbeine und versuchte, sich an ihr festzuklammern, um sie, so oft es ging, abzuschlecken, obwohl wir versucht hatten, ihr diese Unart abzugewöhnen.

Genau deshalb waren wir zu der Entscheidung gelangt, dass Candices Mom der einzige Mensch war, bei dem Cleo während unserer Abwesenheit bleiben konnte. Das Leben in Atlanta würde ihr eine Fülle von Vorteilen und Annehmlichkeiten bieten. Gemeinsam würden die beiden mehrmals am Tag einen Spaziergang unternehmen. Sie würden sich in Straßencafés stärken und in Hundeparks herumtollen. Und nachts würde Cleo nicht in irgendein Hundequartier oder in ihr Hundebett verfrachtet, das sie trotz der luxuriösen Ausstattung nicht interessierte; sie konnte mit einem kuscheligen Plätzchen im geräumigen Bett der

Zweibeiner rechnen, genau wie daheim. Wir redeten uns ein, dass es Cleo in diesem Umfeld viel besser gehen würde. Candice und ich hatten neuerdings so viel um die Ohren, dass wir weniger Zeit als früher mit ihr verbringen konnten. Von den ausgedehnten Ausflügen in die Umgebung waren wir zu kurzen Bombenangriffen übergegangen, bei denen wir erwarteten, dass sie ihre Traglast innerhalb eines halben Blocks abwarf, um danach auf schnellstem Weg nach Hause zurückzukehren. In Atlanta würde Cleo die uneingeschränkte Aufmerksamkeit von Candices Mutter zuteilwerden, die gerade erst in den Ruhestand eingetreten war und noch immer überlegte, wie sie ihre Tage ausfüllen sollte. Wir schlugen zwei Fliegen mit einer Klappe. Beide konnten sich glücklich schätzen, einander zu haben. Zumindest redeten wir uns das ein.

Es überrascht wohl nicht, dass Candice diesen Punkt ansprach, als sie in letzter Minute laut überlegte, ob wir die ganze Sache nicht doch lieber abblasen sollten. Dass unser großes Abenteuer nicht nur mit Vorfreude, sondern auch mit emotionalem Ballast und Schuldgefühlen befrachtet war, war für uns beide ein wunder Punkt. Wir hatten immer wieder erklärt, Cleo über alles zu lieben. Und dennoch ließen wir sie mir nichts dir nichts zurück, auf unbestimmte Zeit, solange uns die Wanderlust im exotischen Indien beflügelte. Würden wir uns genauso verhalten, wenn es sich um unser Kind handelte, fragten wir uns getrennt voneinander. Zweifellos nicht. Und dennoch, trotz des schlechten Gewissens freuten wir uns auf das bevorstehende indische Abenteuer.

Obwohl hin- und hergerissen vom Auf und Ab der Gefühle, war ich tief in meinem Innern überzeugt, dass es für uns der richtige Schritt zum richtigen Zeitpunkt war.

»Candice, wir *müssen* fliegen«, erklärte ich mit vorgetäuschter Entschlossenheit. »Und wir *müssen* Cleo hier lassen. Sie wird das schon verkraften.«

Einige Tage später, als wir endlich an Bord unseres Flugzeugs nach Indien gingen und uns in unsere engen Sitze zwängten, fragte Candice: »Glaubst du, dass Cleo sauer auf uns ist?«

Insgeheim hatte ich mir schon seit Tagen die gleiche Frage gestellt. Wir waren beide überrascht, wie kalt und distanziert sie reagiert hatte, als wir uns in Atlanta von ihr trennten. Als ich sie auf den Arm genommen und zum Abschied geküsst hatte, hatte sie mich im Gegenzug kein einziges Mal abgeschleckt. Das sah ihr überhaupt nicht ähnlich.

Da ich spürte, dass Candice nach wie vor zutiefst zwiespältige Gefühle bezüglich unserer Reise hegte, behauptete ich steif und fest, dass sie sich das Ganze nur einbilde. Candices Mutter hatte uns zudem versichert, dass es ihr gut ging. Sie hatte sich gut eingewöhnt und Candices Vater bereits aus dem Ehebett und ins Untergeschoss vertrieben, ein sicheres Zeichen, dass sie sich auch hier zu behaupten und für ihre Bequemlichkeit zu sorgen wusste. Gewiss war unsere Trennung mit einem Anflug von Unmut einhergegangen, aber Wut auf die Familie gehörte nicht zu ihrem emotionalen Arsenal.

Rückblickend fällt mir nur eine Situation ein, in der Cleo ernsthaft wütend oder boshaft erlebt habe; das war einige Jahre her, während Candices Medizinstudium. In Rage wegen Sampson, der Candices Mitbewohnerin gehörte, aus dem gleichen Wurf stammte und sie ständig ärgerte oder aus ihrem Napf fraß, marschierte Cleo in unserer Anwesenheit zu seinem Hundebett, hockte sich hinein und pinkelte. Candice bestrafte sie und wusch das Hundebett, doch sie tat es wieder.

Oberflächlich betrachtet war dieser Akt der Auflehnung

und Wut ein wenig nervenaufreibend. Doch insgeheim beeindruckte mich ihr Eigensinn. Sampson hatte bei ihr zweifellos den Rubikon überschritten und sie signalisierte ihm, dass sie sein Fehlverhalten nicht länger hinzunehmen gedachte. Das Wissen, dass eine äußerst duldsame Hundedame wie sie offenbar ihre eigenen unantastbaren Grenzen hatte, war beruhigend. Ich schloss daraus, dass Cleo mehr als fähig war, bestimmte Begebenheiten zu verstehen und auf der Grundlage ihrer damit verbundenen Gefühle zu handeln.

In diesem Fall war ich jedoch überzeugt, dass Cleo niemals imstande sein würde, ihre Wut gegen uns zu richten, ganz zu schweigen davon, in unserer Abwesenheit einen heimlichen Groll zu hegen. Ich hatte den größten Respekt vor meinem Hund, aber zu dieser Form der emotionalen Rachsucht und zerebralen Winkelzüge schien sie nicht fähig zu sein.

Ich versicherte Candice abermals, dass es Cleo bei ihrer Mutter gut gehen würde und wir uns eigentlich auf die Reise freuen sollten. Wir hatten beschlossen, unsere Zelte in Bangalore aufzuschlagen, einer geschäftigen Großstadt in Südindien, dem Standort meiner Firma. Als Mitglied eines Familienclans aus dem Norden war mir der südliche Teil des Landes, der dem Vernehmen nach eine ganz eigene Kultur und Atmosphäre besaß, so gut wie unbekannt. Candice hatte auch eine Reihe von Ausflügen geplant; bei einigen würde ich mit von der Partie sein, den Rest würde sie mit Bekannten und Verwandten unternehmen. Um uns voll auf die geplanten Aktivitäten einzulassen, mussten wir emotional reinen Tisch machen, ohne uns mit Schuldgefühlen oder nachträglichen Überlegungen zu belasten. Für Candice war es besonders wichtig, sich einmal von den Zwängen des letzten Jahrzehnts zu befreien, in dem ihr Leben von den strengen Regeln und Terminen der akademischen und medizinischen Welt bestimmt worden war.

In dieser Hinsicht war alles perfekt. Candice und ich verbrachten ungefähr ein halbes Jahr in Indien. Es gelang mir ganz gut, mich auf die Firma zu konzentrieren und in Bangalore und Bombay wie nie zuvor Kontakte zu knüpfen und Netzwerke aufzubauen. Candice sorgte in diesen Monaten für Abwechslung mit einer langen Liste von Ausflügen zu Tempeln und Teeplantagen, einer Dschungelsafari, einer Pilgerreise und einem kurzen Intermezzo in einem namhaften, von Missionaren geleiteten Krankenhaus, wo sie sich über die Methoden der dortigen Ärzte informierte und ehrenamtlich mitarbeitete. Alles in allem fanden wir genau das, wonach wir gesucht hatten. Wir hatten beide unsere eigene ›Entgiftungskur‹ benötigt, die noch dringlicher war als mein Bedürfnis, mich ins kleine Einmaleins der Start-up-Unternehmen zu vertiefen, oder Candices Wunsch, den Lehrbüchern und Notaufnahmen zu entkommen. In L.A. war das Leben an uns vorübergegangen, dem Stress zum Opfer gefallen. Wir hatten uns mit unseren Aktivitäten – und Zielsetzungen – verzettelt, die viel Energie gekostet und es uns schwer gemacht hatten, überhaupt noch einen Sinn in dem zu sehen, was wir taten.

Papa hatte mir einmal erzählt, dass die meisten Leute in ihrem Leben irgendwann an den Punkt gelangen, wo sie »hart in einem Beruf arbeiten, der ihnen nicht wirklich Spaß macht, um Dinge zu kaufen, die sie nicht wirklich brauchen, und Menschen zu beeindrucken, die sie nicht wirklich mögen«. Diese Beobachtung hatte ich auch bei mir gemacht, bevor Indien es mir ermöglichte herauszufinden, was mir wirklich wichtig war.

In dem halben Jahr unserer Abwesenheit riefen wir alle paar Tage bei Candices Mutter an. Wir erkundigten uns, wie sie mit ihrem neuen Leben im Ruhestand zurechtkam, welche Hobbys sie sich gesucht hatte und welche Neuigkeiten es vom Rest der Familie gab. Am wichtigsten war uns jedoch zu erfahren, wie es Cleo ging. Die Berichte waren ausnahmslos die gleichen. Cleo war quietschfidel.

Gegen Ende unseres fünften Monats in Indien fuhren Candice und ich von Bangalore aus zu einem Dorf, das weithin für seine berühmten Nadi-Astrologen bekannt war. Die Nadi-Astrologie gehört zu den zahlreichen Phänomenen, die man überall in Indien findet, einem Land, in dem Wissenschaft und Spiritualität eine friedliche Koexistenz wie in keinem anderen Teil der Welt führen. Heute fördert und bringt eine Metropole wie Bangalore einige der weltweit klügsten Köpfe hervor, Meister der Physik, Informatik und Technologie, und exportiert sie an führende Unternehmen rund um den Globus. Gleichzeitig scheinen diese brillanten jungen Leute – die meisten sind in der Tat kaum trocken hinter den Ohren – ihr Leben an spirituellen und religiösen Leitlinien auszurichten, die im krassen Gegensatz zu ebenjenen Wissenschaften und Theorien stehen, die den Rest ihres Alltags bestimmen. Sie selbst sehen keinen Widerspruch zwischen diesen beiden Welten. Ganz im Gegenteil, sie ergänzen sich in ihren Augen sogar: Dieselbe übergeordnete Intelligenz, die das Universum lenkt, beseelt auch seine tieferen Geheimnisse.

Die Nadi-Astrologen können auf eine uralte Abstammungslinie verweisen und rühmen sich ihrer Fähigkeit, das individuelle Schicksal aller Besucher – Vergangenheit, Gegenwart und Zukunft – aus alten Palmblättern lesen zu können, die zusammengerollt in Palmblattbibliotheken an sieben verschiedenen Orten in Indien aufbewahrt werden. Und einen dieser Orte wollten Candice und ich aufsuchen.

Der Ablauf ist folgendermaßen: Jeder Besucher liefert

nur einen Fingerabdruck, bei Männern der rechten und bei Frauen der linken Hand. Keine Namen, keine Sozialversicherungsnummern, PINs, Passwörter oder andere Identifikationsmerkmale. Auf der Grundlage dieser Fingerabdrücke suchen die Nadi-Astrologen das entsprechende Palmblatt (völlig individuell), aus der sie ›die Lebensgeschichte‹ des Menschen ablesen.

Unglaublich?

Und ob! Und genau deshalb beschlossen Candice und ich, dass wir uns diesen Ausflug nicht entgehen lassen durften. Da die Nadi-Astrologie von einem so spektakulären Geheimnis umgeben war, ganz zu schweigen von der atemberaubenden Legende der Akasha-Chronik, in der sie wurzelte, hatte ich eine prachtvolle Kulisse für unsere prophetischen Lesungen erwartet. Doch wieder einmal erwies sich Indien als zutiefst widersprüchlich. Statt einer Ehrfurcht gebietenden mystischen Weihestätte fanden Candice und ich uns nach einer mehrstündigen Fahrt in einem staubigen kleinen Dorf mit baufälligen Häuserfronten wieder, die durch schmale unbefestigte Straßen voneinander getrennt waren. Die legendären Nadi-Astrologen, die ich mir wie weise Mystiker mit altersgrauen Bärten und fließenden safrangelben Gewändern vorgestellt hatte, entpuppten sich als schläfrige *Sadhus,* die sich zwischen den Terminen eine heimische Bidi-Zigarette an der anderen anzündeten und mit ihrem Handy endlose Telefongespräche führten. Wir hatten einen jungen indischen Dolmetscher namens Mishra mitgebracht. Er war in der Gegend geboren, beherrschte die Sprache und kannte den Weg. Er freute sich, uns zu Diensten zu sein, und war mit der Geschichte und Kultur dieses indischen Landstrichs vertraut. Als er meine fassungslose Miene bemerkte, lachte er. »Genau wie euer Disneyland, oder?«

Nachdem man uns abgestandenes Sodawasser und ekelhaft süße indische Desserts angeboten hatte, wurden Candice und ich in eine baufällige Behausung eskortiert, wo Gesänge aus einem tragbaren CD-Spieler von den gelben Wänden widerhallten. Bevor die Sitzung offiziell begann, erklärte uns Mishra, dass es sich normalerweise um eine vertrauliche Angelegenheit handelte, bei der nur der Astrologe, der Besucher und der Dolmetscher anwesend waren.

»Man weiß nie, was die Palmblattlesungen offenbaren.« Sein Tonfall deutete auf einschlägige Erfahrungen hin. »Es geht dabei nicht nur um die Geister der Vergangenheit, die heraufbeschworen werden, sondern möglicherweise auch um künftige Geheimnisse.«

Ich wusste nicht genau, wie ich darauf reagieren sollte. Candice und ich hatten seit jeher großen Wert auf Offenheit gelegt. Keiner von uns beiden hatte irgendwelche wie auch immer gearteten Leichen im Keller (zumindest soweit mir bekannt war). Doch der Gedanke an künftige Geheimnisse, die enthüllt werden sollten, machte mir zu schaffen. Wie sich herausstellte, war das nur die Spitze des Eisbergs. Eines Eisbergs, der sich in diesem Fall in einem schwülen südindischen Dorf befand.

Diejenigen, die sich eingehender mit der Nadi-Astrologie beschäftigt haben, Papa eingeschlossen, erklären dieses Phänomen mit einer Mischung aus mystischer Terminologie und Quantenphysik. »In jedem Individuum ist das genetische Gedächtnis des gesamten Kosmos enthalten. Das Universum und alles, was sich darin befindet, beruht auf einer übergeordneten Struktur, die alle Lebewesen miteinander verbindet.«

Das Bewusstsein mal wieder, nur der Ordnung halber, falls Sie mitgezählt haben.

»Schon das kleinste Informationsbruchstück liefert eine

Art holografische Darstellung des gesamten Organismus. Wenn man sie zu entschlüsseln versteht wie die Nadi-Astrologen, leuchtet es ein, dass sie den Kurs vorhersehen können, den jedes einzelne Leben einschlagen wird.«

Das leuchtet in der Tat sein, oder? Dennoch gibt es in der Wesensart und Funktionsweise der Astrologie, einem komplexen System aus Weissagungen, Wahrsagerei und Wissenschaft, das die menschliche Zivilisation beinahe seit ihren Anfängen fasziniert hat, viele unbekannte Faktoren, die es noch zu erforschen und zu verstehen gilt. Ist der Gedanke, dass wir in das Gewebe des Universums eingewoben sind und eine unauflösliche Verbindung zwischen Mensch und Kosmos besteht, wirklich so weit hergeholt? Er ist die Grundvoraussetzung, von der die Wissenschaft der Astrologie generell ausgeht. Ergänzt man sie durch das eine oder andere Ritual, ein paar religiöse Gesänge und eine Zeremonie mit einem gewissen Maß an formaler Struktur, kommt so etwas wie die Nadi-Astrologie dabei heraus. Die Mystik und Mythologie, die sie umgibt, ist sowohl inspirierend als auch beängstigend. Deshalb waren wir geneigt, Mishra beim Wort zu nehmen, der einen bestimmten Ablauf empfohlen hatte.

Eine junge Frau, die Englisch sprach, erschien auf der Bildfläche und bot Candice ihre Dolmetscherdienste gegen ein geringes Entgelt an, sodass ich in der Obhut von Mishra und seinem allgegenwärtigen strahlenden Lächeln verblieb.

Die jeweiligen Lesungen dauerten etwa eine Stunde. Die Erfahrung war überwältigend. Unsere Palmblattlesungen waren geradezu unheimlich treffsicher. Bei uns beiden stimmten das Geburtsdatum und die damit verbundenen Umstände (Geburtsort, Name der Eltern, der genaue Zeitpunkt der Geburt). Besonders verblüffend war, dass die nicht-indischen Namen von Candices Eltern – Josephine und

Hyland – auf dem Palmblatt (phonetisch) richtig vermerkt waren. Bei mir waren sogar Einzelheiten aus meiner Kindheit und Jugend aufgeführt, die ich längst vergessen hatte, beispielsweise die ganze Litanei der sportbedingten Verletzungen wie gebrochene Finger, verstauchte Knöchel, eine abgerissene Rotatorenmanschette und Bänderzerrungen.

Unsere Nadi-Erfahrung war alles andere als enttäuschend. Man hatte sie uns als atemberaubendes Erlebnis beschrieben und sie wurden diesem Anspruch nicht nur gerecht, sondern übertrafen ihn noch. Die Aussagen über unsere Vergangenheit waren genauso spektakulär wie in den entsprechenden Fernseh- und Bühnenshows und trafen hundertprozentig zu, und die Vorhersagen für die Zukunft schlossen berufsbezogene Höhen und Tiefen, Anzahl der Kinder und sogar den Todeszeitpunkt ein. Es würde den Rahmen des Buches sprengen, wenn ich alle Einzelheiten der Lesungen schildern wollte, ganz zu schweigen von der damit verbundenen Mythologie und Funktionsweise (die vielen Kritiker natürlich eingeschlossen, die in den Nadi-Astrologen Gauner der alten Schule sehen).

Eine der unglaublichsten Aspekte der Lesung war ein bestimmter Abschnitt, der Aussagen über meine »früheren Leben« enthielt. Einer Theorie zufolge sind die individuellen Identitäten, die wir im Verlauf eines einzelnen Lebens annehmen, lediglich Rollen, die wir zeitweilig spielen. Sie nutzen die Gunst der Stunde, um sich in Freud und Leid auf der Bühne der menschlichen Existenz zu präsentieren, doch dann treten sie ab und verblassen in einem weit größeren Zusammenhang. Das reale Selbst, zeitlos und unsterblich, ist der Darsteller der Rolle. In der Hindu-Theologie heißt es – und die Nadi-Astrologie baut auf dem Fundament der Hindu-Doktrin auf –, dass die Seele eines Menschen via Reinkarnation zahlreiche Leben durchwandert, um ihr

Wissen ständig zu erweitern. Das ultimative Ziel besteht darin, den Punkt zu erreichen, an dem der Zyklus der Wiedergeburten überflüssig wird, weil wir wahre Weisheit erlangt haben und die individuelle Seele wieder in die kollektive eingehen kann. Einfach gesagt möchten wir dem Ende des Weges näher sein als dem Anfang.

In diesem Zusammenhang verkündete mein Astrologe mitten während der Sitzung, ich sei eine verhältnismäßig alte, weit entwickelte Seele.

»Im Verhältnis wozu?«, wollte ich wissen.

»Keine Fragen«, erklärte der Astrologe irritiert. Nadi-Astrologen lassen selten Fragen zu. Sie lesen lediglich, was auf der Palmblattrolle geschrieben steht, nicht mehr. Sie behaupten nicht, Baumeister des Universums zu sein, sie besitzen nur die Fähigkeit, die Blaupausen zu entschlüsseln. Mein Astrologe fuhr fort im Text, auf Tamil, der in Südindien gängigen Sprache, von der ich kein Wort verstand.

Gleich darauf wandte sich mein Dolmetscher an mich. »Er sagt, dass du in diesem Leben gute Arbeit leistest. Und *Moksha* näherkommst, der spirituellen Befreiung.« Mishra nickte anerkennend. »Gute Arbeit.«

»Danke.« Ich lächelte. Ich wusste nicht, was ich sonst noch sagen sollte. War doch erfreulich, dass die Gültigkeit meines spirituellen Parkscheins bestätigt wurde, auch wenn ich keine Ahnung hatte, was das bedeuten sollte.

»Er sagt, du sollst auf deinen Gott hören«, fügte Mishra mit einem typisch indischen Kopfwackeln hinzu, einem Mittelding zwischen Nicken und Kopfschütteln.

Okay. Ich nickte, meine Gottgläubigkeit bestätigend. Aber welcher Gott? Da musste ich erst überlegen. Ich bin nicht sehr religiös. Wenn man mir hundertmal die Frage stellen würde, an welchem Gott ich diese Lernaufgabe festmachen wolle, bekäme man vermutlich hundert verschiedene Antworten. Das hatte die Baseball-Saison mit ihren 162 Spielen gezeigt, denn die Anzahl der Versuche, mit den Göttern zu handeln und zu schwören, sie nie wieder um etwas zu bitten, wenn sie mir meinen Wunsch erfüllten, bewegte sich im dreistelligen Bereich.

»Auf welchen Gott?«

Auch dieses Mal wartete der Astrologe nicht auf Mishras Übersetzung.

»D-O-G.« Er sah mich mit gerunzelter Stirn an.

»Hund, wieso Hund?« Ich erwiderte seinen Blick, völlig verwirrt.

»G-O-D«, fügte er gereizt hinzu.

»Okay.« Ich nickte. »Aber vorhin haben Sie Hund gesagt.« Ich sah Mishra an, Bestätigung suchend. Seine Miene war ausdruckslos.

»Ja.« Der Astrologe nickte heftig. »Hund. D-O-G.« Er starrte mich an.

Ich war schon als Kind eine absolute Niete, wenn es darum ging, jemanden niederzustarren. Bei Mallika war ich immer der Erste, der die Augen abwenden musste. Gegen diesen Burschen hatte ich keine Chance. Er schien einen direkten Draht zu den Göttern zu besitzen. Und er schien aufgebracht zu sein.

Doch ich war völlig durcheinander. Ich wusste, dass ich mich nicht verhört hatte. »Ich bin sicher, er hat *God* gesagt, aber *Dog* buchstabiert, oder?«, wandte ich mich an Mishra, Bestätigung suchend.

»Vielleicht ist dein Hund dein Gott?« Er lächelte.

»Es ist nicht *mein* Hund, und außerdem eine Sie. Sie hat nicht mal gelernt, zu tun, worum ich sie bitte.«

Mishra sah mich verständnislos an. Wir hätten genauso gut über irgendwelche obskuren Baseball-Interna reden können, beispielsweise die Durchschnittsstatistiken für die

Offensive wie On-Base-Percentage oder Slugging Percentage: Er hatte keinen blassen Schimmer, wovon die Rede war, noch interessierte es ihn. In seiner Welt war ich nur ein weiterer Tourist, der das Disneyland des indischen Mystizismus besuchte.

Aber ich hatte das Gefühl, der Sache auf den Grund gehen zu müssen. Ich schüttelte den Kopf. »Mishra, kannst du ihn einfach fragen, ob er *Hund* oder *Gott* gemeint hat?«

Mishra zuckte mit den Schultern und wandte sich an den Astrologen. Bevor er auch nur den Mund aufmachen konnte, unterbrach ihn dieser barsch.

»Keine Fragen!«

Das *Dog-God*-Anagramm war möglicherweise der Höhepunkt meiner Nadi-Lesung. Es folgten noch weitere Einzelheiten über meine Zukunft, doch entweder hörte ich absichtlich nicht mehr richtig zu oder sorgte dafür, dass sie keinen allzu großen Eindruck in meinem Bewusstsein hinterließen. Ich bevorzugte die Theorie vom freien Willen des Menschen bei der Gestaltung seines eigenen Lebens. Wieder vereint, verglichen Candice und ich auf dem Rückweg unsere Aufzeichnungen. Wie vorhersehbar, ließen sich einige Aussagen konkret zuordnen, während andere uns noch mehr Rätsel aufgaben.

»Ist Cleo in deiner Lesung vorgekommen?«, fragte ich zögernd.

Sie lachte. »Gewissermaßen.«

»Was heißt das?«

»Der Mann meinte, ich sei eine Seelenverwandte von Cleopatra. Entweder solltest du in meiner Gegenwart auf der Hut sein oder er hat von Cleo gesprochen.« Sie zuckte die Schultern, ungerührt angesichts der unterschiedlichen, aber gleichermaßen beunruhigenden Deutungsart.

Aber meine Gedanken waren bereits vorausgeeilt.

»Ich denke, wir sollten nach Hause zurückkehren.«

»Machen wir doch.«

»Nein, ich meine nach Amerika. Zu Cleo.«

Einige Tage später, eingeklemmt in unsere schmalen Sitze auf dem Rückflug in die USA, griff Candice das Thema wieder auf.

»Als du sagtest, wir sollten nach Hause zurückkehren, hast du im gleichen Atemzug Cleo genannt. Wie lieb von dir. Heißt das, Cleo und ich sind jetzt deine Familie? Dein Zuhause?«

Sie hatte mich in die Enge getrieben. Ich musste meine gesamte Kraft aufbieten, um nicht mit irgendeiner Grußkarten-Plattitüde wie »Da, wo mein Herz ist, bin ich zu Hause« zu antworten.

Aber sie hatte recht und wir wussten es beide. Praktisch gab es nicht viel, wohin wir zurückkehrten. Kein Dach über dem Kopf, kein Arbeitsplatz, kein Freundeskreis, der uns während der monatelangen Abwesenheit vermisst hätte. Unsere Eltern und Geschwister waren selber kosmopolitisch angehaucht und weitgehend Globetrotter. Sie würden uns am Flughafen kaum mit einer Willkommensfahne und Obstkuchen in Empfang nehmen.

Ich bat meinen Vater einmal, den Begriff »zu Hause« zu definieren. Wenn man weder eine Riesenhypothek abzuzahlen hat noch an eine bestimmte Gegend oder Gemeinde gebunden ist wie wir, kann man mit der herkömmlichen Deutung wenig anfangen.

»Zu Hause ist ein Bewusstseinszustand«, erwiderte er. »Er verankert uns auf der emotionalen Ebene, dort fühlen wir uns am wohlsten. Zu Hause, das sind die Menschen oder Orte, in deren Spiegelbild wir unsere besten Eigenschaften sehen oder zu sehen hoffen.«

Je mehr ich während des Rückflugs von Indien darüber nachdachte, desto stärker fühlte ich mich von dieser Definition angesprochen. In den annähernd zehn Jahren, die wir Cleo hatten, war sie ein Teil meines emotionalen Gleichgewichts geworden. Der Hund, dem ich anfangs mit erheblichen Zweifeln begegnet war, hatte sich zu einem zentralen Aspekt des Lebens entwickelt, das Candice und ich gemeinsam aufzubauen planten. Sie verkörperte viele Eigenschaften, die ich bewunderte und anstrebte: Loyalität, Vertrauen, pure Lebensfreude, Präsenz und vieles mehr.

Ich wusste in diesem Augenblick, dass die Rückkehr nach Amerika, zu Cleo, den Beginn eines neuen Lebensabschnitts markierte. Obwohl mir der Begriff »sich häuslich niederlassen« bis heute fremd geblieben ist, hatte ich während des Rückflugs keinerlei Zweifel, dass für uns eine neue, wichtige ›Reifephase‹ anbrechen würde. Candice und ich hatten beide über Nachwuchs gesprochen und die Nadi-Astrologen hatten erklärt, dass dieser Augenblick unmittelbar bevorstand. Candice würde sich vermutlich auch wieder ins Arbeitsleben stürzen. Und mein Start-up-Unternehmen war flügge geworden. All diese Neuerungen würden viel Aufmerksamkeit und Energie erfordern. Ich fand den Gedanken spannend. Das gesamte Universum schien uns bei unseren Plänen zu Hilfe zu kommen.

Aber die Sache hatte möglicherweise einen Haken.

Candice riss mich aus meiner euphorischen Stimmung. »Was ist, wenn Cleo stinksauer ist, weil wir sie zurückgelassen haben?«

Wir überlegten.

»Ich meine, das ist ein halbes Jahr her …!«

Während des restlichen Fluges ließ uns der Gedanke nicht mehr los. In meiner schönen neuen Welt, in der Cleo gleichbedeutend war mit zu Hause und wo sie von den Kräften des Schicksals (buchstäblich) zu meinem Gott erklärt worden war, hatte ich nicht mit einkalkuliert, dass sie wütend oder rachsüchtig sein könnte.

Falls Cleo einen heimlichen Groll gegen Candice und mich hegte, wusste sie ihn gut zu verbergen, um ihren aufgestauten Gefühlen in einem strategisch günstigeren Augenblick freien Lauf zu lassen (auf den wir noch heute warten). Unsere Befürchtungen erwiesen sich als grundlos; das genaue Gegenteil trat ein. Dieses Mal hatte Candices Mutter sie zu uns nach Los Angeles gebracht und trotz der langen Trennung hatten wir das Gefühl, als wären seither nur ein paar Stunden vergangen, als wir auf dem LAX, dem Internationalen Flughafen von Los Angeles, endlich wieder mit Cleo vereint waren. Sie reagierte mit der ganzen überschwänglichen, energiegeladenen Freude und Begeisterung, die im Lauf der Jahre zu ihrem Markenzeichen geworden ist.

Es war ein denkwürdiges Ereignis. Auf der Heimfahrt vom Flughafen schien sie entschlossen, ihre Liebe gleichmäßig zu verteilen, wechselte alle fünf Minuten zwischen meinem und Candices Schoß hin und her und bedeckte uns mit Küssen, sooft sie eine Chance sah, uns abzuschlecken. Sie folgte uns auf Schritt und Tritt in dem Stadthaus, das wir vorübergehend gemietet hatten, nahm neben mir Platz, wenn ich fernsah, oder gesellte sich zu Candice, wenn sie auf der Couch lag und las. In Anbetracht dessen, dass unser jetziges Domizil Neuland für sie war, schien sie sich erstaunlich schnell einzugewöhnen. Sie führte uns die Binsenweisheit (da, wo mein Herz ist, bin ich zu Hause) wieder einmal kristallklar vor Augen: Die nahtlose Anpassung an den neuen physischen Lebensraum schien mit unserer Anwesenheit zusammenzuhängen. Sie hatte das Terrain erforscht und herausgefunden, wo ihr Futter- und ihr Trinknapf standen, doch das waren für sie nur oberflächliche Wegweiser. Sie war dort zu Hause, wo Candice und ich uns aufhielten.

Binnen weniger Wochen fühlten Candice und ich uns ebenfalls wieder ›heimisch‹. Wir fanden ein Haus (nur wenige Straßenblocks von meiner Schwester entfernt), investierten unsere gesamten Ersparnisse in die Anzahlung und zogen ein. Da uns ein Dach über dem Kopf sicher war, begann Candice mit dem Nestbau, richtete die Räume ein und ein paar Wochen später war sie schwanger.

Vergebung ist in diesem Fall ein zu tief schürfendes Wort, weil es auf ein gewisses Maß an verletzten Gefühlen oder einen Verrat hindeutet, die überwunden werden müssen. Cleo ließ keinerlei Anzeichen erkennen, dass es irgendetwas zu verzeihen gab. Dass sie uns wieder mit offenen Pfoten in ihrem Leben aufnahm, zerstreute nicht nur unsere Befürchtungen, sondern ebnete uns auch aus heutiger Sicht den Weg in eine ganz neue Lebensphase, die uns von Grund auf verwandelte. Ungeachtet der restlichen Unruhe, die wir aus Indien mitgebracht haben mochten, oder der Doppeldeutigkeiten in unseren beiden Schicksalswegen, die wir verinnerlicht hatten (und vom Nadi-Astrologen bis in alle Ewigkeit festgeschrieben wurden), wirkte Cleo völlig gelassen. Dass sie uns so herzlich willkommen hieß und ohne Wenn und Aber darauf vertraute, dass wir uns wieder um sie kümmern würden, förderte eine Atmosphäre der Zuversicht, die sich in den nachfolgenden Wochen und Monaten spontan offenbarte.

Cleos Fähigkeit, eine Unverzeihlichkeit zu verzeihen, war so untypisch für ein menschliches Wesen, dass ich sie auf ganz neue Weise zu respektieren lernte. Sie schien eine Reihe von Eigenschaften zu verkörpern, die man nicht genug bewundern und anstreben konnte. Sie war über die kleinlichen Empfindungen gemeiner Sterblicher erhaben, über das heikle Gefühl, verlassen und verletzt zu werden. Das übertriebene Pathos, das Kummer und Leid Vorschub leistet, war ihr fremd und doch ließ sie eine tiefe Bindung an die Menschen erkennen, die sie am meisten liebte – nämlich Candice und mich. Unter dem Strich waren diese kunstvoll miteinander verflochtenen Eigenschaften beinahe überirdisch, etwas, worauf Buddha stolz wäre. Vielleicht hatte mein übellauniger Nadi-Astrologe gar nicht so unrecht.

Vergebung ist dennoch ein einfaches Wort und das dahinter befindliche Konzept leicht zu begreifen. Dennoch setzt es sich aus verschiedenen Komponenten zusammen und vielleicht gehört der Akt der Vergebung deshalb zu den größten Herausforderungen des Menschen.

»Geduld, Empathie, Toleranz, Würde, Bewunderung und Barmherzigkeit, das sind nur einige der Eigenschaften, die das Band der Vergebung bilden. Oft können wir den Menschen, die wir am meisten lieben, am schwersten verzeihen«, erklärte Papa. Wir befanden uns auf halber Strecke zu dem kleinen Park in der Nachbarschaft, der sich zwischen unserem Haus und Starbucks befand. Cleo zog an der Leine und steckte ihre Nase ins Gras, auf dem zu dieser frühen Morgenstunde Tautropfen glitzerten. Krishu, der einige Schritte vorausgeeilt war, erspähte ein paar Enten, die bereits putzmunter waren und sich auf dem Teich tummelten.

»Enten, Papa!« Ein strahlendes Lächeln huschte über sein Gesicht.

Ich nickte und erklärte meinem Vater, dass wir ein paar Minuten anhalten mussten, damit Krishu die Enten beobachten konnte, eine seiner Lieblingsbeschäftigungen. Achselzuckend stimmte er zu, also nahmen wir drei auf einer Bank neben dem Teich Platz. Cleo drehte sich einige Male um die eigene Achse, bevor sie sich zu meinen Füßen niederließ.

Papa nahm das Gespräch an der Stelle wieder auf, an der wir es unterbrochen hatten. »Die Feinheiten menschlicher Beziehungen, das ständige Bedürfnis, einen Zusammenhang herzustellen, jeden Augenblick mit dem vergangenen oder künftigen zu vernetzen, die systematische Analyse unserer Interaktionen machen den Akt der Vergebung bisweilen zu einer Sisyphusarbeit.«

Cleos Beziehungen zu Menschen, die ihr nahestanden, waren im Gegensatz dazu ziemlich unkompliziert. Da ihre Liebe zu denen, die sie als Teil ihres Rudels betrachtete, bedingungslos war, stellt der Akt der Vergebung für sie kein Problem dar. So wie es ihrem Instinkt entsprechen mochte, bei einem Spaziergang ihr Territorium zu markieren, lag es vermutlich in ihrem Wesen, den Menschen zu verzeihen, die sie liebt.

Das war natürlich keine spontane oder individuelle Eigenschaft, sondern ein Ergebnis der Evolution über mehrere Generationen hinweg, wie Forschungen eindeutig belegen.

Zu Beginn der menschlichen Zivilisation qualifizierten sich nur bestimmte Hunde als Domestizierungskandidaten, die in die Siedlungen und Behausungen mitgenommen wurden. Diese Exemplare erwiesen sich nicht nur als hilfreich, gehorsam und wachsam, sondern waren vor allem friedlich und freundlich im Umgang mit ihren Haltern (und deren Kindern). Geht man davon aus, dass diese Hunde aus grauer Vorzeit als Ausgangspunkt dienten, stammt die überwiegende Mehrheit der Kaniden von ihnen ab, gezüchtet über Jahrhunderte bis zum heutigen Tag, ein Zeitraum, in dem diese Eigenschaften ständig weiterentwickelt und die Hunde immer zahmer und liebenswerter wurden. Eine natürliche Auslese der einfachen Art.

Man könnte es als Ironie des Schicksals betrachten, dass Wölfe, von denen Hunde genetisch abstammen, rein instinktiv Rudeltiere, Jäger und Raubtiere waren, um überleben zu können, während unsere Hunde heute in der Regel alles andere sind als das. Mit anderen Worten, die ganze Sache mit dem ›besten Freund des Menschen‹ hat die Biologie und Physiologie unserer Hunde im wahrsten Sinne des Wortes verändert.

Sozialisierte Hunde wie Cleo sind heute physiologisch also darauf ›programmiert‹, ihre Bezugspersonen zu lieben und ihnen zu verzeihen. Wissenschaftliche Untersuchungen belegen, dass diese Bindung ein Leben lang festgeschrieben wird, je mehr Zeit sie in der Gesellschaft ihrer Besitzer oder im Spiel mit ihnen verbringen, vor allem in frühestem Alter (Hunde und Besitzer).

»Anders ausgedrückt, Cleos Verhalten gegenüber Krishu ist nicht nur auf der Verhaltensebene, sondern auch biologisch charakteristisch«, erklärte Papa und lehnte sich auf der Parkbank zurück.

Ich nickte zögernd. Hatten auch Watson und Crick die Molekularstruktur der Doppelhelix (sprich DNA) auf diese Weise betrachtet?

Wir Menschen sind komplizierte Lebewesen. Wir wurden auf Gedeih und Verderb mit einer Programmierung ausgestattet, die viel verzwickter ist als bei Hunden. Sie macht schlussendlich unser Menschsein aus. Über die Frage, ob wir die gleiche instinktive biologische Fähigkeit zu verzeihen, zu vergessen und uns zu versöhnen besitzen, lässt sich also streiten.

Nehmen wir beispielsweise die politische Entwicklung in Nordkorea, schlug ich Papa vor. Zyniker könnten behaupten, dass der *Pas de deux* zwischen Washington und Pyongyang inszeniert und choreografiert, aufgesetzt wirkte. In den Stunden, als die Nachrichten Bilder von Expräsident Clinton brachten, der in Nordkorea Zeremonien und

Rituale über sich ergehen ließ, um Kim Jong-ils Verlangen nach weltweiter Anerkennung und Aufmerksamkeit zu befriedigen, war der Eindruck, der vermittelt wurde, klar. Diese Formalitäten kaschierten die frostige Atmosphäre, die vor Clintons Besuch geherrscht hatte und mit Sicherheit wieder eintreten würde, sobald er abgereist war. Sie schien das genaue Gegenteil der instinktiven Gefühle zu sein, von denen wir soeben in Zusammenhang mit Cleo und ihren Artgenossen gesprochen hatten.

»Trotzdem sind Rituale eigentlich von großem Nutzen«, entgegnete Papa. »Der Sinn aller Rituale besteht darin, einen bestimmten Bewusstseinszustand festzuhalten, um ihn jederzeit aufs Neue zu erzeugen. Hochzeiten und Beerdigungen, Bar-Mizwas, die indische Bandzeremonie und tausend weitere religiöse Rituale dienen dazu, bestimmte Augenblicke im Leben von anderen abzuheben und eine bestimmte Atmosphäre, einen Hauch von Heiligkeit heraufzubeschwören. Rituale setzen häufig einen Prozess in Gang, der Heilung bringen kann oder offiziell einen neuen Lebensabschnitt kennzeichnet. Das Ritual ist ein machtvoller Bestandteil der menschlichen Zivilisation, selbst wenn es uns manchmal sinnentleert und unaufrichtig vorkommt.«

Wir Menschen sind natürlich Meister der Unaufrichtigkeit und können unseren Ritualen eine höchst erhabene Note verleihen. Doch wenn es um das Konzept der Vergebung geht, zetteln wir landesweite Debatten an, ob sich unser Präsident formal bei den amerikanischen Ureinwohnern entschuldigen sollte, deren Vorfahren nicht nur ihres angestammten Territoriums beraubt wurden, sondern die teilweise noch Schlimmeres erdulden mussten. In Ländern wie Südafrika entstanden »Wahrheits- und Versöhnungskommissionen«, um das dunkle Vermächtnis der Vergangenheit offiziell anzuerkennen und aufzuarbeiten. Mit anderen Worten, Vergebung und Versöhnung fallen uns nicht leicht, vielleicht deshalb, weil die Frevel, die wir gegen unsere Mitmenschen begehen, so tiefe und schwerwiegende Wunden hinterlassen.

»Und dennoch hören wir nie auf, nach Höherem zu streben«, sagte Papa.

»Dada, schau!« Krishu zog an Papas Ärmel. Ein weißer Schwan glitt ins Wasser. Schlüpfte zwischen die weniger anmutigen Enten. Krishu hatte diesem Ritual in seinen zwei Lebensjahren oft beigewohnt – Schwäne und Enten im Park beobachten –, aber es entfachte jedes Mal aufs Neue aufrichtige Begeisterung in ihm.

»Wow!«, rief Papa, der nach mehreren Wochen in Krishus Gesellschaft gelernt hatte, sich von seiner Begeisterung anstecken zu lassen. »Sollen wir näher herangehen?«

Krishus Augen weiteten sich ungläubig. Er umklammerte die Hand seines Großvaters, sprang von der Bank und zog Papa in Richtung Enten, um sicherzugehen, dass er es sich nicht anders überlegte.

Ich lehnte mich auf meiner Bank zurück und beobachtete die beiden. Cleo sah mich an, auf der Suche nach einem Hinweis, ob wir bleiben oder gehen würden. Es gab Zeiten, in denen sie den ganzen Tag lang Enten, Schwäne und Tauben im Park jagen konnte. Heute, gegen sechs Uhr morgens, genoss sie bereits die erste Verschnaufpause von ihrem Spaziergang. Sie machte es sich wieder zu meinen Füßen bequem, zufrieden damit zu warten, bis Papas und Krishus Spielzeit endete und wir uns auf den Weg zu Starbucks und nach Hause machten.

Während mein Blick von Cleo zu Papa und Krishu wanderte, die am Rande des Teichs ihren Spaß hatten, dachte ich abermals, dass ich mich überall dort zu Hause fühlte, wo sich dieser bunt zusammengewürfelte Haufen aufhielt.

9

Sag, Papa – worin besteht der Sinn des Lebens?
Der Sinn des Lebens besteht im Streben nach dem vollkommenen Glück. In dem Bemühen, die Elemente und Kräfte unseres Daseins mit den Elementen und Kräften des Kosmos in Einklang zu bringen, damit wir an seiner künftigen Entwicklung teilhaben können, die uns Kreativität, Erkenntnisse, Vorstellungsvermögen und unendliche Möglichkeiten, aber auch den Zugang zu Eigenschaften bietet, nach denen wir uns am meisten sehnen: Liebe, Mitgefühl, Freude, Freundlichkeit, Gleichmut.
Die meisten Menschen verspüren in irgendeiner Phase ihres Lebens eine tiefe Sehnsucht, sich über Sinn, Bedeutung und Zweck ihres Daseins Klarheit zu verschaffen, die verborgensten Geheimnisse des Universums zu ergründen. Ich stelle mir gern vor, dass bereits die Suche nach Antworten auf diese nachhaltigen Fragen, der Forschungsprozess, eine eigene tiefere Bedeutung besitzt. Ich weiß, bei mir war das der Fall.

ANRUFE IN ALLER FRÜHE enthalten oft Hiobsbotschaften. Nicht dieser: »Ich habe wunderbare Neuigkeiten«, rief meine Mutter, die atmosphärischen Störungen in der Leitung übertönend. »Nana geht es viel besser. Er wollte genau wissen, was ihr so treibt.«

Das waren in der Tat wunderbare Neuigkeiten. Nana hatte zu seiner gewohnten Wissbegierde zurückgefunden. Ich konnte mir kein besseres Zeichen der Genesung vorstellen.

»Er hat sich erkundigt, woran du gearbeitet hast«, fügte meine Mutter hinzu. »Also habe ich es ihm gesagt.«

»Aha.« Ich zuckte zusammen. »Und was meinte er dazu?«

»Er wunderte sich, wie jemand ein Buch über diesen ›halb verrückten‹ Hund schreiben kann.« Sie lachte. »Das waren seine Worte, nicht meine.

›Halb verrückt‹ ist ein typisch indischer Ausdruck. ›*Halb-plus-egal-was*‹, genauer gesagt. ›Halb gebacken‹, ›halb gekocht‹, ›halb gedacht‹. Eine glorreiche Bezeichnung, weil die Hälfte zwar auf das Ganze hindeutet – jemand, der halb verrückt ist, wäre theoretisch nicht so verrückt wie jemand, der völlig verrückt ist –, aber nach indischem Verständnis ist ein halb verrückter Mensch in Wirklichkeit *völlig* durchgeknallt, vielleicht sogar doppelt so verrückt. Eine harte Nuss, die sich nur schwer knacken lässt.

In Nanas Augen war der größte Teil der westlichen Hemisphäre halb verrückt. Als Mallika und ich Kinder waren und Nana und Nani noch reisten, um uns zu besuchen, schüttelte Nana den Kopf über die Kleidung der Amerikaner – Teenager in zerrissenen Jeans, Mädchen in kurzen Röcken, Männer mit Ohrringen (ich selbst eingeschlossen) – und tat die ganze Bande als ›halb verrückt‹ ab. Amerika war ein wunderliches Land, ein Mischmasch aus sonderbaren Gebräuchen, Traditionen, Ritualen und merkwürdig gewandeten Bewohnern.

Ganz zu schweigen von unseren Hunden. Nanas Erfahrungen mit Hunden waren mehr oder weniger auf Nicholas beschränkt – nicht gerade der beste Repräsentant seiner Art. Nicholas' anarchisches Wesen stand in krassem Gegensatz zu den Eigenschaften, die Nana als ehemaliger Angehöriger der indischen Luftwaffe hoch in Ehren hielt. Nana schätzte Disziplin, Zielstrebigkeit und Struktur, die Nicholas und danach Cleo in beinahe jeder Hinsicht widerstrebten. Genau wie mein Vater war auch Nana überzeugt, Nicholas Gehorsam und Disziplin beibringen zu können. Nicholas bewies ihm natürlich das Gegenteil mit aller Lautstärke und Wut, die er aufzubieten vermochte.

Schon nach einem flüchtigen Blick auf Cleos ungezügeltes Wesen gelangte Nana zu der Schlussfolgerung, dass nicht einmal ein Erziehungsversuch seine Zeit und Mühe wert war. Als er hautnah miterlebte, wie sie bellte und jaulte, sobald wir nach Hause kamen, ihre Runden durchs Haus drehte oder in sämtlichen Räumen ein und aus ging, (wo sie gelegentlich eine Pause einlegte, um ihr Territorium zu markieren), beschwor er zum ersten Mal den Begriff ›halb verrückt‹ herauf. Jeder zieht sich den Schuh an, der ihm passt ...

Nanas Wertschätzung galt allein den heroischen Hunden, die in der gesamten Geschichte der Menschheit gepriesen wurden. Der berühmteste Fernsehhund war vermutlich Lassie. Wer könnte vergessen, wie der treue Vierbeiner den Sheriff darauf aufmerksam machte, dass der kleine Timmy in den Brunnen gefallen war? Oder wie Laika, die russische Husky-Mischlingshündin, die als erstes Lebewesen an Bord der Sputnik 2 in den Weltraum befördert wurde? Falls es jemals kommunistische Werte gab, die als Vorbild dienen könnten, dann verkörperte sie dieser interplanetarische Hund. Und nicht zu vergessen die Hunde der amerikanischen Präsidenten, insbesondere Bill Clintons Labrador Buddy, der seinem Namen als treuer Kamerad in den dunkelsten Stunden des Präsidenten alle Ehre machte. Der beste Freund des Menschen, keine Frage.

Und dann waren da noch die zahlreichen Hunde-Mythen, die mich in dem Glauben bestärkten, dass Vierbeiner wie Cleo über eine Jedi-ähnliche Intuition verfügen. Sie wissen schon, die Angehörigen des *Star Wars*-Universums, die spürten, wenn Erdbeben, Brände, Wirbelstürme und Flutwellen im Anzug waren und ihre Gebieter nach allen Regeln der Kunst vor den drohenden Gefahren warnten. Glücklicherweise ließ Cleo – falls sie je Probleme mit ihrem Selbstbewusstsein gehabt haben sollte – kein Bedürfnis erkennen, diesen hohen Maßstäben gerecht zu werden. Sie ist mit ihrem Antihelden-Status zufrieden. Sie hat uns nie auf einen Waldbrand oder ein Erdbeben aufmerksam gemacht. Ihr Gespür für Menschen ist gleichermaßen ungeschliffen. Zwar zeigt sie eine bemerkenswerte Fähigkeit, Familienangehörige zu erkennen, selbst entfernte Verwandte, die wir nur hin und wieder zu Gesicht bekommen, aber alle anderen werden unter der Bezeichnung ›Fremde‹ in einen Topf geworfen. Es spielt keine Rolle, ob es sich um Freunde, Nachbarn, den Postboten oder eine Nervensäge wie den Kabelmann aus dem Film *Cable Guy* handelt: Wer nicht zur Familie zählt, ist ein Fremder – ein Eindringling, genauer gesagt –, dem Cleos Feindseligkeit ganz eigener Prägung zuteilwird. Achtung, fertig, los und bellen.

Candice und ich haben uns darauf eingestellt, genau wie auf Cleos übrige Verschrobenheiten. Wir haben einen Zufluchtsort, ein richtiges ›Schutzgebiet‹ im hinteren Teil des Hauses errichtet und unser Schlafzimmer mit einem kuscheligen Hundebett, einer Reihe von Spielsachen, Fress- und Trinknapf ausgestattet. Cleo wird in diesen Bereich des Hauses verbannt, wenn Besuch kommt, in ihre eigene kleine Gummizelle.

Angesichts all dessen wussten Candice und ich, dass sich eine neue Herausforderung abzeichnete, als wir Nachwuchs erwarteten. Da wir beide lange Arbeitszeiten hatten, brauchten wir jemanden, der unsere Kleine betreute, sich um ihre Bedürfnisse kümmerte, sie badete, hinter ihr herräumte und dafür sorgte, dass sie regelmäßig ihre Mahlzeiten erhielt. Ach ja, und kinderlieb musste sie auch sein.

Es galt also, eine Kinderfrau zu suchen. Was bedeutete, eine Fremde ins Haus zu holen, der wir nicht nur unser Kind anvertrauen, sondern auch eine friedliche Koexistenz mit Cleo abverlangen mussten. Ich bezeichnete diese strategische Aufgabe als »Operation Neo«, in Anlehnung an die Rolle des Computerhackers Neo, der von Keanu Reeves in dem Film *Matrix* gespielt wurde.

Dennoch übernahm Candice die Leitung dieser Mission, und wenn auch aus keinem anderen Grund, als dass sie unvermeidlich zur Katastrophe geführt hätte, wenn sie mir überlassen worden wäre. Ich hatte ihr den Tipp gegeben, wir sollten nach einem schwedischen Au-pair-Mädchen Ausschau halten, eine Strategie, die ich angewendet hatte, um von jeder Verantwortung entbunden zu werden. Candice hatte in der Zwischenzeit auf konstruktive Weise eine Vielzahl sinnvoller Strategien in die Wege geleitet, von der Anmeldung bei einer Nanny-Agentur bis hin zu Netzwerk-Aktivitäten mit Freundinnen und Kolleginnen oder Schaulaufen mit ihrem vorgewölbten Bauch im nahe gelegenen Park, wo sich jeden Tag Vertreterinnen des mächtigen Geheimbunds der Kinderfrauen einfanden. Binnen kürzester Zeit kristallisierte sich heraus, dass diese Methode möglicherweise die wirkungsvollste war. Denn die Nachricht verbreitete sich rasch und die Kinderfrauen klopften an unsere Tür.

Uns wurde schnell klar, dass heute auch die potenziellen

Kinderfrauen vor dem Vorstellungsgespräch mit der gebührenden Sorgfalt Erkundigungen einzogen. Eine Kandidatin, fünfzig plus, mit Migrationshintergrund, schmalem Gesicht und Großmutterbrille, hatte dabei allem Anschein nach die Chopra-Verbindung entdeckt. Infolgedessen tauchte sie mit einer fest umrissenen Strategie auf: Unser Kind sollte ausschließlich vegan ernährt werden, ohne Zucker in gleich welcher Form, ohne künstliche Süßstoffe und ohne eine ganze Litanei weiterer ausgewählter Ingredienzien. Fernsehen, Videospiele und bestimmte Musikrichtungen waren Dämonen, die ausgetrieben werden mussten. Putzmittel, die toxische Substanzen enthielten? Auf den Scheiterhaufen damit!

Eine andere Kandidatin, fröhlich und drall, stellte sich in einem traditionellen indischen Gewand vor (sie stammte aus Honduras), zog ihre Schuhe aus und begrüßte Candice und mich mit zusammengelegten Händen und der indischen Grußformel »Namaste«.

Eine weitere Anwärterin sagte Candice in letzter Minute ab, weil das Vorstellungsgespräch zur gleichen Zeit wie ein Vorsprechtermin anberaumt war. Wir hätten es eigentlich wissen müssen, denn ihr Lebenslauf war mit einem hollywoodtypischen *Headshot*-Porträtfoto versehen. Josanna, eine sympathische Brasilianerin, brachte ihre zehnjährige Nichte als Dolmetscherin mit, was in Ordnung gewesen wäre, wenn das Mädchen die englische Sprache beherrscht hätte. Und nicht zu vergessen die Mexikanerin, die ungefähr nach der Hälfte des wenig spektakulären Ablaufs des Vorstellungsgesprächs einen Anruf auf ihrem Handy erhielt und erfuhr, dass ihr Bruder in Cuernavaca bei einem »fehlgeschlagenen Geschäftsabschluss« erschossen worden war. Pech auf ganzer Linie.

Auf diese Weise brachten wir fast ein Dutzend Vorstellungsgespräche hinter uns. Candice und ich ließen uns auf das Spiel ein, feuerten die Fragen ab, die Candice im Vorfeld schriftlich fixiert hatte, und nickten interessiert, während wir vielsagende Blicke tauschten, die Stirn runzelten oder eine düstere Miene aufsetzten. Cleo war derweil in ihr Schutzgebiet im hinteren Teil des Hauses verbannt worden, ihr gedämpftes Gebell bildete eine stetige, wenngleich sonderbare Geräuschkulisse für unseren fruchtlosen Auswahlprozess. Wir waren zu der Ansicht gelangt, wenn eine Kandidatin uns beide nicht zu beeindrucken vermochte, hatte es keinen Sinn, sie auch noch Cleos geballtem Zorn auszusetzen.

»Sie haben einen Hund?«, erkundigte sich eine Anwärterin.

»Ja.« Ich nickte erschöpft.

»Sie heißt Cleo«, überbrückte Candice die eingetretene Stille.

»Sie hat sehr viel Energie.« Die Frau lächelte unbehaglich.

Ich zuckte kleinlaut die Schultern, um Worte verlegen.

»Ist sie sehr groß?« Die Frage wurde von einem unruhigen Lächeln begleitet.

Es sah ganz so aus, als wäre unsere Aktion ein Reinfall auf ganzer Linie, als Rosalita unser Haus betrat. Im Gegensatz zu vielen anderen besaß sie ein Selbstvertrauen, das anziehend und ermutigend wirkte. Sie war charmant, beglückwünschte Candice zu ihrem Teint und wurde mit einem Lächeln von ihr belohnt, das ich seit genau sieben Monaten nicht mehr gesehen hatte. Rosalita sprach fließend Englisch und Spanisch (eine der geheimen Hoffnungen für unseren Sohn) und beantwortete alle trickreichen Fragen, die Candice ihr stellte, mit der richtigen Mischung aus Nachdenklichkeit und Spontaneität. Und zur Krönung des Ganzen hatte sie eine Mappe von bescheidenem Umfang dabei, die wärmste Empfehlungen von früheren Arbeitgebern, Agenturen und Mentoren enthielt.

Rosalita hatte das Spießrutenlaufen mit dem gleichen Geschick gemeistert, das routinierte Hollywoodstarlets auf dem roten Teppich an den Tag legen, hatte genau das Richtige gesagt, ohne dass es auswendig gelernt klang, hatte gelächelt, ohne dass es aufgesetzt wirkte, und hin und wieder innegehalten, um anzudeuten, dass sie nachdenken oder einen wichtigen Punkt abwägen musste, beispielsweise in welchem Alter ein Kind gezwungen werden sollte, auf seinen Schnuller zu verzichten. Trotzdem wussten Candice und ich, dass wir ihr eine letzte Bewährungsprobe nicht ersparen konnten. Wir tauschten einen angespannten Blick, dann nickte ich und entschuldigte mich. Ich tauchte mit Cleo im Schlepptau aus dem hinteren Bereich des Hauses auf, hielt sie fest an der Leine, als sie mit aller Macht vorwärtsdrängte und sich angesichts unserer Besucherin die Lunge aus dem Leib bellte. Doch dieses Mal waren die Rollen vertauscht. Candice und ich waren bestrebt, Rosalita zu beeindrucken und die Rolle unseres spleenigen Hundes herunterzuspielen, um die Chancen bei unserer Neo nicht zu gefährden.

»Eigentlich ist sie lammfromm«, schrie Candice, Cleos unablässiges Gebell übertönend. »Sie muss sich nur erst mit Ihnen vertraut machen.«

Obwohl Candice ihr Bestes tat, um die Situation zu retten, spürte ich, wie sie uns zu entgleiten drohte. Doch Rosalita stellte sich auch dieser Herausforderung ohne Umschweife, ließ ungeheure Gewandtheit unter Beschuss erkennen. Sie ließ sich auf ein Knie herab, griff in ihre Handtasche und holte etwas heraus. Sie hielt es – was immer es sein mochte – in der geschlossenen Faust und bat uns um die Erlaubnis,

Cleo ein Leckerli zu geben. Candice nickte mit gespannter Aufmerksamkeit und wir sahen, wie Rosalita die Hand mit der Geschicklichkeit eines David Copperfield öffnete.

Cleo, auf alles erpicht, was sie sich einverleiben konnte, verstummte schlagartig. Sie kannte das Manöver; es war oft der einzige Weg, sie zur Ruhe zu bringen.

»Komm her, Cleo.« Rosalita winkte sie zu sich, im perfekten Ton und Tenor. Nervös lockerte ich Cleos Leine, sodass sie ein paar Schritte vorwärtsgehen konnte.

»Keine Sorge, Señor Chopra«, fügte Rosalita beschwichtigend hinzu. »Es ist alles in Ordnung.«

Kaum ließ ich Cleo mehr Leine, fegte sie auch schon durch den Raum, kam zu Rosalitas Füßen zum Stillstand und machte brav Platz, als wäre die Frau unsere längst verloren geglaubte Tante. Candice und ich beobachteten sprachlos die Szene, die sich vor unseren Augen abspielte. War unsere Cleo von einem Hundedämon besessen gewesen?

Während wir völlig perplex zuschauten, nahm Cleo das Leckerli von Rosalita entgegen, schlang es hinunter und leckte hingebungsvoll die Hand, die sie gefüttert hatte.

Wir setzten das Gespräch fort, wobei uns Rosalita ein wenig über ihre eigene Großfamilie in Mexiko erzählte. Ihre Schilderungen von riesigen Hochzeiten, den gemeinsamen Festessen an Feiertagen und einer Horde Kinder, die im Haus der Verwandten herumtobten, besaßen geradezu unheimliche Ähnlichkeit mit dem, was Candice und ich von unseren eigenen weitläufigen Familienclans asiatischer Prägung kannten. Die Unterhaltung plätscherte mühelos dahin, unterstrich nur noch, was Candice und ich ohnehin schon wussten: Wir hatten unsere Neo gefunden. Cleo saß still und brav zu Rosalitas Füßen. Während sie lächelte und mit uns lachte, streichelte sie Cleo mit einer Hand den Bauch. Allem Anschein nach hatte auch Cleo ihre Neo gefunden.

Ich war daran gewöhnt, diese Vorstellungsgespräche in höchstens zwölf Minuten abzuhaken, doch als ich auf meine Uhr sah, entdeckte ich zu meinem Erstaunen, dass beinahe eine ganze Stunde vergangen war. Rosalita schien ebenfalls überrascht zu sein, stand auf und entschuldigte sich mit der Begründung, sie müsse sich sputen, weil sie sonst zu einer anderen Verabredung zu spät kommen würde – zweifellos, um den Kurs mächtiger Flüsse umzuleiten oder hohe Gebäude mit einem Satz zu erklimmen. Wir sagten auf Wiedersehen und ich versprach, mich in Kürze mit ihr in Verbindung zu setzen, damit wir die Formalitäten erledigen konnten. Sie nickte mit niedergeschlagenen Augen und erklärte, es würde ihr eine Ehre sein, für uns arbeiten zu dürfen.

Nachdem sie mir die Hand gereicht hatte, wandte sie sich an Candice und fragte, ob es in Ordnung sei, sie zu umarmen, statt ihr die Hand zu schütteln.

»In meiner Familie bringt es Glück, eine Schwangere zu berühren, weil sie die kostbarsten Lebewesen der Welt sind«, erklärte sie lächelnd.

Candice strahlte noch mehr als vorher und breitete die Arme aus.

Und plötzlich brach die Hölle los.

Als Rosalita der Aufforderung nachkommen wollte, schlug Cleo zu. Als hätte sie ihre Strategie klammheimlich und so geschickt wie Napoleon geplant, ging sie nicht frontal zum Angriff über, sondern sprang vom Fußboden auf die Couch, katapultierte sich von der Ledersitzfläche in die Höhe und stürzte sich wie eine wild gewordene Bestie auf die Frau, Krallen und Zähne tief in ihrer Bluse vergraben. Einer Panik nahe, schwang Rosalita von einer Seite zur anderen, doch Cleo klammerte wie ein Boxweltmeister, fletschte die Zähne und zerkratzte sie mit einer Erbarmungslosigkeit, wie ich sie nie zuvor bei ihr beobachtet hatte.

Rosalita versuchte fieberhaft, Cleo abzuschütteln, während ich mit dem zappelnden Hund rang. Doch Cleo ließ sich nicht abschrecken und zerriss die Seidenbluse der Frau, zerfetzte sie wie ein streng vertrauliches Dokument, das in einer Schreddermaschine vernichtet werden musste. Als es mir zu guter Letzt doch noch gelang, ihrer habhaft zu werden, entwand sie sich abermals meinem Griff und ging ein weiteres Mal auf Rosalita los: Dieses Mal schnappte sie nach den Strumpfhosen, die sie mit winzigen Zahnmarkierungen durchlöcherte.

Inzwischen war Rosalita in Todesangst geraten, drehte sich wie wild im Kreis und schlug mit den Armen um sich, als würde sie von einem Bienenschwarm angegriffen, wobei sie mit kreischender Stimme eine Schimpfkanonade losließ. Sie wankte zur Tür, als es mir endlich gelang, Cleo wieder einzufangen und das vor Wut bebende Bündel auf den Arm zu nehmen, fest gegen meine Brust gepresst. Ohne auch nur einen Blick zurückzuwerfen, floh Rosalita aus dem Haus und die Straße hinunter, womit sie den Nachbarn zweifellos signalisierte, dass bei uns ein Poltergeist sein Unwesen trieb.

Wir waren am Boden zerstört. Candice und ich klappten auf der Couch zusammen. Cleo hatte mittlerweile ihre Fassung wiedergewonnen und kuschelte sich an Candice, als sei nichts gewesen.

»Was zum Teufel machen wir jetzt?«, überlegte ich laut und sprach damit aus, was wir beide dachten.

Candice sah mich ausdruckslos an und schluchzte, eine Reaktion, an die ich mich in den letzten Monaten gewöhnt hatte, ohne einen blassen Schimmer zu haben, wie ich damit umgehen sollte.

»Keine Sorge.« Ich wechselte so abrupt wie möglich den Kurs. »Wir werden schon eine Lösung finden.«

Ich blickte Cleo erschöpft an. Eine Lösung finden bedeutete, eine Lösung *für sie* finden.

Es war höchste Zeit, uns der Realität zu stellen. Cleo war Cleo: Sie hatte noch nie irgendwelche Neigungen erkennen lassen, sich mit Fremden anzufreunden, und mit zunehmendem Alter würde diese Aversion nur noch schlimmer werden. Nach und nach begannen wir, das Undenkbare zu denken – Cleo wieder in die Obhut von Candices Mutter zu geben. Nur vorübergehend, redeten wir uns ein. Nur bis zur Geburt des Babys. Nur bis wir eine Kinderfrau gefunden hatten und alles seinen geregelten Gang ging. Danach würden wir schon einen Weg finden, sie wieder in unseren Haushalt zu integrieren. Alles würde gut werden. Irgendwie.

Wir wussten im Grunde beide, dass dieser Schritt endgültig sein würde. Cleo ließ deutliche Zeichen des Alters erkennen. Sie ans andere Ende des Land zu verfrachten und zu hoffen, dass sie sich an ein neues Klima (hohe Luftfeuchtigkeit im Süden versus trockenere Luft in Kalifornien) und an eine neue Umgebung gewöhnte, war sowohl unrealistisch als auch unfair. Wenn wir sie weggaben, dann ein für alle Mal. Das war uns klar.

Candice und ich beschlossen, eine Pause bei der Kinderfrau-Suche einzulegen und die Pläne, Cleo ins Exil zu schicken, bis auf Weiteres zurückzustellen. Im Moment hatten wir ohnehin ganz andere Sorgen. Möglicherweise war Rosalita verletzt, schwer traumatisiert oder Schlimmeres. Deshalb rief Candice bei einer der Agenturen an, deren Referenzen sich in Rosalitas Hefter befunden hatten. Sie wollte sich vor allem ein besseres Bild von ihr machen, um ermessen zu können, ob unsere Sorgen berechtigt waren.

Die erste Nummer auf der Liste schien eine Art Stellenvermittlung zu sein. Der für die Gattung typische Name bot keinen Anlass, Verdacht zu schöpfen, und als wir mit einem Anrufbeantworter verbunden wurden, der uns mitteilte, dass sich die Telefonnummer geändert hatte – obwohl keine neue angegeben war –, ging Candice mit einem Achselzucken darüber hinweg. Doch als sie die Liste durchging und einige der anderen Referenzgeber anzurufen versuchte, standen wir vor einem Rätsel. Entweder hieß es, die Nummer habe sich geändert, ohne Hinweis auf andere Kontaktmöglichkeiten, kein Anschluss unter dieser Nummer oder falsch verbunden. Es gab nur eine einzige Nummer, die stimmte, eine weitere unverdächtig erscheinende Vermittlungsagentur, doch es dauerte ein paar Minuten, bis die Frau am anderen Ende der Leitung kapierte, was Candice von ihr wollte. Als sie endlich begriff, schilderte sie Rosalitas Fähigkeiten in den glühendsten Farben. Candice bedankte sich und legte mit gerunzelter Stirn auf. Irgendetwas stimmte da nicht.

»Versuch es mal bei einem der ehemaligen Arbeitgeber, die ihr persönliche Referenzen erteilt haben«, schlug ich vor; ich hatte ebenfalls das Gefühl, dass da etwas faul war.

Candice wählte und wartete. Gleich darauf nahm eine Frau namens Leslie ab.

Zögernd erklärte Candice, dass sie anrief, um die Referenzen von Rosalita zu überprüfen.

»Von wem?«

Candice erklärte ihr die Situation.

»Das ist aber merkwürdig«, erwiderte Leslie nach einer kurzen Pause.

Es war in der Tat merkwürdig, denn Leslie hatte ähnliche Erfahrungen mit einer potenziellen Kinderfrau-Kandidatin namens Marianna gemacht. Wie sich herausstellte, hatte Marianna ebenfalls eine Liste mit Referenzen vorgelegt, die nachzuverfolgen und zu überprüfen sich als so gut wie unmöglich erwies. Auch sie hatte alle Anforderungen perfekt erfüllt und Leslie und ihren Mann, die eine verlässliche, liebevolle Betreuerin für ihren Sohn Beau suchten, bezaubert. Doch Leslies sechster Sinn hatte ihr noch vor der Überprüfung der Referenzen gesagt, das Ganze sei zu schön, um wahr zu sein.

Leider konnte weder Candice noch ich behaupten, auf die Idee gekommen zu sein.

Da unser Argwohn geweckt war, gingen wir der Sache nun im Stil von *Law & Order* auf den Grund. Gemeinsam mit Leslie gründeten wir ein mobiles Einsatzkommando und sammelten Informationen über Rosalita/Marianna. Wie sich herausstellte, war die Frau eine raffinierte Trickbetrügerin mit Vorstrafenregister. Bei einigen ihrer Opfer, die noch gutgläubiger waren als wir, hatte sie einen Vorschuss auf ihren Lohn erbeutet, den sie für einen angeblichen Notfall benötigte, und sich damit aus dem Staub gemacht. Zum Glück entdeckten wir bei unseren Recherchen keine noch schlimmeren Verfehlungen. Denn wenn man Kinder in die Obhut von Betreuern gab, musste man offensichtlich mit dem Schlimmsten rechnen.

Ich beschloss, diese Erfahrung aus der positiven Warte, wie ein halb volles statt halb leeres Glas zu betrachten. Wir waren noch einmal davongekommen, ohne in Rosalitas abgefeimte Falle zu tappen. Candice sah das Glas gleichwohl als halb leer an. Sie war zutiefst erschüttert, dass wir uns so sehr in Rosalita getäuscht hatten. Unser einziger Trost war die Entdeckung, dass Cleo allem Anschein nach den sechsten Sinn besaß. Zugegeben, sie war außerstande, zwischen der Müllabfuhr, die draußen durch die schmale Gasse rumpelte, und dem Wüten eines Wirbelsturms wie Hurrikan Katrina zu unterscheiden, doch nun konnten wir mit Fug und Recht behaupten, dass sie es riechen konnte, wenn etwas faul war (nur im metaphorischen Sinn, denn wir hatten einmal über eine Woche eine tote Maus im Haus, ohne dass Cleo sie entdeckte).

Candice, im achten Monat schwanger, hatte durch diesen Zwischenfall dermaßen Angst bekommen, dass wir unsere Suche einstweilen auf Eis legten. Da Cleo als einzige Rosalitas Hinterhältigkeit erkannt hatte, hatte sie sich ihre Sporen verdient und es konnte keine Rede mehr davon sein, sie auszuquartieren.

Ohne Kinderfrau in Sicht kehrte meine alte, an Paranoia grenzende Angst zurück, ob ich wirklich für die Vaterrolle gerüstet war. Zuzuschauen, wie Candices Bauch wuchs, war ähnlich, als würde man beobachten, wie Sand in einem Stundenglas verrann. Ich hatte immer noch das Gefühl, nicht ganz erwachsen zu sein, doch ich wusste, dass meine sorglosen Tage gezählt waren und mich bald ein lebendiges, atmendes Wesen jeden Tag und jede Stunde freudestrahlend daran erinnern würde. In dieser panischen Phase ›auf der Zielgeraden‹ stellte sich jedoch heraus, dass ich nicht der Einzige war, der Candices schwellenden Leibesumfang bemerkte. Einer ihrer Kollegen, ein aufmerksamer Beobachter, erklärte mit unendlicher Scharfsinnigkeit, dass Candice kurz davor sei, zu werfen, und erwähnte, dass eine gute Bekannte von ihm in Erwägung zog, sich von einer Kinderfrau zu trennen, die ihren Sohn vom Baby- bis zum Teenageralter betreut hatte. Die Familie war ihr so dankbar und zugetan, dass sie die Frau noch einige Jahre weiterbeschäftigt hatte, obwohl ihre Dienste nicht mehr gebraucht wurden. Der Sohn war nur noch selten zu Hause, sodass sie sich sogar einen Hund angeschafft hatten, um ihr Gesellschaft zu leisten. Candice und ich fanden die Geschichte so nett, dass wir beschlossen, die potenzielle Kandidatin habe zumindest ein Vorstellungsgespräch verdient.

Candice und ich waren von der ersten Sekunde an auf der Hut und stocherten in der Vergangenheit der neuen Anwärterin herum. Ihr Name war Mirna. Sie stammte aus Guatemala, lebte seit mehr als einem Jahrzehnt in den Vereinigten Staaten und war bestrebt weiterzuarbeiten, um ihren zwanzigjährigen Sohn finanziell zu unterstützen, der in ihrer Heimat Medizin studierte. Ihre herzergreifende Geschichte löste umgehend Alarmglocken bei mir aus und ich überlegte mir zynisch alle möglichen Fragen, um sie in der Luft zu zerfetzen. Candice hatte derweil Tränen in den Augen. Zum Glück für Mirna – und wichtiger noch, zu meinem eigenen Glück – beschloss ich, auf die verschärften Verhörmethoden à la Guantanamo zu verzichten. Das war eine gute Sache, denn in der nächsten Stunde brachte Mirna das Eis mit ihrer ungekünstelten, warmherzigen Art zum Schmelzen. Sie gestand, dass ihr unwohl war bei dem Gedanken, den Arbeitgeber zu wechseln, das sie die Leute als ihre Familie betrachtete. Sie hoffte, dass es ihr gelingen würde, jemals wieder eine so enge Bindung zu einem anderen Kind zu entwickeln, obwohl die Betreuung eines Jungen die einzige Aufgabe war, die sie erfüllte.

»Woher wollen Sie wissen, dass es ein Junge wird?« Candice lachte, die emotionslastige Phase schien abzuklingen.

»Ich weiß es nicht«, entgegnete Mirna. »Ich nehme es an, das ist nur so ein Gefühl.«

Inzwischen war mein eigener emotionaler Zustand durch unterschiedlichste Empfindungen, Selbstzweifel, Ängste und Argwohn dermaßen chaotisch, dass ich gut beraten war, mich dem Urteil meiner Frau anzuschließen. Ich warf Candice einen verstohlenen Blick zu und sie nickte unmerklich. Ich wusste, was das bedeutete. Ich entschuldigte mich. Wenige Minuten später kam ich mit Cleo auf dem Arm zurück. Ich umklammerte die Leine und ließ sie auf den Fußboden hinunter. Mirna wirkte ein wenig angespannt, als Cleo bellend auf sie zustürzte.

Mirna hatte weder Leckerlis noch andere eingeübte Reaktionen in petto, aber sie besaß eindeutig andere Vorzüge, denn als ich die Leine locker ließ, lief Cleo zu ihr und machte zu ihren Füßen Sitz. Sie machte weder Platz noch rollte sie sich auf den Rücken oder tat irgendetwas anderes, was bemerkenswert gewesen wäre. Ganz im Gegenteil, sie war genau wie immer, das reinste Energiebündel. Sie verharrte einen Moment an Ort und Stelle, dann sprang sie auf und rannte leichtfüßig vor und zurück und von einer Seite zur anderen, wie die Teilnehmer an einem Feuerlauf-Seminar von Tony Robbins, wobei sie abwechselnd abgehackt bellte und aufgeregt winselte. Candice und ich tauschten abermals einen Blick. Wir wussten, was das bedeutete: Familienmitglied. »Ist sie immer so?«, erkundigte sich Mirna ein wenig zögernd.

»Ja!«, riefen Candice und ich freudestrahlend, wie aus einem Munde.

Mirna ist seit Krishus Geburt bei uns. Jeden Morgen begrüßt Cleo ihre Ankunft mit den gleichen energiegeladenen Zuckungen und Kreistänzen wie ein Baby, dem man Red Bull eingeflößt hat, bis Mirna sie mit einem Leckerli (auch drei oder vier) zur Ruhe bringt. Krishu betrachtet Mirna ebenfalls als Familienmitglied und die drei kommunizieren fast ausschließlich auf Spanisch miteinander. Candice und ich haben beide darauf bestanden, dass sich Mirna mit Krishu in ihrer Muttersprache unterhält, in der Hoffnung, dass er sie gemeinsam mit Englisch, Mandarin und Hindi lernen würde, wenn er damit aufwächst. Womit wir nicht gerechnet hatten, war, dass Cleo ebenfalls Spanisch verstand.

Eigentlich hätte es uns nicht überraschen dürfen, dass sie wieder einmal ihren eigenen Kopf durchsetzte, allen Erwartungen zum Trotz.

Wie viele Menschen in unserem Leben war Mirna zuerst ein wenig eingeschüchtert von meinem Vater. Sie hatte keines seiner Bücher gelesen, aber sie wusste, wer er war, und reagierte anfangs ziemlich nervös, wenn er hereinschneite, um uns zu besuchen. Eines Nachmittags, als er unangemeldet auftauchte, eine Weile mit Krishu spielte und sich dann nach draußen begab, um mit seinem Handy zu telefonieren, nahm mich Mirna beiseite und bat mich dringend, ihr künftig Bescheid zu sagen, wenn mein Vater im Anmarsch war, damit sie Krishu entsprechend herrichten konnte.

»Herrichten?« Mir war unklar, was sie damit meinte.

Was sie darunter verstand, war: Ausgeschlafen, gebadet, mit einer frischen Windel und sauberer Kleidung versehen, gekämmt und mit geschnittenen Fingernägeln, also rundum adrett hergerichtet, wenn sein Großvater kam.

Ich versicherte ihr, das sei nicht nötig. Aber sie widersprach auf eine Weise, die keinen Zweifel offen ließ, dass sie nicht von ihrem Standpunkt abrücken würde. Als er zwanzig Minuten später aus seinem Zimmer auftauchte, sah er aus wie ein geschniegelter Chorknabe. Nach weiteren zwanzig Minuten stand er steif vor seinem Großvater, der misstrauisch seine Haarpracht beäugte.

»Was ist denn mit ihm passiert?«, fragte mein Vater.

Ich schüttelte den Kopf und bedachte Mirna mit einem Lächeln, die vor Stolz strahlte.

Zum Glück für uns alle vergingen nur zwanzig Minuten, bis sich Krishu Bananenbrot in die Haare schmierte und die Welt wieder im Lot war.

Im Lauf der nächsten Monate begann sich Mirna in Anwesenheit meines Vaters zu entspannen. Trotzdem beharrte sie auch weiterhin darauf, dass Krishu hergerichtet und ausgeruht war, wenn er kam. Sie schalt Papa sogar ein- oder zweimal, weil er es wagte, einen Blick auf sein BlackBerry zu werfen, obwohl er sich mit seinem Enkel beschäftigen sollte. Mirna wünschte sich auch deshalb eine enge Bindung zwischen Krishu und meinem Vater, weil sie Papas Prominentenstatus kannte – sie trug die Verbindung zu ihm wie ein Ehrenabzeichen zur Schau, vor allem bei ihren Gefährtinnen im Park nebenan. Doch der Hauptgrund war ihr eigenes kulturelles Erbe, in dem das Band zwischen den Männern einer Familie als geheiligt galt.

»Um ein guter Mensch zu sein, muss sich Krishu mit guten Menschen umgeben«, sagte sie einmal zu mir.

Das leuchtete mir ein und ich nickte.

»Und wenn Ihr Vater und Sie gute Menschen sein wollen, müssen Sie von Ihrem Sohn lernen«, fuhr sie fort, von meiner Zustimmung angespornt.

Dieses Mal starrte ich sie an, unsicher, was sie damit meinte. War mir bei der Übersetzung etwas entgangen? Sie erwiderte mein Lächeln selbstzufrieden. Mir was bewusst, dass es mir nicht gelungen wäre, die angestrebte Klärung zu erhalten, wenn ich sie unter Druck setzte. Ich beließ es dabei.

Mirna fiel natürlich auf, dass mein Vater in den letzten Monaten immer mehr Zeit bei uns verbrachte, mehrere Tage oder sogar eine ganze Woche. Sie erkundigte sich bei Candice, ob zu Hause alles in Ordnung sei, womit sie vermutlich die Beziehung zwischen meinen Eltern meinte. Wir hatten inzwischen gelernt, dass sich eine beiläufige Information beim Kinderfrauen-Geheimbund im Park einer Aufforderung zum Klatsch gleichkam, genauso, als würde man eine geladene Waffe im Haus herumliegen lassen. Um jedwedem Problem vorzubeugen, setzte Candice sie vom Gesundheitszustand meines Großvaters, dem verlängerten

Aufenthalt meiner Mutter in Indien und der Anweisung in Kenntnis, während der Sommermonate mehr Zeit mit meinem Vater zu verbringen.

Mirna nickte verständnisvoll, als hätte man sie in ein Geheimnis eingeweiht. »Er sollte mehr Zeit mit dem Kleinen und dem Hund verbringen«, lautete ihr unerwarteter Rat.

Eines Nachmittags wurde diese einzigartige Empfehlung allem Anschein nach in der Praxis erprobt. Als ich von einer geschäftlichen Besprechung zurückkehrte, stand Mirna draußen vor dem Haus und spähte durch die Fensterläden. Ich erkundigte mich, was los sei.

»Ihr Vater ist hier!« Sie deutete in das Zimmer.

»Aha.« Ich nickte, da ich nicht wusste, ob eine ausführlichere Erklärung folgen würde.

»Er hat gesagt, ich soll mir für den Rest des Tages freinehmen. Er kümmert sich um den Kleinen.«

Mein Gesichtsausdruck verriet mich.

»Genau.« Sie nickte. »Deshalb habe ich meinen Beobachtungsposten bezogen.« Sie spähte mit zusammengekniffenen Augen durch die Fensterläden.

»So schlecht macht er seine Sache gar nicht«, räumte sie ein.

Ich ging neben ihr in Stellung und spähte ebenfalls hinein. Krishu sah aus, als befände er sich im siebten Himmel. Er hielt Papas Hände umklammert und drehte sich im Kreis. Er gehört zu den wenigen Kindern, die Ringelreihen zu zweit heiß und innig lieben. Überraschenderweise schien mein Vater das Spiel gleichermaßen zu genießen, wie man aus seiner Miene schließen konnte. Als es hieß »Wir sitzen unterm Hollerbusch und machen alle Huschhuschhusch«, woraufhin sich die beiden hinfallen ließen, gesellte sich Cleo zu ihnen und bellte wie verrückt, während sich Krishu und Papa lachend auf dem Boden kugelten.

»Habe ich doch gesagt.« Mirna lächelte stolz. »Krishu und Cleo sehr gut für ihn. Er kann ein Buch über sie schreiben.«

Ich bedankte mich bei ihr und entband sie von ihrer Observierungsaufgabe.

Beim Betreten des Hauses erhielt ich einen breiter gefächerten Blick ins Wohnzimmer, das von außen nicht sichtbar war. In der Stunde, die sie allein verbracht hatten, war es Cleo, Papa und Krishu gelungen, das Haus in ein Schlachtfeld zu verwandeln, verwüstet von einem durchziehenden Wirbelsturm.

»Was ist denn hier passiert?« Ich sah mich um wie ein Helfer vom Roten Kreuz, der gerade erst im Katastrophengebiet eingetroffen ist.

»Nichts.« Papa zuckte die Achseln, als er sich abermals mit Krishu auf den Boden fallen ließ. Verärgert, übergangen worden zu sein, wich Cleo zur Seite aus, sprang auf die Couch und ließ ihre aufgestaute Wut an einem unschuldigen Sofakissen aus, dem sie offensichtlich schon einmal zu Leibe gerückt war. Die Baumwollfüllung flog in alle Himmelsrichtungen, während sie es zwischen den Zähnen hielt und wild hin und her schüttelte. Auch wenn ihr das Gespür für natürliche Katastrophen fehlt, bei Mitverschwörern wie meinem Vater und meinem Sohn hatte sie kein Problem damit, den Eindruck zu erwecken, es hätte gerade eine stattgefunden.

»Noch mal, Dada!«, jubelte Krishu und sprang auf.

Papa rappelte sich hoch.

Die beiden fingen wieder von vorne an. »Ich habe heute Morgen mit Mom gesprochen«, sagte mein Vater bei der ersten Drehung.

Er sah mich an und strahlte. »Sie kommt in zehn Tagen nach Hause.«

»Huschhusch!!!«, brüllte Krishu. Beim Ringelreihen ließ Krishu gerne den größten Teil der Worte aus, um an seine Lieblingsstelle zu gelangen.

Papa landete ein weiteres Mal auf dem Fußboden. »Sie wird rechtzeitig hier sein, um uns nach Whistler zu begleiten.«

Das waren fantastische Neuigkeiten. Jeden Sommer stand eine Familienreise auf dem Programm. In den letzten Jahren hatten wir Colorado und Wyoming zum Ziel erkoren und uns in die Weite der Landschaft, die faulen Tage und die Aktivitäten unter freiem Himmel verliebt, die beide Gegenden boten. In diesem Jahr wollten wir nach Whistler in British Columbia, Kanada, wo mein Vater eines seiner einwöchigen spirituellen Seminare abhalten würde. Abgesehen davon, dass es galt, uns als perfekte spirituelle Familie zu präsentieren, schien der Ort ideal für die Fortsetzung unserer alljährlichen Tradition zu sein. Ich malte mir aus, wie ich nach Lust und Laune den ganzen Tag wandern, mit dem Mountainbike durch die Berge kurven, vielleicht sogar Kajak fahren und angeln gehen würde. Wir hatten uns alle mit der Möglichkeit abgefunden, dass meine Mutter nicht teilnehmen würde, ein Wermutstropfen im Freudenbecher.

Dass meine Mutter rechtzeitig zurück sein würde, deutete auf mehrere erfreuliche Entwicklungen hin. Dadurch war nicht nur die gute Stimmung beim Familientreffen gewährleistet, sondern es ließ auch darauf schließen, dass sich Nanas Gesundheitszustand erheblich gebessert hatte. Und es bedeutete auch, dass Candice und ich im Urlaub vielleicht sogar die Chance erhielten, einmal ein ›Essen zu zweit‹ außer Haus zu genießen, während meine Mutter den Kleinen hütete. Wir liebten Krishu über alles, keine Frage, aber die Vorstellung von einem romantischen Abend war in den letzten zwei Jahren eher ein Traum oder Märchen als

Realität gewesen. Und da Cleo aufgrund ihres fortgeschrittenen Alters alle paar Stunden Gassi gehen musste, hatten Candice und ich selten die Gelegenheit, uns einmal klammheimlich davonzuschleichen.

Vor allem verriet die Miene meines Vaters, der aussah, als wäre ihm eine Bürde von den Schultern genommen, dass ihm die unmittelbar bevorstehende Rückkehr meiner Mutter Auftrieb gab. Sogar ich ließ mich oft von der Aura gefangen nehmen, die Papa umgab. Man vergaß leicht, dass das Gefühl der Verbundenheit mit meiner Mutter eine ganz besondere Bedeutung für ihn besaß, genau wie für jedes andere Mitglied der Familie. Wir sprachen selten, falls überhaupt jemals darüber, und doch wussten wir alle intuitiv, dass genau das der Kitt war, der unsere ganze Familie zusammenhielt, aber vor allem in seinem Leben als Ausgleich diente.

Als Papa und Krishu sich dieses Mal auf den Boden fallen ließen, gesellte sich Cleo wieder zu ihnen. Sie hüpfte auf den Hinterbeinen um Papa herum und versuchte, bei dem Spaß mitzumachen, wobei ihr Schwanz heftig hin und her wedelte.

»Möchtest du eine merkwürdige Geschichte hören?« Papa lehnte sich auf der Couch zurück und legte eine Hand auf Cleos Kopf.

»Heute Morgen beim Training im Fitnessstudio sprach mich eine Frau mit pinkfarbenem Lycra-Outfit und Sonnenbrille an.«

Man könnte meinen, eine Frau mit pinkfarbenem Lycra-Outfit und Sonnenbrille sei merkwürdig genug, doch in einem außergewöhnlichen spirituellen Leben wie dem eines Deepak Chopra war das nicht anders zu erwarten. Oft begegneten er oder wir Wildfremden, die ihm ihre verborgensten Geheimnisse oder Gedanken anvertrauten. In der Herrentoilette des Frankfurter Flughafens erkannte ihn beispielsweise einmal ein Mann, der am Urinal neben ihm stand; er reagierte so aufgeregt, dass er vergaß, womit er gerade beschäftigt war, und erzählte, er habe vor einigen Wochen geträumt, dass er »bald seinen Guru« treffen werde. Ob der Traum einschloss, dass er dabei die Schuhe des Guru einnässte, werden wir wohl nie erfahren.

»Ich glaube, diese Begegnung hatte eine karmische Bedeutung; das Universum wollte mich darauf aufmerksam machen, dass ich in Zukunft auf Schuhe aus Alligatorleder verzichten sollte«, schloss Papa später aus der sonderbaren Begebenheit. Seither trägt er meistens knallrote Laufschuhe.

»Sie war ein Tiermedium und eröffnete mir, es gebe da eine kleine flauschige Hündin in meinem Leben, die für meine weitere spirituelle Entwicklung sehr wichtig sei.« Wie aufs Stichwort ließ sich Cleo zu Boden fallen, rollte eilends auf den Rücken, streckte alle viere von sich und wartete darauf, von Papa gestreichelt zu werden. Eine durch und durch spirituelle Reaktion, versteht sich.

»Sie sagte, die Hündin habe schon in einem meiner früheren Leben eine Rolle gespielt und meine Aufgabe bestehe darin, so viel wie möglich von ihr zu lernen.«

Eine Rolle? Siedend heiß fiel mir ein: Dienten das pinkfarbene Lycra-Outfit und die Sonnenbrille vielleicht als Tarnung, hinter der sich meine Lektorin verbarg? Oder meine Literaturagentin?

»Was hältst du davon?«, fragte Papa.

Mein Vater ist kein besonders religiöser Mensch, obwohl er als einer der spirituellsten Menschen überhaupt gilt. Nach seiner Auffassung ist er genauso wenig Hindu (der Glaube, mit dem er aufgewachsen ist) wie ein wiedergeborener Christ. Doch als der vielleicht weltweit führende, viel beschäftigte Guru auf dem Gebiet des *Bewusstseins* leitet er seine Lehren und Überzeugungen unmittelbar aus den spirituellen Überlieferungen Indiens her, den Veden. Das Konzept der Reinkarnation – dass der menschliche Körper im Kreislauf von Geburt, Tod und Wiedergeburt wiederaufbereitete Materie ist und das, was wir als Individuum und/oder Persönlichkeit definieren, nichts weiter als dasselbe Bewusstsein in neuer Gestalt ist – stimmt mit den Glaubensvorstellungen überein, denen nach eigenen Aussagen viele Hindus anhängen. Für meinen Vater ist das seit Jahren ein Problem. Denn das, woran er glaubt, kann er (wie kein anderer) mithilfe der Wissenschaft und modernen Physik logisch begründen und erklären, während andere diese Dogmen blind akzeptieren und an ihrer Religion festmachen. Das hat in vielerlei Hinsicht seine eigene Arbeit unterminiert, was ihm durchaus klar ist. Dennoch ist die Vorstellung keineswegs unglaubhaft, dass eine Familie wie unsere kein Zufallsprodukt des Universums ist, wahllos zusammengewürfelt für die Dauer eines Lebens, sondern Funktion einer tiefer verwurzelten kosmischen Intelligenz, die durch das Bewusstsein oder Gott, wenn man so will, gesteuert wird. Die Tatsache, dass ein Tiermedium in pinkfarbenem Lycra-Outfit der Meinung war, Cleo sei Teil unseres transzendentalen Rudels, leuchtete meinem Vater völlig ein, vor allem angesichts der beachtlichen Bindung, die in diesem Sommer zwischen den beiden entstanden war.

»Ich bin überzeugt, dass Cleo schon einige Leben hinter sich hat«, erwiderte ich. »Du nicht?«

Mein Vater lachte und musterte Cleo. Krishu zog an Papas Ärmel, drängte ihn aufzustehen. »Noch mal!«

»Ich denke, wir haben alle schon mehrere Leben miteinander verbracht. Ein einziges Leben würde nicht annähernd so viel Spaß machen.«

Als wir Kinder waren, brachte Papa Mallika und mich ab und zu ins Bett. Er hielt nicht viel davon, uns Geschichten vorzulesen oder zu erzählen, sondern forderte uns stattdessen auf, ihm eine Geschichte zu erzählen. Er hatte in einem seiner unzähligen Bücher gelesen, dass es nichts gab, was die geistige Entwicklung und schöpferische Fantasie eines Kindes mehr anregt, als sich selber Geschichten auszudenken. Er förderte diese Fähigkeit bei uns und macht heute das Gleiche bei unseren Kindern, seinen Enkelkindern, vor allem bei Tara.

Das löste natürlich familieninterne Kontroversen aus, denn die Geschichten, die Tara erzählte (sprich erfand), uferten nachweislich aus. Unlängst rief ihre Lehrerin bei meiner Schwester an, um sich besorgt zu erkundigen, ob es stimme, dass Taras Familie während ihrer letzten Indienreise von englischen Hooligans angegriffen worden sei.

»Was?«, hatte Mallika völlig verwirrt geantwortet.

Im Zuge weiterer Nachforschungen stießen wir auf einen faszinierenden Tatbestand. Während der letzten Indienreise hatte Tara mit ihrem Großvater väterlicherseits das Mahatma-Gandhi-Museum im Stadtzentrum von Neu-Delhi besucht, weil er ihr Indiens historischen Kampf für die Unabhängigkeit von der britischen Kolonialmacht vor Augen führen wollte. Das Museum befindet sich auf dem Gelände, auf dem Gandhi von einem indischen Attentäter erschossen wurde, vornehmlich, weil er für den gewaltlosen Widerstand gegen die Briten eintrat.

Allem Anschein nach hatte Tara diese emotionale Reise in die Geschichte ihrer Vorfahren zum Anlass genommen, ein Märchen zu erfinden, das zeitgemäßer war, mit einem aufgebrachten Mob imaginärer Halbstarker, der ihre Familie angriff.

Mallika versicherte Taras Lehrerin, dass es keinen Vorfall dieser Art gegeben habe.

»Gut. Kann ich davon ausgehen, dass sich auch der Elefant Ihrer Schwiegereltern bester Gesundheit erfreut?«, erwiderte die Lehrerin lachend.

Mallika stimmte in das Lachen ein. »Zum Glück geht es ihm gut.«

Verständlicherweise war das ein Vorfall, den Mallika nicht zum Lachen fand. Beim Abendessen sprach sie Papa darauf an. Vielleicht sei es keine gute Idee, Taras Talent als Geschichtenerzählerin weiterhin zu fördern.

»Unsinn«, entgegnete er herausfordernd. »Wir sollten sie unbedingt ermutigen. Und dafür sorgen, dass sie ihr Talent pflegt.«

Er sah Tara stolz an. Ihre Miene spiegelte zwiespältige Gefühle wider, einerseits war es ihr peinlich, beim Schwindeln erwischt zu werden, andererseits war sie stolz auf die Bewunderung ihres Großvaters. Cleo saß pflichtschuldig zu ihren Füßen, seltsamerweise mit dem gleichen Gesichtsausdruck, fand ich.

»Vielleicht steckt in Tara ein zweiter Steven Spielberg. Oder eine Autorin wie Jhumopa Lahiri.«

»Oder ein zweiter James Frey«, fügte ich hinzu, auf einen Autor anspielend, der mit seinen vorgeblich autobiografischen Romanen Bestseller landete.

»Wir bringen unser Gespür für Menschen und Situationen in die Geschichten ein, die wir erzählen«, fuhr Papa fort. »Das bedeutet, dass Tara sich dieses Gespür zunutze macht. Und das ist wunderbar.«

Tara strahlte übers ganze Gesicht. Von Verlegenheit war keine Spur mehr zu bemerken, der Stolz hatte eindeutig die Oberhand gewonnen.

Seltsam, wie sich die Geschichte wiederholte. Ich erinnerte mich an eine ähnliche Debatte zwischen meiner Mutter und meinem Vater, als Mallika und ich Kinder waren und er uns ermutigte, unser Erzähltalent zu entwickeln. Ich hatte es im Lauf der Jahre auf diesem Gebiet ziemlich weit gebracht und meinen Eltern als Heranwachsender nach einer nächtlichen Zechtour mit meinen Kumpels weismachen wollen, ich sei der Ansicht gewesen, alkoholfreie Cocktails namens Arnold Palmers zu trinken und keine Long Island Eistees (mit Gin, Wodka, Rum, Tequila und Cointreau).

»Wie der Baseballspieler?«, fragte mein Vater verblüfft. (Er hatte sich noch nie etwas aus Sport gemacht und keine Ahnung, dass es sich dabei um einen bekannten Profigolfer handelte.)

Meine Mutter schickte mich ins Bett, um meinen Rausch auszuschlafen. »Da wir gerade von Arnold Palmers sprechen: Du solltest nicht damit rechnen, mehr als einen Golfwagen zu fahren, wenn du nächstes Jahr deinen Führerschein machst.«

Damit sorgte sie natürlich für weitere Verwirrung bei meinem Vater.

Und nun, Jahre später, hatte Mallika die Rolle unserer Mutter übernommen und zeigte sich besorgt, dass Taras kreative Fähigkeiten als Geschichtenerzählerin eine noch bedrohlichere und schwerer in den Griff zu bekommende Form annehmen könnten, sobald sie das Teenageralter erreichte.

»Papa!« Mallika bedachte Papa mit einem mahnenden Blick. Sie war kein müder Abklatsch, sondern *genau* wie unsere Mutter, was mein Vater sehr wohl erkannte. Sie hatte ein Machtwort gesprochen und jede weitere Diskussion erübrigte sich.

»Also gut«, lenkte er ein. »Vielleicht ist die Schule nicht

gerade der beste Ort, um deine Geschichten zu erzählen«, fügte er an Tara gewandt hinzu.

Das war das Beste, worauf Mallika hoffen konnte. Es gab keine Möglichkeit, ihn zu überzeugen, dass Kreativität nicht die Quelle aller Problemlösungen auf der Welt war. Sie erinnerte sich mit Sicherheit an unsere eigene Kindheit und Papas Worte, dass die Erlebnisse in unseren Träumen oder die Erinnerungen an frühere Leben, die wir geltend machten, keineswegs unrealistisch waren.

»Unrealistisch ist nur die von der Gesellschaft herbeigeführte Sinnestäuschung, die reale Welt sei die einzige, die existiert«, hatte er uns erklärt, als wir noch zur Grundschule gingen.

Ja, meine Damen und Herren, ich wuchs zweifellos in der Matrix auf.

Papas Begegnung mit der Frau im pinkfarbenen Lycra-Outfit beim Training im Fitnesscenter erinnerte mich an eine Begebenheit aus meiner Kindheit, in der ich zahlreiche Geschichten erfand. Nach dem Abendessen und der unterkühlten Unterredung zwischen Papa und Mallika rief ich sie ihm ins Gedächtnis zurück.

»Erinnerst du dich, dass ich dir einmal meinen Traum von der Seilbrücke in China erzählt habe, in dem wir beide vorkamen?«

»Ja«, erwiderte Papa, ohne nachzudenken. »Du warst mit einem Hund unterwegs.«

Stimmt. Im Traum waren wir beide Bauern, aber ich war der Ältere von uns beiden. Wir kannten uns nicht, waren uns zum ersten Mal im Leben auf einer Seilbrücke begegnet, die zwei Gipfel einer chinesischen Bergkette miteinander verband. Ich hatte einen Hund dabei und er eine Schale Reis. Auf der Brücke bot mir Papa von seinem Reis an, und als wir uns niedersetzten und aßen, erzählten wir uns gegenseitig unsere Lebensgeschichten. Er hatte als Teehändler zu Fuß das ganze Land durchquert, von den Gebirgsausläufern in Bhutan bis zu den Häfen am Südchinesischen Meer. Ich war Kalligraf, dessen Dienste in den höchsten Kreisen der großen Städte gefragt waren, hatte es aber vorgezogen, Kinder in den ländlichen Gemeinden zu unterrichten.

Am Ende der Begegnung verabschiedete ich mich von Papa und bat ihn, sich um den Hund kümmern. Ich sagte ihm, ich sei alt und mir bleibe nicht mehr viel Zeit, aber der Hund habe noch einige Lebensjahre vor sich und brauche einen Gefährten. Er nickte und erklärte sich einverstanden, ihn in seine Obhut zu nehmen.

Ich dankte ihm, und bevor wir unserer Wege gingen, ließ ich mich auf ein Knie herab und nahm tief bewegt Abschied von meinem Hund.

»Sorge dich nicht«, lautete der Rat des jungen Mannes auf der Seilbrücke zwischen den beiden chinesischen Bergen in *jenem* Leben. »Wir werden uns wiedersehen.«

»Daran erinnere ich mich.« Papa nickte und wir blickten beide Cleo an. »Du siehst, wir sind auch in diesem Leben wieder beisammen, genau wie ich sagte.«

Meine Familie war immer überzeugt, dass zwischen uns eine tiefer verwurzelte kosmische Verbindung besteht. Es handelt sich genau genommen eher um eine Wahrnehmung als um eine Überzeugung. Wir haben viel Spaß miteinander, respektieren uns gegenseitig zutiefst. Für uns sind die Kinder meiner Schwester und meines Schwagers unsere eigenen Kinder und Krishu ist ihr Kind. Papa verkündet auf Twitter neuerdings mit großem Stolz, dass seine Enkelkinder die besten Lehrer sind, die er jemals hatte.

Wenn man Cleos Verhalten gegenüber Familienmitgliedern beobachtet, entfernte Verwandte und Mirna eingeschlossen, die für sie irgendwie zur Familie gehört, und es mit ihrer Reaktion auf Fremde vergleicht, die ihr im Alltag begegnen, erhärtet sich der Verdacht, dass sie uns schon durch mehrere Leben begleitet hat. Ihr Selbstverständnis stützt sich nicht nur auf den Spaß, den wir miteinander haben, sondern auch auf die Eigenschaften, die sie im Lauf der Jahre uns gegenüber entwickelt hat: Hingabe und Vertrauen, Treue, bedingungslose Liebe, Unvoreingenommenheit und vieles mehr.

Viele Wissenschaftler sind mit der Erforschung der Kaniden befasst. Sie studieren die Mentalität des Rudels bis zum Erbrechen und führen hitzige Debatten darüber, ob es sie gibt oder nicht. Sie erhellen die faszinierende Dynamik der Beziehung, die Menschen und Hunde verbindet, einschließlich der Fähigkeit des Hundes, selbst die subtilste Gestik, Körpersprache, Mimik, Tonlage und Gefühle ihrer Halter zu entschlüsseln.

»Aber bei Cleo erübrigt sich das alles«, erklärte Papa, als wir die Unterhaltung während unseres inzwischen allabendlichen Spaziergangs zu Starbucks fortsetzten, wo wir nach dem Essen einen Tee tranken.

»Die Wissenschaft würde mit Blick auf Cleos kleinen Kopf darauf hindeuten, dass die Kapazität ihres Gehirns beschränkt sein muss. Doch ihre emotionale Resonanz auf alle Mitglieder unserer Familie deutet darauf hin, dass sich ihre Intelligenz aus einer wesentlich subtileren Quelle als dem Gehirn in ihrem Schädel speist. Cleo ist mit ihr verbunden, auf eine Weise, die den meisten Menschen verschlossen bleibt, nicht weil sie Menschen sind, sondern weil sie sich selbst und ihr Unterbewusstsein so programmiert haben, dass sie nicht einmal mehr wahrnehmen oder spüren, was sich direkt vor ihnen befindet. Sie lässt sich von einer höheren Macht leiten.«

Noch eine Enthüllung über Cleo, dachte ich, als ich sie

nachdenklich betrachtete. Ihr Schritt wirkte mit einem Mal beschwingt, als wir uns dem Häuserblock näherten, in dem sich Starbucks befand. Vermutlich lag es nur an dem Stück Kirscheis am Stiel, das Krishu nach dem Essen heruntergefallen und von ihr verschlungen worden war, bevor ich reagieren konnte.

Papa betrat Starbucks, während Cleo und ich draußen einen Sitzplatz suchten. Sie beschnupperte den Gehsteig, auf der Suche nach etwas Interessantem, während ich sie mit neuem Respekt beobachtete. Es war wirklich verblüffend, wie viele Neurosen, die wir im Lauf der Zeit bei ihr entdeckt hatten, sich nun in spirituelle Erkenntnisse umwandeln ließen. Vielleicht bestand Cleos größte Gabe darin, dass ihr das angsteinflößende Bedürfnis fehlte, ihre eigene Intuition anzuzweifeln oder zu analysieren. Einzigartig war auch, dass sie sich ausschließlich auf die Dinge konzentrierte, die sie interessierten – in ebendiesem Augenblick der angebissene Apfel, den sie zwischen Stuhl und Mauer eingeklemmt entdeckt hatte.

Im gleichen Moment kam ein junger Mann aus dem Starbucks. Er hatte einen Spitzbart und trug eine Beanie-Mütze, unter der zottelige Haare hervorquollen. Er telefonierte mit seinem Handy und lachte.

»Hey, ich hab dir doch gerade von diesem Typen in der Schlange erzählt, der genau wie Deepak Chopra aussah.« Er schüttelte ungläubig den Kopf. »Stell dir vor, der redete auch genau wie er!«

10

Was würdest du anders machen, wenn du noch einmal ganz von vorn anfangen könntest?
Nichts. Das ist die Wahrheit.
Nichts?
Das Ergebnis könnte anders ausfallen, weil ich genauso spontan handeln würde wie dieses Mal, hoffe ich zumindest. Das meiste habe ich mühelos erreicht, auf Anhieb und ohne große Anstrengung, weil ich alles im Leben so genommen habe, wie es kam. Ich glaube, dass Kreativität aus Spontaneität entsteht, und das ist eine Fähigkeit, die ich ganz gut beherrsche. Manche Leute würden sie als Unbesonnenheit bezeichnen, aber wie auch immer, sie kommt mir zugute.

»Mir geht es blendend!«, versicherte mir Nana am Telefon. Er war seit einer Woche wieder zu Hause und klang, als wäre er ganz der Alte. Er konnte es kaum erwarten, eine lieb gewordene Gewohnheit wieder aufzunehmen: Spaziergänge im Park, wo er sich mit seinen alten Kameraden aus der Militärzeit traf und über die indischen Politiker klagte. »Ein Haufen Schmarotzer, völlig nutzlos«, pflegte er mich zu erinnern.

»Deine Mutter hat mir erzählt, dass du ein Buch über diesen Hund schreibst«, fuhr er fort.

»Eigentlich geht es nicht nur um Cleo, sondern auch um Dad, Krishu, Cleo und mich.« Hoffentlich hing der Erfolg des Buches nicht davon ab, ob ich meinen Großvater dafür begeistern konnte.

»Klingt faszinierend«, erwiderte Nana.

Und wie klang das? Desinteressiert? Überrascht? Es war schwer, sich einen Reim auf seinen Tonfall zu machen.

»Wirklich?«

»Nein, nicht wirklich. Dein Vater schreibt Bücher über die Suche nach dem Glück. Dein Hund – jeder Hund – ist einfach nur glücklich. Was gibt es da noch groß zu sagen?«

Wohl wahr.

»Übrigens, du musst uns kein Exemplar zuschicken, wenn es fertig ist. Wir besorgen es uns einfach in der Leihbücherei. Man kann ja nie wissen, wie lange wir noch leben.«

»Wie geht es ihm?«, fragte Candice, während sie den Reißverschluss eines weiteren Koffers schloss.

»Alles wieder im grünen Bereich«, erwiderte ich lächelnd.

Ich musterte die vier Koffer, drei Reisetaschen, die Tasche für den Kinderwagen, die Tasche für den Autositz und die ›Tasche mit verschiedenen anderen Dingen‹, die sie für die Reise gepackt hatte.

»Die meisten Sachen sind *für ihn.*«

Das war nicht einmal gelogen. Damit das Leben meines dreizehn Kilo schweren Sprösslings reibungslos funktionierte, brauchte er offenbar das Vierfache seines Gewichts an Zubehör, wie Kleider, Windeln, Lebensmittel, Spielzeug, Bücher, Kinderwagen, Autositz und *verschiedene andere Dinge.*

»Hey«, kam mir Candice zuvor, bevor ich auch nur den Mund aufmachen konnte. »Wenn du alles inspizieren und noch einmal neu packen möchtest, tu dir keinen Zwang an.«

Ich schüttelte den Kopf. »Ich verstaue die Sachen im Auto.«

Der Haken an unserer Fahrt nach Kanada war natürlich Cleo. Früher hatten wir sie jedes Mal mitgenommen, hatten sie sogar in todschicke Urlaubsorte eingeschmuggelt, in denen Hunde geächtet waren. Doch diese Reise war grenzüberschreitend, versehen mit dem Stempel ›international‹, und Cleo war eindeutig eine heimische Promenadenmischung. Ich spürte, dass sie das Problem genauso sah wie ich. Kanada war eher ein Cousin ersten Grades als ein entfernter Verwandter und in unserer Familie galten Cousins grundsätzlich als Geschwister. Doch das würde die Grenzbeamten nicht interessieren. Es bestand kein Zweifel: Cleo musste zu Hause bleiben.

Wir hatten den Fehler begangen, Cleo immer bei meiner Schwester oder meiner Mutter zu lassen, wenn wir unterwegs waren, doch da wir dieses Mal alle miteinander verreisten, entfielen diese Optionen. Candices Mom war auch keine Lösung; Cleo war einfach zu alt, um ihr die lange Reise zuzumuten. Sie bei der Tierärztin in unserem Stadtviertel zu lassen, die Cleo in einem winzigen Käfig halten und nur zweimal am Tag mit ihr Gassi gehen würde, kam genauso wenig in Betracht. Und einen Haus- und/oder Hundesitter zu engagieren wäre uns im Traum nicht eingefallen. Das hätte Vorstellungsgespräche wie bei unserer Suche nach einer Kinderfrau erfordert, was wir uns angesichts Cleos hochexplosiver Mischung aus Unfreundlichkeit und Neurosen nicht noch einmal antun wollten. Und sie bei Nachbarn unterzubringen wäre genauso, als würden wir sie bitten, ihr Wohnzimmer als Schläferzelle oder Trainingslager für Terroristen zur Verfügung zu stellen.

»Bringt sie doch in eine dieser Hundepensionen mit Fünfsterneambiente«, lautete der Rat, den Candice von einem Mitglied ihrer Mami-Clique beim Kaffeeklatsch erhalten hatte. Die Einzelheiten über eine von ihr wärmstens empfohlene Einrichtung wurden auf Candices iPhone geladen.

Ich überprüfte die Informationen online. Der stolze Preis ließ erkennen, dass wir mit der Entscheidung für diese Option zu den Leuten gehören würden, die Unsummen ausgeben, damit es ihrem Hund an nichts mangelt. Doch die Ausgabe ließ sich durchaus rechtfertigen:

Sieben Übernachtungen in der Hundepension: $ 350
Spezielle fettarme Senioren-Kost: $ 10 pro Tag
Urlaub für Gotham und Candice ohne schlechtes Gewissen: unbezahlbar

Eine junge Frau namens Missy nahm uns auf die Besichtigungstour mit. Ein weitläufiger Spielbereich schloss sich an eine helle Eingangshalle an. Einige große Hunde rannten im Kreis herum, in Spiele mit freundlichen Trainern vertieft. Auf der anderen Seite, durch eine unüberwindliche Barriere getrennt, lagen Hunde von Cleos Größenordnung auf einem entsprechend kleineren Terrain herum, frönten dem Müßiggang, beschnupperten sich gegenseitig und spielten mit Plüschtieren. Die Sonne schien durch die großen geöffneten Fenster. Ein frischer Wind sorgte dafür, dass der Hundegeruch nie überhandnahm.

Missy sah, wie ich den Spielbereich in Augenschein nahm, in dem Cleo vermutlich landen würde. Da sie nicht zu den Hunden gehört, die sich ihr Revier erkämpften, würde sie unter Umständen einen schlechten Stand bei ihren

Artgenossen haben. Sie verstand sich nicht darauf, soziale Netzwerke zu knüpfen, sondern war eher eine Einzelgängerin, die ihre Nase nicht in Dinge steckte, die sie nichts angingen. Missy bestätigte, dass die Hunde in diesen beiden Bereichen freien Auslauf hatten und die Tage überwiegend miteinander faulenzten, spielten oder im Kreis herumliefen.

»Keine Sorge«, versicherte sie uns. »Beim ersten Anzeichen von Spannungen trennen wir sie voneinander, damit die Situation nicht eskaliert.«

Bei den Mahlzeiten schien man besondere Vorsicht walten zu lassen, denn die Futternäpfe wurden in abgeteilten Bereichen aufgestellt, um ein Gerangel zwischen den Hunden zu vermeiden. Wenn wir es wünschten, könne Cleo morgens und abends im Separee speisen, in Gesellschaft eines persönlichen Trainers, der sich um sie kümmern und dafür sorgen würde, dass sie in den vollen Genuss ihrer Mahlzeiten komme, teilte Missy uns mit. Candice und ich sahen uns an. Das hörte sich gut an.

Für die Nacht gab es einen großzügig mit Kissen ausgestatteten Schlaftrakt, in dem die Hunde ausspannen konnten und ihre Ruhe hatten. Ihre Besitzer wurden ermutigt, ungewaschene T-Shirts mitzubringen, damit die Hunde eine Unterlage hatten, die sie kannten und der ein vertrauter, tröstlicher Geruch anhaftete. Alles in allem beruhigte uns der Rundgang auf ganzer Linie; endlich hatten wir die Lösung für unser seit Langem bestehendes Problem gefunden. Candice war besonders angetan und deshalb beschlossen wir, es sei einen Versuch wert. Missy begleitete Candice in ein Privatbüro, um die Formalitäten zu erledigen, während ich die Wartezeit nutzte, um zu überprüfen, ob E-Mails auf meinem iPhone eingegangen waren, und hin und wieder einen Blick auf den Spielbereich zu werfen, wo rund ein Dutzend Hunde hin und her lief, in irgendein Spiel vertieft.

Nach ein paar Minuten betrat ein junger Mann den Raum und gesellte sich zu mir. »Was geht ab, Kumpel?« begrüßte er mich, das Kinn leicht angehoben. Eine Begrüßungsformel unter ›Kerlen‹, die ich erwiderte.

›Kumpel‹ hielt ungefähr ein halbes Dutzend Hundeleinen in der Hand, aber was mich noch mehr beeindruckte, waren seine schwer tätowierten Arme. Er hatte das, was man unter Normalsterblichen als ›Ärmel‹ bezeichnet, Tattoos auf dem ganzen Arm, flächendeckend, ohne ein Anzeichen, dass auch nur eine Stelle seiner Haut farblos geblieben war. Kein einziger Fingerbreit. Er trug eine Skimütze, einen blonden Kinnbart und ein T-Shirt mit dem Aufdruck STAY SUCKER FREE.

»Ich heiße Nomi, Kumpel.« Er streckte mir die Hand entgegen.

Wir tauschten einen festen Händedruck.

»Ist deiner dabei?« Er deutete auf die Hunde im Spielbereich.

»Nein.« Ich schüttelte den Kopf. »Sie kommt morgen.«

»Aha, ein Weibsbild.« Er nickte lächelnd. »Von der Sorte gibt's hier einige. Wie heißt sie denn?«

Ich war sprachlos. »Ähm ... Cleo.«

»Ähm Cleo oder nur Cleo?« Er lachte. »Das sollte ein Scherz sein, Kumpel! Ich werde gut auf deine Cleo achtgeben. Ich begleite die Jungs und Mädels beim Ausgang.« Dann lockerte er die Schultern und vollführte ein paar tänzelnde Schritte zu einer Musik, die nirgends zu hören war.

Wir standen einen Moment schweigend da, während ich versuchte, Nomi mit dem Bild in Einklang zu bringen, das ich mir von einem Hundeausführer gemacht hatte.

»Weißt du, woran mich dieser Ort erinnert?« Nomi deutete mit dem Kinn auf den Spielbereich vor uns.

Ich schüttelte den Kopf.

»An den Knast, Kumpel. Auch wenn wir beide nicht aus eigener Erfahrung wissen, was für ein Scheiß dort abgeht, oder?« Er zwinkerte mir lächelnd zu. »Aber mal im Ernst. Sieht aus wie ein Gefängnishof.«

Meine einzige Erfahrung mit Gefängnishöfen beschränkte sich (zum Glück) auf die Dokumentarfilme des Nachrichtensenders MSNBC am späten Abend, die ich mir manchmal ansah. Selbst die lösten bei mir schon Albträume aus.

»Noch was, was ähnlich abläuft, nur du deiner Info«, fuhr Nomi fort. »Wenn ein Neuer kommt, wird er auf die Meute losgelassen. Er muss sich mit den Spielregeln vertraut machen, klar? Er muss sich durchsetzen können. Das gelingt ihm entweder, indem er den Ranghöchsten in der Hierarchie ausfindig macht, den Alten aufs Korn nimmt und ihm zeigt, wer der Boss ist, sodass alle anderen wissen, mit wem sie es zu tun haben. Oder er geht verdeckt vor. Schleicht sich ein wie der Mossad oder irgendein anderer Geheimdienst, sucht sich eine Gang wie die Bloods oder Crips zusammen, deren Mitglieder gerade mal bis drei zählen können, aber keine Gewalt scheuen, und lässt sie Treue schwören, klar? Und dann geht die Post ab, darauf kannst du Gift nehmen!« Er lachte.

Ich starrte die Hunde im Spielbereich an, fassungslos.

»Im Ernst, Kumpel, die Hunde sind Klasse, so wie die sich organisieren, ihren eigenen Scheiß regeln und miteinander klarkommen. Die haben eine Hierarchie, die ganz von allein entsteht und sich endlos weiterentwickelt. Eigentlich ziemlich cool, Kumpel. Cleo wird voll darauf abfahren. Wie ist sie so?«

Mir fehlten die Worte. Plötzlich kamen mir Zweifel an unserem Vorhaben, am Spielbereich, der einem Gefängnishof glich, und an der Entscheidung, die ahnungslose kleine Cleo auf die Meute loszulassen. Ehrlich gesagt, in dem Moment war ich eigentlich so weit, die ganze Sache abzublasen.

»Schwer zu sagen.« Ich schüttelte den Kopf. »Ich meine, ich habe keine Ahnung, ob sie hier zurechtkommt.«

Nomi öffnete das Tor zum Spielbereich. Die Meute stürmte auf ihn zu und er streichelte sie, zog mit sanfter Hand einige Hunde heran und befestigte die Leine am Halsband, während er jeden Einzelnen mit Namen anredete: Tiger ... Gypsy ... Buddy ... Nelly ... und so weiter.

Als alle angeleint waren, führte Nomi die Meute vorsichtig aus dem Spielbereich heraus und schloss die Tür hinter sich.

»Kann ich gut verstehen.« Er wandte sich zu mir um. Dann ließ er sich auf ein Knie nieder und nahm behutsam einen der Hunde auf den Arm. »Das ist Chaucer. Er war genauso.«

Chaucer, ein kleiner Mischlingsrüde, der bemerkenswerte Ähnlichkeit mit Cleo besaß, streckte seine Zunge heraus und schleckte hingebungsvoll Nomis Gesicht ab. Plötzlich wirkte Nomi wie verwandelt, schien der sanftmütigste Mensch auf dem Planeten Erde zu sein. Er erwiderte Chaucers Zuneigung.

»Als Chaucer zu uns kam, war er ängstlich und verunsichert, aber am zweiten Tag wusste er, wo's langgeht, und machte einen auf John Adams, wiegelte die Meute auf und versuchte, so was wie Grundrechte für Hunde einzuführen.« Nomi barg sein Gesicht in Chaucers Fell und streichelte ihn liebevoll. »Stimmt's, Kumpel? Finde ich aber ganz ok.« Er setzte Chaucer auf den Boden. »Ich meine, das haben sie schließlich verdient, oder? Cleo hat es verdient, oder?«

Ich blickte Nomi an, abermals um eine Antwort verlegen. Er steckte voller Widersprüche. Just in dem Augenblick tauchten Candice und Missy aus dem Büro auf. Candice strahlte über das ganze Gesicht. »Sie wird sich hier rundum wohlfühlen.«

»Ähm, ja.« Nomi machte sich mit Candice bekannt. »Für Cleo wird das hier ein Selbstfindungstrip, Ma'am.«

»Bis dann, Kumpel.« Er reichte mir die Hand und drückte sie mit einem ›Kerle-Griff‹, dann umarmte er mich, wie Ganoven unter sich.

Die Fahrt nach Whistler, eine malerische Kleinstadt in einem Skigebiet zwei Autostunden nördlich von Vancouver, verlief bemerkenswert unspektakulär und ereignislos. Wie üblich war unsere beste Freundin Dora, die mit ihrem Affen und ihrem Rucksack um die Welt reist, eine Begleiterin, auf die wir uns hundertprozentig verlassen konnten, wenn wir länger als eine Stunde mit Krishu auf engstem Raum, beispielsweise in einem Auto, eingepfercht waren. Trotz unserer naiven Entschlossenheit, Krishus Fernsehzeit zu beschränken, nahmen Dora, Diego, Boots, Swiper und der Rest der Rasselbande inzwischen einen dauerhaften Platz in unserem Leben ein. Candice hatte ihren Laptop mitgenommen, der problemlos in ihre Handtasche passte, in null Komma nichts hervorgeholt werden konnte und so viele Episoden der Zeichentrickserie enthielt, dass Krishu mehrere Stunden beschäftigt war. Hätte die FAA, die Bundesluftfahrtbehörde, nicht vorgeschrieben, dass alle elektronischen Geräte beim Start und bei der Landung ausgeschaltet werden mussten, hätten wir unseren eigenen internationalen Nonstop-Doramarathon geschafft, bis die atemberaubenden Berggipfel von Whistler in Sicht kamen.

Gleich nach der Ankunft im Hotel, noch bevor wir unser eigenes Zimmer aufsuchten, eilten wir in die Suite meiner Eltern. Sie waren einige Stunden früher eingetroffen und hatten bereits ausgepackt. Wir waren neugierig, wie Krishu auf meine Mutter reagieren würde, die er ja mehrere Monate nicht gesehen hatte. Eine unbekannte Größe in seinem jungen Leben.

Vor der Indienreise war ihr seine Gunst sicher gewesen. Candice war die Einzige, die in seiner Hierarchie der Zuneigung einen höheren Platz einnahm. Selbst ich musste mich mit einer entschieden untergeordneten Position zufriedengeben, weil mir meine Nichten Tara und Leela den Rang abliefen. Papa hatte in den letzten Wochen beträchtlich aufgeholt und bei Krishu einen Stein im Brett. Wie die Rangordnung nach der Rückkehr meiner Mutter aussehen würde, konnten wir nur vermuten. Möglicherweise hoffte Papa insgeheim, Krishu würde vor meiner Mutter demonstrieren, dass er von beiden die Nummer eins war, damit er sich offen damit brüsten konnte.

»Dadi!!!«, brüllte Krishu in dem Moment, als er meine Mom entdeckte. Er lief auf sie zu und rammte mit ungebremster Liebe ihre Beine. Meine Mutter brachte kaum seinen Namen heraus, bevor sie auch schon in Tränen ausbrach, ihren Gefühlen freien Lauf ließ. Krishu kletterte auf ihren Schoß. »Nicht weinen. Freuen!«, drängte er.

»Bist du Dadas Junge?«, wollte Papa wissen, sobald Ruhe eingekehrt war.

Krishu sah ihn mit blitzenden Augen und einem mutwilligen Lächeln an.

»Nein, Dadis Junge!«

So schnell gab sich Papa nicht geschlagen; er hakte nach.

»Dadas Junge?«

»Nein, Dadis«, erwiderte Krishu beharrlich.

»Ich habe Eis am Steil.« Papa runzelte die Stirn, griff in die Trickkiste.

Krishus Augen weiteten sich.

»Möchtest du eins?« Papa versuchte eindeutig, ihn um den Finger zu wickeln.

»Ich hoffe für dich, dass du wirklich eins hast«, warf ich ein.

Papa sah mich verwirrt an.

»Du hast doch eins, oder?«, fragte Candice eindringlich.

Papas Lächeln verschwand. »Oh, Mist.«

Meine Mutter, Candice und ich schüttelten wie auf Kommando den Kopf.

»Eis?« Krishu war noch nicht auf dem Laufenden. Er kletterte von Moms Schoß herunter und marschierte auf Papa zu.

»Wir gehen jetzt ein Eis am Stiel kaufen«, versicherte Papa.

Ich zuckte mit den Schultern. Warum nicht, dachte ich. Ich brauchte dringend eine Dusche und Candice wollte den Wellness-Bereich des Hotels inspizieren. Obwohl einer von uns beiden durchaus in der Lage gewesen wäre, einen Köder auszulegen, mit dem wir Krishu ablenken konnten, sollte er wissen, dass sein Großvater zu seinem Wort stand. Papa nahm Krishu auf den Arm und verließ mit ihm den Raum.

Ungefähr eine halbe Stunde später klingelte mein Handy. Eine Frau war am Apparat, sie klang ziemlich nervös.

»Hallo Gotham.« Die Anruferin stellte sich als Julie vor. Sie versuchte, meinen Vater aufzuspüren, der in wenigen Minuten die Seminarteilnehmer begrüßen sollte. Er war unauffindbar und ging auch nicht an sein Handy.

»Man sagte mir, Ihr Vater sei mit Ihrem Sohn unterwegs«, erklärte sie hoffnungsvoll. »Wissen Sie, wo die beiden stecken könnten?«

Was sollte ich darauf antworten? Sollte ich gestehen, dass er meinem zweijährigen Sohn ein Eis am Stiel versprochen und mein Vater keine andere Wahl gehabt hatte, als das ganze olympische Dorf abzuklappern, um das Gewünschte aufzutreiben und die Beziehung nicht zu gefährden, die ihm heilig war?

»Ähm, ich bin mir nicht sicher«, erwiderte ich zögernd.

Ich versprach Julie, die nun einer Panik nahe war, mich umgehend auf die Suche nach meinem Vater zu begeben. Ich empfahl ihr, in der Zwischenzeit gemeinsam mit den etwa fünfhundert Gästen zu meditieren. Starke Turbulenzen während des Fluges? Da hilft nur eines: Meditieren. Schreibblockade? Meditieren.

»Gute Idee«, erwiderte Julie und legte auf.

Rund eine Viertelstunde später, als Papa ›zur Fahndung ausgeschrieben‹ war und sich die gesamte Familie Chopra in alle Himmelsrichtungen zerstreut hatte, fand ich Papa mit Krishu auf einer Bank in der Mitte des olympischen Dorfes. Als er mich entdeckte, lächelte Krishu strahlend, das Gesicht mit Eis verschmiert. Papa hatte es geschafft, sauber zu bleiben, und leckte an seinem eigenen roten Eis am Stiel.

»Hallo Papa!«, begrüßte mich Krishu.

»Papa, was machst du hier?«, fragte ich meinen Vater streng.

»Eis essen«, verkündete er, hielt mir sein Eis mit Kirschgeschmack entgegen und schwenkte es hin und her. »Das letzte Eis am Stiel habe ich vermutlich vor dreißig Jahren gegessen.«

Er strich Krishu über die Haare. »Ich weiß gar nicht, wann ich das letzte Mal so viel Spaß hatte.«

Ich beschloss, mit keiner Silbe zu erwähnen, dass ich vierunddreißig Jahre alt war. Ich verstand, was er meinte.

»Papa, du bist spät dran. Alle warten auf dich«, sagte ich.

Er sah mich verdutzt an.

»Eigentlich solltest du in diesem Augenblick die Seminarteilnehmer begrüßen«, klärte ich ihn auf.

Seine Miene glättete sich, obwohl er keineswegs in Panik geriet.

»Dann muss ich wohl los.« Papa erhob sich von der Bank.

»Ich habe Julie gesagt, dass sie solange mit den Leuten meditieren soll.«

Er grinste. »Ganz in meinem Sinne.«

»Ich weiß.« Ich erwiderte sein Lächeln und nahm neben Krishu Platz.

Papa trat den Rückweg zum Hotel an; nachdem er ein paar Schritte gegangen war, hielt er inne und drehte sich um. »Wenn du nicht gekommen wärst, hätten Krishu und ich vermutlich bis in alle Ewigkeit hier gesessen.«

Ich tätschelte Krishus Kopf. »Ich weiß. Das wäre ganz in meinem Sinne gewesen.«

Seit Jahren hielt mein Vater Seminare wie das in Whistler ab, das er während der nächsten Woche leiten würde. Manche beschränkten sich auf das Wochenende und kleine Gruppen mit maximal einem Dutzend Teilnehmern, während sich andere, wie *Seduction of Spirit,* über eine ganze Woche erstreckten und die Anzahl der Teilnehmer auf mehrere Hundert stieg. Wir hatten im Lauf der Jahre an einigen dieser Seminare teilgenommen und waren dadurch in den Genuss gekommen, unsere Familientreffen an so idyllischen Erholungsorten wie Whistler anzuberaumen. Doch es gab noch einen weiteren Faktor, der sich nicht übersehen ließ. Bei diesen Seminaren lief Papa zu seiner Höchstform auf.

Trotz aller Bestseller, Blogs, Beiträge in der Blogosphäre und Auftritte im Fernsehen, trotz seiner prominenten Klientel und opulenten Veranstaltungen wie *An Evening with Deepak Chopra,* die Inspiration und Spiritualität seiner Zuhörer förderten, war Papa nie so intensiv in das Geschehen eingebunden wie bei den Interaktionen mit einer großen Anzahl von Teilnehmern während seiner mehrtägigen Seminare. Die persönlichen Gespräche im Rahmen der Vieraugenberatungen oder wenn es jemandem gelang, in irgendeinem Gang des Hotels seiner habhaft zu werden, verliehen ihm in Kombination mit seinen täglichen Vorträgen vor der gesamten Gruppe eine Energie und einen Elan, die verglichen mit jedem anderen Aspekt seines Lebens einzigartig waren. Selbst wir, die wir ihn instinktiv erdeten und dafür sorgten, dass er sich nie zu sehr im spirituellen Orbit verlor, wurden durch Papas Auftritte in einer solchen Kulisse daran erinnert, womit er seinen Lebensunterhalt verdiente und welche enormen Auswirkungen auf die Menschen er damit erzielte.

Einige Tage nach Beginn des Seminars traf ich ihn frühmorgens im Fitnessraum auf dem Laufband an. Die Tatsache, dass er einen Becher Kaffee in der Hand hielt, von dem er gelegentlich trank, ließ auf die Intensität seines Trainings schließen. Mir war um diese Uhrzeit noch nicht nach Reden zumute. Für ihn war ein gemächlicher Spaziergang auf dem Laufband vor Morgengrauen eine willkommene Ruhepause von dem anstrengenden Seminar, bei dem sich alles um ihn drehte, während ich darin eine Ruhepause von der Tretmühle der Kinderbetreuung sah, bei der sich alles um Krishu drehte.

Ich stieg auf das Laufband neben Papa und setzte es in Gang. »Alles klar?«

»Alles paletti.« Er lächelte. »So sagt man doch heute, oder?«

Ich nickte. Trotz der Distanz zur modernen Popkultur – er stand schon neben Britney Spears und Silvester Stallone auf dem Laufband, ohne eine Ahnung zu haben, wer die beiden waren – ist Papa bemüht, in Verbindung mit einigen der relevanteren Elemente des Zeitgeists zu bleiben. Technologie, soziale Netzwerke, Kino und Sprache – die Art, wie wir kommunizieren und voneinander lernen – sind seine große Leidenschaft. Manchmal schaudert es mich, wenn er Begriffe aus dem Jargon der Popkultur durcheinanderbringt, doch das schreckt ihn nicht ab.

Ich erkundigte mich, wie seine Seminarteilnehmer waren.

»Ganz außergewöhnlich«, erklärte er bewundernd. »Eine wirklich sagenhafte Gruppe dieses Mal.«

Er trank einen Schluck Kaffee. »Einer der Teilnehmer hat das Konzept der ›Geschenkwirtschaft‹ entwickelt. Seine Frau und er verzichten auf Geld als Zahlungsmittel. Sie bieten ihre Zeit und Arbeitskraft unentgeltlich an und erhalten als Gegenleistung Geschenke und Anerkennung; das reicht ihnen zum Leben. Es ist fantastisch. Wir könnten viel von ihnen lernen und auf unsere eigene marode Wirtschaft anwenden. Stell dir vor, jeder Mensch auf der Welt wäre ein bisschen großzügiger, nicht mit Geld, sondern mit Diensten, die zum Allgemeinwohl beitragen. Das würde die Wirtschaft auf unserem Planeten von Grund auf verwandeln.«

Papa stellte seinen Kaffeebecher ab. »Eine der Teilnehmerinnen ist Genetikerin. Sie gehört zu den weltweit führenden Experten auf dem Gebiet der Genkartierung. Einige Dinge, die sie gestern Abend angesprochen hat, waren einfach unglaublich.« Er geriet in Fahrt. »Ich meine, wohin die Wissenschaft führt …«

Er fuhr fort. »Ich habe sie mit einem anderen Teilnehmer aus Frankreich zusammengebracht, einem der Architekten des französischen Gesundheitswesens. Wusstest du, dass dieses System zu den besten der Welt zählt?

Ich bin später mit den beiden zum Kaffee verabredet, und mit einem weiteren Mann, der zwei erfolgreiche Technologiefirmen gegründet, für mehrere Hundert Millionen Dollar verkauft und nun in eigener Regie eine geschützte technologische Innovation entwickelt hat. Es handelt sich dabei um eine Art Vorrichtung, die jeder individuell gestalten und benutzen kann, um seinen persönlichen Gesundheitszustand aufzuzeichnen. Ich denke, wenn diese drei ihre Einsichten und Ressourcen zusammenlegen, könnten sie dazu beitragen, die Krise im Gesundheitswesen unseres Landes zu beheben.«

Papa wandte sich mir mit ernster Miene und erhobenem Zeigefinger zu. »Jetzt fehlt nur noch Präsident Obama.«

Mein Vater, wie er leibt und lebt. Ein unverbesserlicher Optimist. Er ist aufrichtig überzeugt, dass er die einmalige Gabe besitzt, Menschen aus aller Herren Länder in Kontakt zu bringen, wie die Vulkanier in *Star Trek* eine Gedankenverschmelzung zu bewirken und das kollektive Bewusstsein zu verändern.

Er erzählte von weiteren Teilnehmern, Fachleuten in Bereichen wie Mikrofinanzierung, Terrorismusbekämpfung, integrative Wellnesseinrichtungen, Mobilfunktechnologie, Verhaltensforschung, Kinderpsychologie und so weiter. Einige Begriffe waren mir so fremd, dass ich mir nicht einmal genau vorstellen konnte, womit sich diese Experten beschäftigten.

»Weißt du, Gotham, wir leben in einem Zeitalter des atemberaubenden Wandels.« Papa trank einen Schluck Kaffee und atmete tief aus. »Die Technologie wird uns bald ermöglichen, unseren Körper und unser Bewusstsein mithilfe unserer BlackBerrys neu zu strukturieren. Die Frage ist nur, ob wir diesen Weg einschlagen.«

In Zeiten wie diesen spürte ich oft eine tiefe Enttäuschung und Verzweiflung bei Papa. Das war die dunkle Seite seiner optimistischen Natur, der Abgrund, der sich auftat, wenn er das ungeheure menschliche Potenzial aus seinem Sitz in der ersten Reihe beobachtete und mit Bedauern feststellen musste, dass die meisten Angehörigen unserer Spezies diese Ressourcen wie eh und je verwendeten: für Kriege und Waffen, Privatisierung und die Konzentration riesiger Vermögen in den Händen einiger weniger Privilegierter.

»Gestern hat eine Teilnehmerin bei einer unserer Gruppensitzungen gesagt, dass wir im ›Zeitalter der unendlichen Möglichkeiten‹ leben, wegen des Potenzials im Bereich der Technologie und Ressourcen.«

Er lachte. »Weißt du, woran ich dabei denken musste?«

Ich schüttelte den Kopf. »Woran?«

»An Cleo.« Er lächelte.

Junge, Junge, die Beziehung zwischen den beiden hatte offenbar Riesenfortschritte gemacht. Er hatte im Lauf des Sommers nicht nur eine ganze Litanei spiritueller Eigenschaften bei ihr entdeckt, sondern sah in ihr auch noch eine Vorkämpferin auf dem Weg in die schöne neue Welt der Zukunftstechnologien.

»In Wirklichkeit leiten sich diese unendlichen Möglichkeiten aus dem Wissen um den Wesenskern unserer Existenz her. Nicht aus dem, was wir tun oder anstreben, sondern aus dem, was wir sind. Es geht nicht um den Wunsch, Anerkennung oder Respekt zu gewinnen, Preise und Auszeichnungen einzuheimsen oder eine Dividende zu erzielen. Es geht darum, das Ego nicht als oberste Richtschnur unseres Handelns zu betrachten, sondern es wieder in den Dienst der Allgemeinheit zu stellen, weil unser sogenanntes Selbst letztendlich nur ein wiederaufbereiteter Teil des Ganzen ist. Unser Selbst gehört folglich nicht einmal uns selbst – und deshalb ist die Rückführung in das Energiefeld der unendlichen Möglichkeiten nur eine weitere Übung auf der Bewusstseinsebene.«

Aha, dachte ich, das passiert also nach ein paar Tagen der chronischen Meditation und Teilnahme an spirituellen Workshops.

»Cleo ist eingebunden in das Energiefeld der unendlichen Möglichkeiten, weil sie in Kontakt mit *ihrem Selbst* steht und weiß, dass es sich dabei nicht um ihr *wahres Selbst* handelt.«

»Dann sollten wir ihr unbedingt einen Pass besorgen«, erwiderte ich scherzhaft.

Papa lachte. »Genau – vielleicht wäre es besser, wenn Cleo statt Obama hier wäre.«

Ich rief jeden Tag in der Hundepension an, um mich über die aktuelle Entwicklung zu informieren. Laut Missy hatte sich Cleo am ersten und zweiten Tag weitgehend von den anderen abgesondert. Das überraschte mich nicht wirklich, weil diejenigen von uns, die sie am besten kannten, wussten, wie ungesellig sie sein konnte. Deshalb machte ich mir trotz Missys Beteuerung, dass es immer einige Zeit dauerte, bis sich die Hunde an ihre neue Umgebung gewöhnt hatten, zunehmend Sorgen, dass unsere Entscheidung vielleicht doch falsch gewesen war. Nomis Knast-Analogie trug wenig zur Beruhigung bei. Cleo war nicht für die Welt hinter Gittern gemacht, in der ganz eigene Gesetze herrschten. Sie hatte ein behütetes Leben geführt und man musste kein ›Tier-Anthropologe‹ sein, um zu wissen, dass es ein hartes Brot für sie sein würde, sich im Dschungel des Gefängnislebens zurechtzufinden.

Obwohl ich wusste, dass wir genau genommen keine andere Wahl gehabt hatten, quälten mich Schuldgefühle, obwohl ich mein Bestes tat, um mich zu entspannen: Ich machte lange Touren auf holperigen Pfaden und einem ramponierten Mountainbike durch die spektakulären Berge von British Columbia, Krishu angeschnallt in einem Anhänger hinter mir. Am dritten Tag in Whistler graute mir regelrecht vor dem Anruf.

»Sie hat es gepackt«, verkündete Missy fröhlich. Am Vormittag war ein neuer kleiner Hund namens Billy angekommen, der Cleo im Spielbereich auf Schritt und Tritt folgte. Cleo schien zuerst verärgert über den lästigen Weggefährten zu sein, hatte Billy gezwickt und versucht, ihn abzuschütteln, doch am Ende schien der Anhang sie zu beflügeln und zu ermutigen. Sie hatte Billy unter ihre Fittiche genommen und zeigte ihm nun, wo's langging.

»Im Ernst?«, fragte ich.

»Oh ja!«, erwiderte Missy mit Nachdruck. »Glauben Sie mir, morgen kann ich Ihnen sicher mehr berichten.«

Ich rief vierundzwanzig Stunden später an, ungeheuer nervös. »Und, ist Cleo bereits Rädelsführerin?«

»Eine was?«, erwiderte Missy verdutzt. Diesen Begriff hatte ich vor ein paar Jahren entdeckt, als ich mich online über ein Projekt in einem Gefängnis informierte. Er bezog sich auf die Bandenchefs unter den Insassen, die Verschwörungen und Revolten anzettelten und damit die Atmosphäre der Haftanstalt prägten.

»Vergessen Sie's«, erwiderte ich. »Wie geht es ihr heute?«

»Wie ich Ihnen bereits sagte, haben Billy und Cleo ihr eigenes kleines Rudel um sich geschart«, antwortete sie überschwänglich. »Eine ausgekochte Bande kleinkalibriger Hunde, bei der sie im Spielbereich den Ton angibt. Bei unseren strukturierten Spielen beobachten sie Cleo und versuchen, sich die Tricks abzuschauen, die sie draufhat.«

Mir wurde schwer ums Herz. »Tricks? Cleo?« Die Bemerkung sagte alles. Missy verwechselte Cleo ganz offensichtlich mit einem anderen Insassen.

»Oh ja«, entgegnete sie in ihrem inzwischen vertrauten nasalen Tonfall. »Ihre kleine weiße Hündin ist die geborene Anführerin.«

Ich konnte mir ein stolzes Lächeln nicht verkneifen.

»Ich werde sie von jetzt an genau im Auge behalten müssen«, gestand Missy. »Je größer die Schar ihrer Anhänger, desto mehr Aufmerksamkeit weckt sie bei den anderen. Dadurch können Reibungen entstehen.«

Stimmt, dachte ich. Leben hinter Gittern. Banden. Da können Spannungen leicht eskalieren.

»Keine Bange. Cleo scheint mir nicht der Typ zu sein, der Ärger macht.«

Der war sie mit Sicherheit nicht. Trotz ihres Napoleonkomplexes war kaum damit zu rechnen, dass sie einen Aufstand im Stil der Bolschewisten anzettelte.

Ich beendete das Gespräch, erpicht darauf, die Neuigkeit zu verbreiten. Ich machte Candice im Wellnessbereich ausfindig. »Cleo ist ein richtiges Miststück geworden!«, verkündete ich freudestrahlend, womit ich die Dame, die ihr gerade eine Maniküre verabreichte, sichtlich schockierte.

Beim Abendessen gab ich Missys Neuigkeiten an den Rest der Familie weiter. Da wir tagsüber getrennte Wege einschlugen und verschiedenen Aktivitäten in unserem Urlaubsort und der näheren Umgebung nachgingen, uns gelegentlich sogar in Papas Seminar blicken ließen, hatte sich das gemeinsame Abendessen als tägliches Ritual herauskristallisiert. Das war die richtige Zeit, Geschichten aus unserem Leben zu erzählen, den Kindern zu erlauben, unter dem Tisch miteinander zu spielen, und den Tag gemächlich ausklingen zu lassen.

In den letzten Monaten hatte sich die Unterhaltung immer häufiger um das Thema Cleo gedreht. Ihre Eskapaden mit Papa, ganz zu schweigen von den Erkenntnissen, die sie mir sozusagen vermittelte, boten Anlass zum Lachen, Augenverdrehen, Seufzen oder Schmunzeln. Ihr unlängst erfolgter Aufstieg in der Unterwelt von L.A. trug ihr noch mehr Anerkennung ein. Wir sprachen mit einer Zuneigung von ihr, als wäre sie bereits von uns gegangen. Vielleicht geschah das unbewusst, weil wir unterschwellig akzeptierten, was niemandem entgangen sein konnte – Cleo wurde alt. Seit sie die Zehnjahresmarke überschritten hatte, war sie sichtlich langsamer geworden. Candice und ich hatten unlängst Nachforschungen im Internet angestellt, um Aufschluss über die durchschnittliche Lebenserwartung für Mischlinge wie Cleo zu erhalten. Allem Anschein nach befand sie sich, wie mein Vater es auszudrücken pflegte, in der »Dämmerstunde ihres Lebens«.

Tara hörte immer besonders aufmerksam zu, wenn Cleos Name fiel. Vor Kurzem war sie auf das Konzept der ›Hundejahre‹ gestoßen. In Verbindung mit ihrer zunehmenden Konzentration auf die Zahlenlehre, die sie gerade in der Schule durchnahm, konnte sie sich daher ausrechnen, dass Cleo älter als siebzig war. Angesichts dessen, dass in ihren Augen jeder ab dem elften Lebensjahr ›alt‹ war, zählte Cleo zu den Greisinnen. Folglich war ihre Reaktion, als Cleos Name an diesem Abend fiel, nicht völlig unerwartet. Sie brach in Tränen aus.

Mallika, wie immer aufmerksame Mutter, nahm Tara in die Arme.

»Stirbt Cleo?«, schluchzte Tara und brachte damit die Sache auf den Punkt.

»Aber nein – Cleo geht es gut. Sogar sehr gut«, warf ich ein.

Sie blickte mich mit Tränen in den Augen an. »Mamu (die indische Bezeichnung für Onkel), sie wird richtig alt. Das sehe ich doch. Und ich glaube, dass sie bald sterben wird.«

Hilflos wie immer sahen die Erwachsenen, die am Tisch saßen, Tara stumm an.

»Geh und hol deinen Vater«, wies meine Mutter mich an.

Ich fand meinen Vater im Konferenzraum; er erörterte gerade mit einem Schweizer Ehepaar, das für die UN arbeitete, die Idee, ›Friedenszellen‹ zu gründen (im Gegensatz zu den Schläferzellen). Ich entschuldigte mich für die Unterbrechung und flüsterte meinem Vater ins Ohr, was los war.

Papa nickte und stand auf. Dann teilte er dem Schweizer Ehepaar mit, dass ein Notfall in der Familie eingetreten sei, der seine Anwesenheit erforderte. Der Weltfrieden würde warten müssen.

»Was ist denn mit dir?«, fragte Papa Tara, als wir zum Tisch zurückkehrten.

»Ich will nicht, dass Cleo stirbt«, erwiderte sie. Allein der Gedanke bewirkte, dass sie eine Träne vergoss. »Ich will nicht, dass sie uns verlässt.«

Papa zögerte nicht. »Weißt du, Tara, ich habe in den letzten Wochen mehr Zeit mit Cleo verbracht als je zuvor.«

Er lächelte, rief sich einige ihrer gemeinsamen Momente in diesem Sommer ins Gedächtnis zurück. »Und mir ist klar geworden, dass Cleo für uns alle ein Geschenk des Himmels ist. Sie liebt uns sehr und ist dankbar für all die Liebe, die wir ihr entgegenbringen. Doch Geschenke, die einem lieb und teuer sind, muss man genießen, solange man sie hat, ohne sich zu sorgen, was sein wird, wenn sie nicht mehr da sind.«

Papa wischte Tara die Tränen weg. Sie versuchte zu lächeln, doch es gelang ihr nicht ganz.

»Cleo ist ein Geschenk des Universums an uns. Aber sie

gehört uns nicht wirklich; sie ist eher eine Leihgabe. Unsere Aufgabe besteht darin, sie für eine Weile in unsere Obhut zu nehmen, bis das Universum sie eines Tages, hoffentlich in ferner Zukunft, zurückfordert, wie uns alle. Wir sollten einfach nur dankbar sein für die Zeit, die wir miteinander verbringen dürfen, und jede einzelne Sekunde nutzen, denn es ist die kostbarste Zeit, die wir haben.

Solang du Cleo in deinem Geist vor dir siehst und in deinem Herzen spürst, wird sie dich nie wirklich verlassen, verstehst du?«

Tara nickte.

»Das ist doch besser, als ihren Geruch oder ihr fortwährendes Gebell zu ertragen, oder?«

Dieses Mal brach Tara in Lachen aus. Papa nahm sie triumphierend in die Arme.

Tara bedachte ihre Mutter mit einem Lächeln und versicherte ihr damit, dass die Krise abgewendet war, wie zeitweilig auch immer. Mallika atmete erleichtert auf, ihr war bewusst, dass dies erst der Anfang einer Entwicklungsphase mit vielen ähnlichen Situationen war, die den Übergang zum Erwachsenwerden kennzeichneten.

Mir kam der Gedanke, dass diese Entwicklungsphase nicht auf Tara beschränkt war. Sie galt für Papa gleichermaßen. Mit anzusehen, wie Tara seine Aufmerksamkeit gewann, veranlasste Leela und Krishu, seine beiden anderen Enkelkinder, sich ebenfalls darum zu bemühen. Mit halsbrecherischer Geschwindigkeit kletterten sie beide auf seinen Schoß und klammerten sich an ihm fest. Kaum zu glauben, aber dieses Bild war im Verlauf des Sommers zunehmend vertraut geworden. Ich blickte meine Mutter an, gespannt auf ihre Reaktion. Nun war sie diejenige, deren Augen feucht waren. Plötzlich kam mir der Verdacht, dass ihr Generalplan für den Sommer aufgegangen war.

Trotz seiner vielen Identitäten – Lehrer, Schüler, Prominenter, Arzt, Autor und Dauergast in Larry Kings Talkshow – war die Rolle des Familienmenschen neu für meinen Vater und noch ungewohnt. Doch sie passte zu ihm. Sie schien einem bestimmten Teilaspekt seiner Persönlichkeit zu entsprechen, mit dem er sich mühelos identifizieren konnte, wenn er nicht gerade fieberhaft am nächsten Bestseller arbeitete, sich mit dem Konzept des Bewusstseins auseinandersetzte oder die Probleme der Welt zu lösen versuchte.

Während Krishu versuchte, Papa mit einem Löffel Bananen-Karamell-Kuchen zu füttern, kam einer der Seminarteilnehmer an unserem Tisch vorbei. Er blieb wie angewurzelt stehen und schien seinen Augen nicht zu trauen, als er meinen Vater mit drei Kindern vor sich sah, die auf ihm herumturnten.

Papa begrüßte ihn und stellte ihm die Familie vor. Der Mann stammte aus Colorado, war frisch geschieden und hoffte, seinen Kummer über die gescheiterte Ehe mithilfe des Seminars in den Griff zu bekommen und zu lindern.

»Wie schön, Sie im Kreis Ihrer Familie zu sehen«, sagte er nach ein paar Minuten beiläufiger Konversation. »Keine Ahnung, warum ich bisher eine völlig andere Vorstellung von Ihnen hatte.«

Papa zuckte die Schultern und lächelte. »Ich auch.«

Es wird behauptet (von wem auch immer), dass die ›Aufzucht der Nachkommen‹, sprich Kindererziehung, auf einem uralten Instinkt beruht, doch das ist ein Trugschluss. Ich habe das Jagen und Sammeln nie als etwas völlig Natürliches empfunden. Das Konzept vom Versorger und Beschützer, das Anlegen eines Notgroschens, das Aufsetzen eines Testaments und all die anderen Verhaltensweisen und Rituale, die mit der Vaterrolle einhergehen, erforderten bei mir Lernprozesse und Eingewöhnungsphasen. Manche sind mir auch heute noch völlig fremd.

Dennoch gab es weniger einklagbare Gefühle im Hinblick auf die Vaterrolle, die sich intuitiv einstellten. Krishu kam dreieinhalb Wochen zu früh auf die Welt. Als wären wir nicht auf die mit der Elternrolle verbundene Spielplanänderung vorbereitet, erwischte uns seine vorzeitige Ankunft mit heruntergelassenen Hosen. Bei mir im wahrsten Sinne des Wortes.

Als mich Candice um zwei Uhr morgens anstupste, um mich darauf aufmerksam zu machen, dass die Fruchtblase *vermutlich* geplatzt war, stupste ich zurück und erwiderte, dass sie sich *vermutlich* irrte. (Ich möchte zu meiner Verteidigung anführen, dass ich mich noch im Halbschlaf befand.) Natürlich hatte sie recht und mir dämmerte allmählich, dass wir den Punkt erreicht hatten, an dem es kein Zurück mehr gab.

Einer Panik nahe, sprang ich aus dem Bett und kam auf Trab, sammelte alles ein, was sich in einer Tasche verstauen ließ und gebraucht wurde, um in die Klinik zu fahren. Erst als wir im Auto saßen, machte mich Candice darauf aufmerksam, dass ich etwas vergessen hatte.

»Ich habe Cleo Futter hingestellt«, beteuerte ich im Brustton der Überzeugung. Mein Versorger- und Beschützerinstinkt machte sich bereits bemerkbar, als wäre es eine Glanzleistung, wenn ich den Hund nicht verhungern ließ.

»Das meine ich nicht.« Sie deutete nach unten. Ich folgte ihrem Finger und entdeckte, dass ich nichts weiter als Boxershorts trug.

Eine halbe Stunde später trafen Candice und ich (in sittsamen Polo-Jogginghosen) in der Entbindungsstation des UCLA Medical Center in Santa Monica ein, wo wir uns verzweifelt bemühten, das Gejammer einer Frau im Gang zu ignorieren, die lautstark verlangte: »Holt dieses ver… Sch…ding endlich raus!«

»Keine Angst, ich bin sicher, dass die Geburt bei dir kurz und schmerzlos über die Bühne gehen wird«, versuchte ich Candice zu beruhigen, ganz der männliche Schwachkopf, der null Ahnung hat, wovon er redet. Tja.

Zweiundzwanzigeinhalb Stunden später wurde unser Sohn geboren. Da ich aus erster Hand miterlebte, was Candice durchmachen musste, um ihn zur Welt zu bringen, ist es für mich jeden Tag aufs Neue ein Wunder, dass sie uns beide liebt.

Wir sind noch nicht lange Eltern, aber ich bilde mir gern ein, dass Candice und ich erstklassige Arbeit geleistet haben. Auch wenn es bisweilen hart, besser gesagt unmöglich ist, einem Zweijährigen zu vermitteln, dass er für alles in seinem Leben dankbar sein sollte. Doch ich gebe die Hoffnung nicht auf. Selbst wenn es ihm jetzt noch nicht bewusst ist, wird er eines Tages erkennen, dass Cleo ein wichtiger Einflussfaktor in seinem Leben war. Nicht nur, weil sie ihn liebt und abschleckt, sondern weil sie ihm durch ihr bedingungsloses Sein einige der wichtigsten Lektionen vor Augen führt, die er lernen wird.

Mehr noch als das, was Cleo Papa und mich gelehrt hat, gehören diese Lektionen in einem Alter, in dem das Universum jeden Tag aufs Neue einen unauslöschlichen Eindruck im Bewusstsein eines Kindes hinterlässt, zu den kostbarsten, die er auf seinen Weg mitbekommen wird. Ich spreche dabei aus der Warte eines Mannes, der ›Sohn von‹ ist und tief in seinem Herzen weiß, dass er eines Tages mit noch größerem Stolz verkünden wird, der ›Vater von‹ zu sein.

Irgendwann Mitte des vierten oder fünften Seminartags pflegten die Teilnehmer auf Touren zu kommen. Dieser Teil war für die meisten Leute am wichtigsten: Dank des breiter gefächerten Ausblicks auf die Verbundenheit all dessen, was ist, konnten sie sowohl ihrem persönlichen Dilemma als auch den übergeordneten planetarischen Problemen viel sachlicher auf den Grund gehen. Diese Verbundenheit wurde nun erfahrbar, nicht nur konzeptionell erfassbar. Die kollektive Erfahrung, in der offenen und vertrauensvollen Atmosphäre des Seminars die verschiedenen Schichten des Selbst zu enthüllen, erzeugte eine einmalig befruchtende und beflügelnde Energie. Das musste sogar ich, der Zyniker in der Familie, zugeben.

In dieser Phase war auch Papa so richtig in Schwung. Die gleiche inspirierende Energie trieb ihn an. Seine Vorträge erhielten eine zusätzliche Intensität. Seine Erkenntnisse erweiterten bestehende Grenzen. Es gab nicht viel, was ihn aufhalten konnte – weder die Nachricht von der gescheiterten Reform des Gesundheitswesens noch die angeschlagene Wirtschaft oder der hitzige verbale Schlagabtausch zwischen Imperialisten und Terroristen, mit der sich die Welt außerhalb des Seminarraums abplagte. Er feuerte seine Teilnehmer an, die Initiative zu ergreifen, um Kontakt mit ihrem Bewusstsein aufzunehmen und ihre Selbstheilungskräfte zu aktivieren, oder sich zu vernetzen, um die übergeordneten globalen Krisen in Angriff zu nehmen und gemeinsam kreative Lösungen zu entwickeln.

Das Einzige, was ihn aufhalten konnte – sowohl im wörtlichen als auch übertragenen Sinn –, war vielleicht eine stillstehende Gondel, und genau das passierte, als Papa, Krishu und ich einen steilen Berghang hinauffuhren.

»Und was machen wir jetzt?«, fragte Papa, als wir in einer Höhe von rund siebzig Metern über einer vertrockneten Skipiste hingen und die Gondel sanft hin und her schaukelte.

»Da kann man nicht viel machen, es sei denn, du bist MacGyver«, erwiderte ich.

»Wer ist MacGyver?« Er sah mich verwirrt an.

Ich schüttelte den Kopf. »Ich schätze, wir müssen warten.«

Krishu schien unsere Zwangslage wenig zu stören. Die Gondel war ein einmaliges Abenteuer, gleich, ob sie sich bewegte oder nicht.

»Schau!« Er deutete aus dem Fenster der geschlossenen Kabine. Ein strahlendes Lächeln, das imstande gewesen wäre, ganz New York City mit Strom zu versorgen, erhellte sein Gesicht.

Papa und ich folgten dem kleinen Finger, um zu sehen, worauf er deutete. Ich konnte nichts Besonderes entdecken. Der Berg, auf den wir fuhren, fiel in einen Talkessel ab, in dem sich unser Hotel und einige weitere Luxusimmobilien befanden. An das besiedelte Land, das sich über ein paar Kilometer erstreckte, schloss sich wieder das Gebirge an, wie Wolkenkratzer steil und mit schneebedeckten Kuppen zum Himmel aufragend. Die Sonne war hinter den Gipfeln untergegangen, doch einige Strahlen strebten noch in die Höhe, verbreiteten einen orange- und purpurfarbenen Dunstschleier.

»Was meinst du denn, Krishu? Was siehst du da?«

»Das!« Krishu deutete erneut mit dem Finger auf die Stelle, energischer dieses Mal. Ich folgte ihm, sah aber nichts weiter als die grenzenlose Weite des Himmels.

Papa hatte sich der Suchaktion angeschlossen. Wir kniffen beide die Augen zusammen und versuchten, das Geheimnis zu lüften. »Worauf deutet er denn?«

Plötzlich ging mir ein Licht auf. Ich lehnte mich auf der gepolsterten Sitzbank zurück und lachte.

»Auf nichts.«

»Was heißt das?« Papa schüttelte den Kopf, er hatte immer noch nicht begriffen.

»Oder auf alles, ganz, wie man's nimmt.« Ich zuckte die Schultern. »Ich denke, es kommt auf die Perspektive an.«

Papa spähte abermals aus dem Fenster. Er musterte den Berg, der jäh ins Tal abfiel, das weitflächige Land, die steilen Berge mit den schneebedeckten Gipfeln uns gegenüber, die Sonne, die dahinter verschwand, und die letzten Lichtstrahlen, die einen orange- und purpurfarbenen Dunstschleier bildeten. Die unendliche Magie unseres Planeten Erde, das mythische Reich, in dem die schneebedeckten Gipfel den Himmel berührten – *das* war es, worauf Krishu deutete.

Endlich begriff er. »Fantastisch.« Er nickte.

Dann nahm er Krishu auf den Schoß. »Du bist ein Genie.« Er kitzelte ihn liebevoll. »Er ist ein echter *Rishi,* ein Seher«, fügte er an mich gewandt hinzu.

Krishu nahm das Kompliment mit einer Bescheidenheit entgegen, die sein Markenzeichen war. Er hatte bereits eine neue Entdeckung gemacht und deutete nach unten. Papa und ich folgten abermals seinem Finger, entschlossen, sie auf Anhieb auszumachen, ohne uns allzu sehr auf die Frage einzulassen, ob sie nun existierte oder nicht.

Dieses Mal brauchten wir keine Gurubrille, um zu sehen, was Krishu aufgefallen war. Ein mittelgroßer schwarzer Bär bahnte sich schwerfällig den Weg durch das Gewirr von abgebrochenen Ästen auf dem mit Laub bedeckten Boden. Krishu wurde noch aufgeregter, als ihm klar wurde, dass es sich um einen echten, lebendigen Bären handelte.

»Dada, Bär!«, rief er aus.

»Wow!«, erwiderte Papa aufgeregt, inzwischen bestens bewandert in der Kunst der Großväter.

Da sein Grund zur Freude bestätigt war, starrte Krishu

den Bären nur noch stumm, mit staunenden Augen an. Auch Papa schwieg. In seiner Miene spiegelte sich das gleiche ehrfurchtsvolle Staunen wider. Aber seine Augen waren nicht auf den Bären, sondern auf Krishu geheftet.

»Weißt du, das wird deine Herausforderung als Vater sein«, sagte er, ohne den Blick von Krishu abzuwenden.

»Wie bewahrt und schützt man dieses Gefühl der Unschuld und der grenzenlosen Möglichkeiten, wenn Krishu heranwächst und sich mit einer Welt auseinandersetzen muss, die das Gegenteil von ihm fordert? Der Zwang, sich anzupassen, setzt uns allen zu.«

Er drehte sich auf seinem Sitz um und sah mich an. »Das ist nicht einfach.«

Redete er von mir? Oder von sich selbst?

Krishu war wie gebannt von dem Bären unter uns. Doch wie so oft, wenn er merkte, dass er nicht mehr im Mittelpunkt stand, versuchte er, die Aufmerksamkeit seines Großvaters wieder auf sich zu lenken.

»Schau, Dada.« Er deutete abermals nach unten.

»Der Bär frisst.« Papa nickte beeindruckt. »Ich sehe.«

»Ja«, pflichtete Krishu ihm bei. »Ich sehe Nashorn und Tiger.« Seine Augen weiteten sich angesichts der weiteren spannenden Entdeckungen.

»Toll.« Papa spielte mit.

»Und Elefant und Pinguin«, fuhr Krishu fort. Sein Blick verriet, dass Nashorn, Tiger, Elefant und Pinguin für ihn genauso real waren wie der Bär. Die grenzenlosen Möglichkeiten waren für ihn, genau wie für Cleo, kein spirituelles Konzept, kein Ideal, das es anzustreben oder in unser Leben einzufügen galt. Sie stellten einen Seinszustand dar. Wie lange würde er ihn bewahren können? Die Welt und ich würden Hand in Hand arbeiten, um ihn so lange wie möglich zu erhalten. Mehr konnte ich nicht tun.

Mit sirrenden Kabeln und einem Ruck setzte sich die Gondel plötzlich in Bewegung. Wir konnten unseren Weg fortsetzen. Krishu winkte seinen Freunden tief unter ihm zum Abschied zu und hielt auf dem zunehmend steileren Hang nach neuen Ausschau.

»Hat Mom dir gesagt, was ich beschlossen habe?« Papa wechselte das Thema.

Ich schüttelte den Kopf.

»Ich werde Vegetarier und außerdem für einen Monat nach Thailand gehen, als Mönch.«

Ich sah ihn verständnislos an. Der vegetarische Teil war mir nicht unbekannt. Ich hatte ihn schon häufig gehört. Der Mönch war dagegen eine brandneue Ergänzung.

»Ich werde einen Monat in einem Kloster verbringen. Nur meditieren und mit der Bettelschale unterwegs sein, von der Mildtätigkeit meiner Mitmenschen leben.«

Aha. Ich wusste nicht, was ich sonst dazu sagen sollte.

Papa brauchte natürlich weder mich noch jemand anderen, um das Gespräch in Gang zu halten. »Ich brauche Zeit, um darüber nachzudenken, was man später einmal von mir in Erinnerung behalten soll.«

Ich nickte.

Er lächelte, als hätte er sich selbst aufmerksam zugehört. »Und ich brauche Zeit, um darüber nachzudenken, warum ich überhaupt möchte, dass man mich in Erinnerung behalten soll.«

Am darauffolgenden Morgen saß ich bereits vor dem Frühstück in meinem Hotelzimmer und telefonierte. Ich rief die Hundepension in L.A. an; Nomi war am Apparat.

»Hallo, Kumpel«, begrüßte er mich. »Ich hab dir doch gesagt, dein Hund ist ein OG. Du weißt, was das heißt, oder?«

Ich war einigermaßen auf der Höhe der Zeit und wusste, dass es sich um die Abkürzung von *Original Gangster* handelte. Um einen Begriff aus der Ära, als die Rap-Musik ihren ersten harten Eindruck hinterließ, der einen gewissen Respekt der urbanen Bevölkerung nach sich zog, eine Verschmelzung aus gottgleichem Status und Ghetto-Zen.

»Fehlanzeige, Kumpel.« Nomi lachte. »Doch nicht Cleo *Chopra.* Sie ist kein Gangster. OG heißt *Original Guru,* Kumpel.«

Dieses Mal war ich derjenige, der lachte.

»Sie hat eine ganz beachtliche Anzahl von Anhängern um sich geschart«, klärte er mich auf. Cleos Truppe hatte offenbar regen Zulauf gefunden.

»Sag deinem alten Herrn, dass er sich in Acht nehmen soll; die Konkurrenz schläft nicht.«

Ich bedankte mich bei Nomi und sagte ihm, dass ich am nächsten Tag wieder anrufen würde, um mich nach ihrem Befinden zu erkundigen.

»Wann auch immer, Kumpel. Cleo führt uns auf eine Pilgerreise in die Wüste – gleich um die Ecke, im Joshua Tree Nationalpark. Ein Guru, wie er leibt und lebt.«

Ich lächelte still vor mich hin, als ich mich der kleinen Halle mit den Geschäften näherte, die sich unmittelbar neben der Suite meiner Eltern befand. Sie waren auf einer separaten VIP-Etage untergebracht, wo Annehmlichkeiten wie das Frühstück im Preis inbegriffen waren. Dummerweise hatte die Hotelleitung nicht damit gerechnet, dass unser weitläufiger Clan das Terrain in Beschlag nehmen würde. Nach anfänglichem Widerstand hatte sie jedoch kapituliert und beide Augen zugedrückt, als wir den Bereich mehr oder weniger in unseren privaten Speisesaal verwandelten.

An diesem Morgen hatte Mallika darum gebeten, dass wir uns alle um Punkt acht dort einfanden, weil Tara eine wichtige Ankündigung machen wollte. Ich wusste, dass es besser war, die Pläne meiner Schwester nicht zu durchkreuzen, und traf einige Sekunden früher ein. Alle anderen, meine Eltern eingeschlossen, saßen bereits am Tisch und warteten gespannt auf Taras Neuigkeiten. Mallika erteilte ihr das Wort.

»Ich, ähm«, begann Tara nervös.

»Sag schon!«, stachelte Leela sie an.

»Sag!«, fiel Krishu mit seinem piepsigen Stimmchen ein.

»Na guuut«, sagte Tara mit Blick auf Tweedledee und Tweedledum, die zwei, die den eineiigen Zwillingen aus *Alice im Wunderland* glichen. »Ich bekomme einen Hund«, platzte sie heraus. Ihre Augen blitzten vor Aufregung.

»Erzähl ihnen, was wir vereinbart haben«, forderte Mallika sie auf.

Tara nickte. »Leela und ich haben versprochen, jede Woche unsere Zimmer aufzuräumen, uns nicht zu streiten, jeden Tag unsere Hausaufgaben zu machen und nicht so oft fernzusehen.«

Mallika nickte und zwinkerte mir zu.

Taras Freude war grenzenlos. Seit wir uns erinnern konnten, hatte sie ihren Eltern mit dem Wunsch nach einem Hund in den Ohren gelegen. Der Zermürbungskrieg hatte sich endlich ausgezahlt.

Im Verlauf des Tages gingen wir alle Namen durch, die infrage kamen. Zu den Favoriten gehörten Delhi (Sumant), Chutney (meine Mutter), Moksha (mein Vater), Jedi (Candice), Rumi (Mallika), Fuzz Ball (Leela) und Tom Brady (ein amerikanischer Footballspieler und natürlich mein Vorschlag). Krishu war hin- und hergerissen. Er ging davon aus, dass jeder neue Hund in der Familie in Cleos Fußstapfen treten würde – buchstäblich. Daher war seine voraussichtliche Wahl ›Cleo 2‹.

Nach und nach konnten wir ihn überzeugen, dass der

neue Hund, auch wenn er wie Tara und Leela mit Cleo verschwistert sein würde, einen eigenen Namen und eine eigene Identität haben sollte. Was zur Folge hatte, dass sein neuer Favorit ›Trash Can‹, also Abfalleimer, lautete.

Im Lauf der nächsten Tage, als sich unser wunderbarer Urlaub – und der Sommer – seinem Ende zuneigte, wuchs die Aufregung über den bevorstehenden Familienzuwachs. Mallika war zunehmend entschlossen, strikte und rigide Regeln einzuführen, um zu gewährleisten, dass der Hund von Anfang an richtig erzogen wurde, um die vielen schlechten Gewohnheiten zu vermeiden, die sich ein anderes heiß geliebtes vierbeiniges Familienmitglied angeeignet hatte. Candice und ich spielten mit, bestätigten sie in ihren falschen Hoffnungen und tauschten hinter ihrem Rücken ein wissendes Lächeln aus.

Seltsamerweise war es Tara – ursprünglich die treibende Kraft hinter all den Aktivitäten –, die geneigt schien, einen Rückzieher zu machen. Wie immer die Nachdenkliche, wurde sie zunehmend stiller, als die Anschaffung des Hundes nach unserer Ankunft in L.A. näher rückte.

Als wir am Flughafen darauf warteten, an Bord der Maschine zu gehen und den Rückflug anzutreten, kam sie zu mir. »Gotham Mamu, ich muss dir etwas sagen.«

Offenbar befand sie sich in einem Konflikt, wie aus ihrem Tonfall hervorging. Ich sah, dass sie irgendetwas auf dem Herzen hatte. Papa, der neben mir saß und eine Zeitschrift las, hörte es.

»Was ist los?«, fragte er besorgt.

»Ich ...« Ihre Augen füllten sich mit Tränen. »Ich möchte nur, dass Cleo weiß, ich werde nie vergessen, dass sie mein erster Hund war, egal was passiert, auch wenn wir einen neuen Hund bekommen. Und ich werde sie immer auf eine ganz besondere Weise lieb haben.«

Erleichtert lächelten Papa und ich gleichzeitig.

Ich nahm sie in die Arme. »Weißt du, Tara, es gibt kein Gesetz, das besagt, dass man nicht zwei Hunde gleichzeitig so sehr lieben darf, wie man kann.«

Sie war sichtlich erleichtert. »Cleo ist ja die große Schwester von unserem neuen Hund und sie könnte ihm doch *alles Mögliche* beibringen, habe ich mir überlegt.« An ihrer Miene war zu erkennen, dass es sich sogar um ganz beträchtliche Überlegungen handelte.

Ich nickte zögernd. Meine Schwester würde mich umbringen.

»Ich finde, das ist eine großartige Idee«, warf mein Vater ein. »Sie kann uns allen noch etwas beibringen, da bin ich mir sicher.«

Danksagung

Wie jede fantastische Erfahrung ist die Entstehung dieses Buches dem Zusammenwirken von zwischenmenschlichen Beziehungen und Ereignissen geschuldet.

Den Hintergrund des Geschehens bildet meine wunderbare Familie: die sich ständig weiterentwickelnde Beziehung und Freundschaft zu meinem Vater; die immerwährende Liebe und Hingabe meiner Mutter; die Fürsorge und Empathie meiner Schwiegereltern aus der Ferne; die Weisheit meiner Großeltern; die Lebendigkeit und das Lachen von meiner einzigartigen Frau Candice und meinem Sohn Krishu; mein Hund Cleo und meine Erinnerung an Nicholas; und die liebevolle Fürsorge meiner ›zweiten Hausgemeinschaft‹ – Mallika, Sumant, Tara, Leela und Hund Yoda.

Genauso unverzichtbar: die großartigen Mitarbeiter der Trident Media Group, insbesondere Gottlieb und Eileen Cope, die mit ihrer monumentalen und einzigartigen Leistung dem Berufsstand der Literaturagenten nicht nur alle Ehre machen, sondern auch in erster Linie Freunde und meisterhafte Mentoren sind.

Und Brenda Copeland von Hyperion: Sie griff die verrückte Idee mit meinem Vater und meinem Hund auf, um daraus etwas zu schmieden, was mir sehr wichtig ist und was ich gespannt und stolz mit meiner Familie und der Welt teilen darf. Dafür werde ich immer dankbar sein. Darüber hinaus hat mich ihre Kreativität inmitten des Chaos gezwungen, etwas zu entwickeln, was ich seit mehreren Jahrzehnten nur allzu gern ignoriert habe: die Fähigkeit, mich zu organisieren. Ich schätze, auch dafür sollte ich dankbar sein.

Und zu guter Letzt möchte ich meinem verstorbenen Freund Michael Jackson danken. Er starb während der Entstehung des Buches. Wir haben lange überlegt, in welchem Maß wir seine Präsenz einschließen sollten, um ihn zu ehren, ohne ihn zu instrumentalisieren, und seiner zu gedenken, ohne uns im Labyrinth der Erinnerungen zu verlieren. Ich hoffe, dass es uns gelungen ist. Ich danke dir, du warst ein großartiger Freund und echter Star. Ruhe in Frieden, Applehead.

Gotham Chopra